应用型社会工作系列丛书

丛书总主编　章友德

社会保险
与社会福利

卢驰文　主编

复旦大学 出版社

内容简介

本书不仅介绍了我国社会保险模式与社会福利模式,而且介绍了国外社会保险模式和社会福利模式,反映了国内外社会保险和社会福利事业建设的最新进展。

本书分为三大部分:社会保障与经济社会的关系、社会保险、社会福利。第一部分介绍了经济发展水平与社会保障、社会保障制度与社会稳定的关系、人口老龄化与社会保障、社会保障与社会政策理论、商业保险与社会保险;第二部分介绍了养老保险、医疗保险、失业保险、工伤保险、生育保险;第三部分介绍了老年人社会福利、残疾人社会福利、妇女儿童福利。

本书既适合作为社会工作、劳动与社会保障、人力资源管理、公共管理等本科专业学生的教材或补充读物,也适合作为民政系统、人力资源和社会保障系统、各单位的人力资源管理部门工作人员的专业书籍。

目 录

第一章 社会保障与经济社会的关系 ········· 1

【学习目标】 ·· 1

【基本概念】 ·· 1

第一节 经济发展水平与社会保障 ····················· 1

第二节 社会保障制度与社会稳定的关系 ··········· 9

第三节 人口老龄化与社会保障 ······················· 15

第四节 社会保障与社会政策理论 ··················· 25

第五节 商业保险与社会保险 ·························· 35

【附录】 ·· 44

【思考题】 ··· 46

第二章 养老保险 ··· 47

【学习目标】 ·· 47

【基本概念】 ·· 47

第一节 养老保险的概念与基本养老保险的特征 ····· 47

第二节 养老保险的作用与筹资模式 ··············· 52

第三节 我国企业职工的养老保险制度 ··········· 58

第四节 我国机关事业单位的养老保险制度 …… 68
第五节 我国居民的养老保险制度 …… 79
第六节 我国的企业年金制度 …… 87
【附录】 …… 92
【思考题】 …… 95

第三章 医疗保险 …… 96
【学习目标】 …… 96
【基本概念】 …… 96
第一节 医疗保险概述 …… 96
第二节 我国城镇职工的医疗保险制度 …… 104
第三节 我国居民的医疗保险 …… 112
第四节 补充医疗保险 …… 123
【附录一】 …… 129
【附录二】 …… 130
【思考题】 …… 131

第四章 失业保险 …… 133
【学习目标】 …… 133
【基本概念】 …… 133
第一节 失业保险概述 …… 133
第二节 失业保险基金的筹集与支付 …… 141
第三节 我国失业保险制度的框架 …… 149
第四节 国外失业保险制度 …… 158
【附录】 …… 165

【思考题】············· 167

第五章　工伤保险 ············· 168

【学习目标】············· 168

【基本概念】············· 168

第一节　工业伤害及其特征············· 168

第二节　工伤保险的补偿原则············· 171

第三节　工伤保险基金············· 176

第四节　我国享受工伤保险待遇的资格条件············· 180

第五节　我国的劳动能力鉴定与工伤保险待遇············· 183

第六节　日本和美国的工伤保险制度············· 189

【附录】············· 198

【思考题】············· 200

第六章　生育保险 ············· 201

【学习目标】············· 201

【基本概念】············· 201

第一节　生育社会保险的意义和特点············· 201

第二节　生育社会保险的原则与待遇············· 207

第三节　国外生育保险制度············· 212

第四节　我国生育保险制度的建立、调整与改革方向············· 220

【附录】············· 230

【思考题】············· 232

第七章　老年人社会福利 ………………………… 233
【学习目标】 …………………………………………… 233
【基本概念】 …………………………………………… 233
第一节　人口老龄化与老年人社会福利的概念与内涵
………………………………………………… 233
第二节　建立老年人社会福利制度的迫切性和必要性
………………………………………………… 240
第三节　我国老年人社会福利的现状及存在的主要
问题 ……………………………………… 248
第四节　国外老年人的社会福利 ………………… 261
【附录】 ………………………………………………… 271
【思考题】 ……………………………………………… 275

第八章　残疾人社会福利 ………………………… 276
【学习目标】 …………………………………………… 276
【基本概念】 …………………………………………… 276
第一节　残疾人的概念与残疾人的分类 ………… 276
第二节　我国残疾人的社会福利需求与供给现状概述
………………………………………………… 280
第三节　我国残疾人社会福利事业的成就及改革方向
………………………………………………… 285
第四节　德国、美国和我国台湾地区残疾人社会福利
………………………………………………… 300
【附录】 ………………………………………………… 308
【思考题】 ……………………………………………… 312

第九章 妇女儿童福利 ········· 313

【学习目标】 ········· 313

【基本概念】 ········· 313

第一节　当代妇女问题与妇女福利理论 ········· 313

第二节　我国妇女福利事业的成就及存在的问题 ········· 319

第三节　国际儿童权利保护立法与国外儿童社会福利 ········· 326

第四节　我国儿童社会福利事业发展 ········· 336

第五节　我国妇女儿童福利事业的经验和发展方向 ········· 344

【附录一】 ········· 347

【附录二】 ········· 349

【思考题】 ········· 352

参考文献 ········· 353

后记 ········· 359

第一章　社会保障与经济社会的关系

 学习目标

学完本章,应该了解经济发展水平与社会保障制度产生、发展及改革的关系,熟悉社会保障制度与社会稳定的关系及社会保险与商业保险的关系,掌握社会保障的相关理论。

 基本概念

社会保障　政府干预理论　社会保险　商业保险

第一节　经济发展水平与社会保障

一、经济发展到一定阶段是社会保障制度建立的前提条件

社会保障是指国家和社会通过立法对国民收入进行分配和再分配,对社会成员特别是生活有特殊困难的人们的基本生活权利给予保障的社会安全制度。一般来说,社会保障由社会保险、社会救济、社会福利和社会优抚等组成。其中,社会保险是社会保障的

1

核心内容。就社会保险的项目内容来看，它是以经济保障为前提的。不论其是否完善，所有国家的社会保险制度都有强制性、社会性和福利性。从历史发展来看，社会救济先于社会保险。

中国古代慈善救济自原始社开始。出于生存和发展的需要，人类之间的互助行为早已经存在。在先秦时期，传统的社会慈善救助制度已经初步形成。西周时期，官方就设立负责社会保障事务的官职，建立救灾备荒的荒政制度，提出"荒政十二"和"保息六政"，实行普遍的社会救助。自秦汉开始，中国进入了封建大一统时期，专制主义的中央集权制度得以确立，出于巩固统治的需要，绝大多数王朝制定并实施了各种维护社会安定的政策措施，使以灾害救助、尊老爱幼和扶贫恤困为主要内容的慈善事业得到进一步发展。

在灾害救济上，我国古代普遍采用备荒仓储和灾后救济方略。两汉时期，官府创办常平仓平抑粮价，隋朝官府创办义仓对灾民进行救济，宋代朱熹创办社仓对灾民进行粮贷，至明清时期又设预备仓实现防灾救灾。在不同时期和面对不同的灾害，各朝各代实施的灾后救济方式也不同，主要包括减免税赋、调粟、施米施钱和借贷等措施。

在对贫困和社会弱势群体的救助方面，我国古代就把鳏寡孤独疾病者以及老人、儿童和妇女作为主要的救助对象。特别是魏晋南北朝时期出现了对贫病者的救济机构——孤独园和六疾园，还出现了寺院救济。唐代出现了收养贫病孤老者的慈善机构——悲田坊。宋朝的慈善事业又有进一步的发展。明清时期，民间慈善机构的广泛建立及其在社会救助中的作用进一步提高，改变了我国长期在社会救助中以政府为主导的状况[①]。

---

① 王俊秋：《中国慈善与救济》，中国社会科学出版社2008年版，第15—16页。

第一章　社会保障与经济社会的关系

在人类历史的发展进程中,基于同情、慈善而产生的救济是最早的社会救助形式,包括宗教慈善事业、官办慈善事业及民间慈善事业,正是这些慈善事业形成了现代社会救助制度的雏形。

英国是世界上最早建立具有现代意义的社会救助制度的国家。由于民族国家的兴起和行会制度的衰落,特别是贫困人数迅猛增加和贫困程度加深,导致原来由基督教教会和行会承担的慈善救济已经无法满足社会需要。1601年,英国伊丽莎白一世颁布《济贫法》,其主要内容为：规定地方政府负责办理救济贫民工作,为失业者提供就业机会,对贫困家庭的孩子进行就业培训,对老年人、患病者和孤儿进行收容,用严酷的手段惩罚那些"不值得帮助的人"。1834年,英国颁布《济贫法修正案》(又称《新济贫法》),其主要内容为：停止对身体健康和游手好闲者的院外救济,将救济对象严格限定在丧失劳动能力的老弱病残幼身上,重新缩小救济的对象范围；废除以教区为单位的救济行政组织,扩大为较大的地方单位,实行中央督导制。

在原始社会,弓、箭以及倒须标枪的发明使狩猎和捕鱼的技术得以改进,从而使人类得到了较为稳定的食物供应。从此以后,这些活动超过了采摘野果的工作。采摘野果只不过是一种辅助的经济活动了。不断捕获到的兽类的皮、毛、角、骨、牙等成为人类有空暇去加工的原料。猎场和渔场的发现,使游动的人转变为半定居的(季节性换居)甚至完全定居的猎人或渔人。由于劳动生产率的提高,人才能向暂时或永久的定居生活过渡,而定居生活反过来又使生产率不断增长。除了公社成员生存所必需的产品外,慢慢出现了最初的经常剩余,即最初形式的社会剩余产品。它使人类有可能贮备一些食物,以避免周期性的饥荒或者减轻饥荒。因此,可以说中国古代的慈善救济自原始社会开始。

工业革命是指资本主义工业化的早期历程,即生产完成了从工场手工业向机器大工业过渡的阶段。它是以机器取代人力,以大规模工厂化生产取代个体工场手工生产的一场生产与科技革命。工业革命发源于英格兰中部地区。18世纪60年代,瓦特改良蒸汽机之后,由一系列技术革命引起了从手工劳动向动力机器生产转变的重大飞跃。随后传播到英国其他地区和整个欧洲大陆,19世纪传播到北美地区。18世纪的英国工业革命是世界现代化进程的起点,英国是世界上最早进行工业革命的国家,其先进的生产力改变了传统的生产关系。从社会关系来说,一是工业革命使依附于落后生产方式的自耕农阶级消失了,工业资产阶级和工业无产阶级形成和壮大起来;二是工业革命使资本主义生产方式最终战胜封建生产方式;三是工业革命改变了人们的思想观念和生活方式,大量的农村人口涌向城市,推动了城市化进程。

　　从社会救助的萌芽可以看出,社会救助必须以生产力发展到一定水平为前提,即以剩余产品的出现为前提。政府的救济款物来源于税赋,税赋是劳动人民创造的财富的一部分。因此,无论是民间慈善捐助的财物,还是政府救济的财物,都是劳动者创造的物质财富的一部分。从原始社会到奴隶社会,是生产力发展的必然结果;从奴隶社会到封建社会,生产力进一步发展了。生产力的发展,使人均剩余产品增加,政府和民间组织就有更多的时间和财物用于慈善救济。从封建社会到资本主义社会,生产力呈现飞跃式发展,自给自足的自然经济走向衰落,封建的行会组织走向解体,生产关系发生了根本性的变化。英国在工业革命的过程中,贫困人口迅速增加,宗教慈善的力量不足以承担救济的重任,行会慈善的经济基础已经崩溃。政府不得不承担社会救助的主要责任,并把获得政府和社会救助作为公民的基本权利。建立现代意义的社会救助制度则以资本主义的机器大工业生产为前提。可以说,社会保障制度是经济发展到一定水平的必然结果。

二、经济发展水平的提高是社会保障扩面及提高保障水平的物质前提

社会救助只是救助鳏寡孤独疾病者等陷入贫困的社会弱势群体,不能为身体健康而不愿意劳动的游手好闲者提供救济款物和免费的服务。如果为身体健康的懒惰者提供社会救助,则会打击劳动者的积极性,牺牲经济效率。社会救助只能救助少数人,英国的《新济贫法》规定停止对身体健康和游手好闲者的院外救济,就是为了保护劳动者的生产积极性。换言之,社会救助不能承担社会上大多数人的社会保障责任,不能成为社会保障的主体和核心。社会保障的主体不是社会救助而是社会保险。从社会救助到社会保险,是社会保障制度的重大创新。

第一次工业革命不仅在英国催生了具有现代意义的社会救助制度,而且在德国催生了社会保险制度。19世纪初期,德国的封建制度逐步解体,农奴制改革为创立近代工业企业提供了货币资本和自由劳动力;行会制度的削弱使资本主义企业得到比较自由的发展;此外,德国还从英国进口机器和招聘技工。这些都为资本主义工业发展创造了较为有利的条件。到19世纪20年代,工场手工业有了广泛发展,在纺织业中开始采用机器。德国工业革命在19世纪40年代末期大为发展。德国的工业革命有以下几个特征:(1)棉纺织业中心在巴伐利亚、符腾堡和巴登诸邦,1847年始使用蒸汽机作为动力,19世纪50年代出现股份公司办的大工厂。麻纺织业因农村家庭转向棉纺织业而衰落。毛纺织业在19世纪20年代曾发展为小型工业,但在19世纪中叶衰落,德意志统一后恢复成为大工业。(2)重视重工业是德国工业革命的突出特点。

冶铁业的中心原来在西里西亚和莱茵兰,19世纪50年代已转移到鲁尔。1851—1871年,威斯特伐利亚成为欧洲大陆最大的工业中心。德国统一前的煤、铁、钢产量都已超过法国,只有蒸汽机的使用还落在后面。(3)19世纪50—60年代,德国的工业发展速度超过英国和法国。铁路处于重要地位。第一条铁路是1835年修建的纽伦堡至富尔特的仅6千米长的铁路。1839年,莱比锡—德累斯顿铁路建成。1869年共有17 700千米,其中,普鲁士占10 000千米。铁路一开始即与军事关系密切,1873年,德国成立帝国铁路管理局控制全境铁路。(4)德意志统一后很重视利用最新科学成就,突出的是电器工业和化工工业。19世纪40年代,电气工程师与实业家西门子打下电气工业基础。1882年,德国的化学染料产量占世界总产量的2/3以上。化肥工业处于领先地位,精密仪器也受到重视。19世纪80年代德国完成了工业革命。

英国的工业革命虽然早于德国,但德国的工业革命具有明显的后发优势。如前所述,1851—1871年,威斯特伐利亚成为欧洲大陆最大的工业中心;19世纪50—60年代,德国的工业发展速度超过英国和法国。工业革命创造了巨大的生产力,促使了封建社会向资本主义社会过渡。资本主义生产方式以雇佣劳动为基础,社会保险制度以雇佣劳动为前提。1883年,德国颁布《劳工疾病保险法》;1884年,颁布《劳工灾害保险法》;1889年,颁布《劳工老年残疾保险法》。与英国相比,德国工业发展后来居上,加上其他的社会背景,德国成为世界上第一个建立社会保险制度的国家。

19世纪最后30年和20世纪初,科学技术的进步和工业生产的高涨被称为近代历史上的第二次工业革命。第二次工业革命标志着世界由蒸汽时代进入电气时代。在这一时期,一些发达资本主义国家的工业总产值超过了农业总产值;工业重心由轻纺工业转为重工业,出现了电气、化学、石油等新兴工业部门。由于19世纪70年代以后发电机、电动机相继发明和远距离输电技术的出现,电气工业迅速发展起来,电力在生产和生活中得到广泛应用。内燃机的出现及其在19世纪90年代以后的广泛应用,为汽车工业和飞机工业的发展提供了可能,也推动了石油工业的发展。化学工业是这一时期新出现的工业部门,从19世纪80年代起,人们开始从煤炭中提炼氨、苯、人造燃料等化学产品,塑料、绝缘物质、人造纤维、无烟火药也相继被发明并投入生产和使用。原有的工业部门如冶金、造船、机器制造以及交通运输、电讯等部门的技术革新加速进行。

第二次工业革命大大推动了社会保险和社会救助扩大覆盖面。随着工业技术的革新和广泛传播,世界上许多国家纷纷仿效德国建立起社会保险制度。奥地利分别于1887年、1888年、1906年和1920年建立了工伤保险、疾病保险、老年保险和失业保险制度;丹麦分别于1891年和1916年建立了老年保险和工伤保险制度;挪威分别于1894年和1909年建立了工伤保险制度和疾病保险制度;芬兰于1895年开设了工伤保险项目;意大利于1898年开设工伤保险项目,并于1919年建立老年和失业保险制度;英国分别于1908年和1911年实施老年保险法和国民保险法;法国于1910年建立老年保险制度;荷兰分别于1910年和1913年建立工伤保险、老年与疾病保险制度;瑞典于1913年实施老年保险法,并于1916年建立工伤保险制度;瑞士于1911年建立工伤保险制度;加拿大分别于1908年和1927年建立工伤保险和老年保险制度;日本于1922年建立健康保险和工伤保险制度;苏联在1917年11月至1922年也颁布了100多项劳动者的社会保险和福利法令。

1929—1933年,欧美各国爆发了严重的经济危机,出现了大量的贫困人口,社会陷入不稳定状态,各国政府不得不尝试建立社会救助制度,以弥补社会保险制度的不足。1935年,美国国会通过了以社会保险为主体的《社会保障法》。在两次工业革命的浪潮下,世界各国的经济发展水平大大提高,社会救助制度和社会保险制度在世界各国的覆盖率得到了大幅度的提高。社会救助是保障公民基本生存的需要,也是满足最低生活的需要,而社会保险是保障公民基本生活的需要,社会保险保障的生活水平高于社会救助。因此,建立社会保险制度不仅是社会保障项目的增加,而且是社会保障水平的提升。

第三次科技革命(又称第三次工业革命)为社会保障水平的提升提供了更加坚实的物质基础。第三次科技革命发生于20世纪40—70年代初期,它是人类文明史上继蒸汽技术革命和电力技术革命之后科技领域里的又一次重大飞跃。它以原子能、电子计算机、空间技术和生物工程的发明和应用为主要标志,是涉及信息技术、新能源技术、新材料技术、生物技术、空间技术和海洋技术等诸多领域的一场信息控制技术革命。第三次科技革命对经济发展的影响表现在以下几方面:(1)它引起生产力各要素的变革,使劳动生产率有了显著提高。(2)它使整个经济结构发生重大变化。第三次科技革命不仅加强了产业结构非物质化和生产过程智能化的趋势,而且引起各国经济布局和世界经济结构的变化。在第三次科技革命期间发生了第二次世界大战,第二次世界大战导致一些国家的社会保险政策执行一度停滞,随着战后经济的复苏,社会保险得到重建并获得全面发展。从20世纪40年代末到70年代初,西欧一些发达国家纷纷宣称本国建成了"福利国家",这些国家的社会保障项目全面且待遇优厚。在这个时期,很多发展中国家也建立了社会保险制度。在全世界范围内,社会保障水平随着第三次科技革命的发展得到了大幅度的提高。

三、社会保障有利于推动经济平稳增长

社会保障项目中的某些项目具有促进经济稳定发展的内在机制。例如,失业保险给失业者在失业期间带来收入来源,如果没有失业保险制度,失业者就很可能把消费水平降到很低的程度,使企业生产出来的一部分产品销售不出去。由于各国均设立了失业保险制度,失业者在失业期间仍可领取失业保险金,这样,失业者的家庭消费水平不至于下降很多,企业生产出来的产品销售数量也不至于下降很多。因此,在经济乘数的作用下,失业保险金的支付具有维持社会消费水平、阻止经济进一步下滑的作用。社会救助、工伤保险、生育保险、医疗保险和养老保险对经济都有类似的作用。此外,在经济低迷的情况下,雄厚的社会保障基金参与本国的投资能支撑经济的发展并带动经济腾飞。社会保障基金在债券、房地产、股票、储蓄等方面调整投资比例,对经济格局发挥宏观调控的作用是显而易见的。从微观层面而言,完善社会保障制度,可以规范和平衡企业的社会负担,有利于社会主义市场经济微观基础的形成,特别是有助于我国建立现代企业制度,从而促进经济的稳定增长。

第二节 社会保障制度与社会稳定的关系

一、为了维护社会稳定,资本主义国家纷纷建立社会保障制度

英国在圈地运动时期,从土地上释放出来的部分劳动力不能

为新兴工业所吸纳,衍生的流民问题威胁着英国社会的稳定,推动了社会救助制度的诞生。随着新航路的开辟,欧洲贸易最繁荣的地区从地中海沿岸转移到大西洋沿岸,英国利用其得天独厚的地理环境发展起来了,它较早地结束了四分五裂的中世纪封建制度,形成了统一的民族国家和中央集权的君主政体,这就在客观上为近代经济贸易的发展创造了有利条件。商业和贸易的迅速发展,特别是毛纺织业的高额利润促使新兴资产阶级和新贵族掀起了规模巨大、影响深远的圈地运动,将农民从土地上赶走,将土地用来养羊。当时,由于圈地而发展起来的纺织业和其他工业并不足以吸收那样多的劳动力。此外,价格革命造成的雇佣劳动者的贫困化、人口膨胀、解散修道院、取消封建家臣和遣返退伍士兵等因素也加剧了流民问题。大量的流民大大增加了社会的不稳定因素,英国政府对待流民的态度经历了一个较长的变化过程。在初期以惩罚为主、救济为辅,且惩罚极为严酷,流浪者常常被处死,亨利八世就下令绞死7.2万人[①]。单纯的严刑不仅不能减少流浪者的规模,而且引发了越来越多的反抗。资本主义生产方式确立的结果是自给自足的自然经济被以雇佣关系为基础的资本主义商品经济所代替,人们贫困不只是由自身懒惰或自然灾害引起。经济资源是有限的,优胜劣汰的资本主义市场经济竞争往往是弱势群体陷入贫困的主要原因。解决贫困问题也绝不是依靠个人的力量能完全达到的。经过几十年的讨论,英国于1601年颁布了《济贫法》。经过了200多年的实践和修正,英国于1834年颁布了《新济贫法》。至此,英国才真正建立了具有现代意义的社会救助制度。

工人运动对德国社会保障立法起着决定性作用。如果没有工

[①] 尹虹:《16、17世纪英国流民产生的原因》,《首都师范大学学报》(社会科学版)2001年第4期。

人运动,铁血宰相俾斯麦就不可能提出社会保险立法。在德国,产业工人由1852年的199万人发展到1894年的613万人。1872年,德国鲁尔矿区工人进行了要求实行8小时工作制和提高工资的罢工。同年,在柏林、莱比锡、纽伦堡等地也都发生了声势浩大的罢工。1869年,德国社会民主党成立,1875年改称德国社会主义工人党。尽管这一时期德国的工人阶级政党还不够成熟,但在领导两国工人运动方面发挥了重要作用。1874年,德国社会主义工人党在议会选举中仅得到35.5万张选票,在1877年的议会选举中得到49.3万张选票。1878年,德国社会主义工人党在帝国议会中仅有9个席位,到1890年增至35个。工人运动的发展及工人阶级政党的建立,迫使德国政府正视社会问题,建立社会保险制度,采取措施缓和阶级矛盾,以维护自己的统治。

美国也是在经济大危机导致社会矛盾日益尖锐的形势下,为了维护社会的稳定才制定社会保障法。美国人深受多种观念的影响:一是杰斐逊的"管得最少的政府最好"的观念;二是放任主义,认为政府的职能就是为企业的发展提供最大限度的自由;三是"社会达尔文主义"的公共哲学,它限制政府社会福利项目的发展,因为害怕破坏社会进步赖以存在的"适者生存"的机制;四是美国人传统的个人主义哲学,它对个人努力及个人成功坚信不疑,而对联邦政府的介入与干涉持怀疑态度。国家干预主义思想的社会保障迟迟得不到人们的认同。尽管19世纪末、20世纪初的美国工业已经跃居世界首位,但在社会保障立法方面却明显落后于欧洲的英、德、法、俄等国,甚至也赶不上美洲的乌拉圭和智利。1929—1933年的经济大危机给美国政府敲响了警钟。1933年,总共有1.2亿人的美国却有4 000万人失业。如果美国当时没有采取适当的社会保障政策,美国的社会必然陷入非常混乱的状态。大危机使广大的劳动人民陷入赤贫状态,从而使美国的阶级矛盾尖锐化。为了巩固资产阶级统治,美国政府不得不在1935年颁布《社会保障法》。

二、由于社会保障具有刚性,社会保障制度改革有可能引起社会不稳定

制度化的社会保障具有一定的刚性。社会保障制度的改革并非简单的经济措施,而是具有深刻的社会政治意义和影响的利益再分配。由于社会保障制度和"福利国家"经过半个世纪的广泛宣传,特别是战后几十年的实践,在整个社会生活和国民思想中已经生根,甚至已经和西方政治制度融为一体,因此,社会保障政策成为政治体制中不可或缺的组成部分,成为一项长期的、稳定的基本政策。社会保险制度开始一般是选择制,被覆盖的群体逐渐增多,不同时代被覆盖的群体采用的制度模式也可能不完全相同,有些国家的社会保险逐渐演变成为"碎片化"的制度体系。在公众追求制度公平的呼声下,政府不得不改革社会保险制度,建构就业模式相同、保障模式也相同的社会保险制度。在这个过程中,必然会损害一部分人的利益。在财政不堪重负的情况下,改革高福利的社会保障制度也必然会使既得高福利者的利益受损。他们为了自身利益竭尽所能,通过在议会中的多数或政党活动维护现有的社会保障的基本模式。这就使得社会保障制度的改革过程从始至终都是政治行为,要经过复杂的政治程序和相当程度的公民认同。

为了阻止改革社会保障制度,预期利益受到损害的群体组织罢工和游行示威,甚至与政府对抗,与警察直接发生冲突。法国既是世界上社会保障相对完善的国家,也是面临困难最大的国家之一。一方面,法国的社会保障制度对缓解社会矛盾、维护社会稳定

起着不可或缺的作用;另一方面,法国社会保障水平的提高超过了经济增长的速度,给国内消费、投资、就业等带来的压力日益突出。法国财政赤字不断扩大,失业率持续上升,原本因人口老龄化而入不敷出的各项退休和医保计划更加负债累累。1995年11月15日,法国总理朱佩在国民议会宣布对社会保障制度进行改革。改革的主要内容为:(1)建立统一的医疗保险制度,强化地方政府对医院的管理,规范新的就诊方式,提高医院收费标准;(2)扩大社会保险交费基数,把工资以外的各种收入都作为交费比例的基数;(3)提高部分社会保险项目的交费比例;(4)开征社会保障债务税,所有人员按总收入的0.5%交纳,计划征收13年;(5)把近年来已征收的社会普遍贡献税改为固定税种,税率按工资收入的2.4%征收;(6)减少家庭补贴,即家庭添丁进口不增新的补贴,增人不增费;(7)将公务员等获得全额养老金的工作年限由37.5年延长为40年。这一改革计划一经宣布,便引发了一场大规模的罢工浪潮。罢工涉及60多个城市,近200万人参加,导致邮局关闭、交通瘫痪、闭校停课,社会受到巨大震荡[①]。2002年以来,法国政府着手改革35小时工作制,也造成民众多次游行示威。

1997年5月,英国新一届工党执政,面对着不断加剧的"福利国家的危机",政府不得不开展大规模的社会保障制度改革,调整工资与福利的关系,帮助和鼓励达到工作年龄的人口在力所能及的情况下从事工作,使工作成为大多数人获得福利的条件。这次改革同样遇到了重重障碍,并引发了一系列矛盾。社会保障制度改革不得不在重重阻力中谨慎地推进。

---

① 金太军:《社会保障制度改革与政治稳定:西方的经验分析》,《学习与探索》2001年第3期。

三、社会保障制度的改革不能因为少数人的反对而停滞不前

有些国家对原有的制度进行改革,被触及的阶层经常组织罢工和游行;有些国家对罢工和游行管制得较严格,对某些制度进行改革,利益受损的群体也很少组织抗议活动。法国民众就是经常用罢工和游行来表达反对改革意愿的典型。有些领导人看到改革激起了罢工和游行,就放弃改革,甚至没有发生罢工游行,只是有些民众为了适应改革对人生规划作了一些调整,政府领导人就下令中止改革。对现有的社会保障制度改革,建立更加公平的社会保障制度,尤其是在财政不堪重负的情况下削减福利项目或降低保障水平,不损害一些人的利益是不可能的。只要改革符合国家的整体利益,并争取到大多数民众的支持,就要坚决地推行下去,绝不能因为少数人的反对而放弃改革。

萨科齐领导的法国政府进行的社会保障制度改革,并没有因为一些人的游行和罢工而放弃。近30年来,法国人的平均寿命延长了6岁,而经济增长不见起色,人口老龄化越来越严重。法国退休基金的赤字总额不断增大,倘若不进行必要的改革,到2020年,退休金的赤字总额可能会攀升到450亿欧元。20世纪90年代,法国政府延长了私有部门的养老金缴费年限,从原来的37.5年延长到40年。假定一个人22岁从大学毕业,开始在私有部门工作,这一规定意味着,法国私有部门工作者领取全额退休金的年龄已经被推迟到62岁。1995年,当朱佩政府试图把这种改革推广到公共部门的时候却遇到了强大的阻力,引发大规模的罢工,导致政府垮台。直到2003年,拉法兰政府才最终延长了公务员养老金的缴费年限。2007年萨科奇上台后,顶住压力,延长了剩下的法国

国营铁路公司、巴黎独立运输公司和法国电气燃气公司等三项特殊养老金制度的缴费年限。当时也曾引发持续十天的大规模行业性罢工,巴黎地面公共交通瘫痪,全国铁路和民航交通受到极大影响。由于罢工过程中出现了很多暴力事件,当局不得不出动武装警察和装甲车控制局面。

从2008年开始,萨科齐政府着手进行更大范围和力度的社会保障制度改革。根据法国内阁会议发表的公报,退休制度改革将按照循序渐进的原则进行,将法定退休年龄每年延长4个月,到2018年延长至62岁。同时,交纳退休金的年限在2013年提高到41年,公共部门养老保险金的缴纳比例将在10年内从7.85%增加到10.55%,与私营部门拉齐。从萨科奇政府2008年公布改革计划之日起,法国的抗议活动就没停止过。2009年1月29日,法国各大工会组织了250万人的示威游行。2010年3月23日,法国180个城市的民众为此走上街头。2010年6月24日,法国再次爆发全国性的抗议活动,参加者的人数超过百万。2010年9月,法国国民议会通过改革法案之后,抗议的声浪更是不断高涨。萨科齐领导的政府虽然在公布方案之日起与反对派进行了较长时间的谈判,也进行了一些修改,但改革的总体思路没有变,并且获得了法国立法部门的审批通过。

第三节 人口老龄化与社会保障

一、人口老龄化的界定与我国人口老龄化的趋势

人口老龄化是指老年人口在总人口中的比重不断上升的过程。联合国1956年出版的《人口老龄化及其社会经济影响》一书

中以65岁作为老年年龄的起点,后来随着发展中国家老年人口的不断增多,为了便于与发达国家作比较,联合国在1982年的老龄问题世界大会上将老年年龄的界限定为60岁。目前,国际上界定老龄社会的通行标准是,当一个国家65岁以上的老年人在人口总量中的比重达到7%以上,或60岁以上的老年人在人口总量中的比重达到10%以上,即可认为是老龄化社会。

我国已经步入老龄化社会。据1999—2009年《中国统计年鉴》,1999年,我国65岁以上人口约有8 679万人,占全国总人口的6.9%。2000年,我国65岁以上人口占总人口的比重达到7%,已经符合老龄化标准。2009年,全国总人口为133 474万人,其中,65岁以上人口为11 309万人,达到全国总人口的8.5%,超过老龄化标准1.5个百分点。

我国第六次人口普查结果表明,0—14岁人口占总人口的16.60%,比2000年人口普查下降6.29个百分点;60岁及以上人口占总人口的13.26%,比2000年人口普查上升2.93个百分点,其中,65岁及以上人口占总人口的8.87%,比2000年人口普查上升1.91个百分点。我国人口年龄结构的变化,说明随着我国经济社会的快速发展,人民生活水平和医疗卫生保健事业的巨大改善,生育率持续保持较低水平,老龄化进程逐步加快。

二、我国人口老龄化的主要特点

(一)老年人口数量大

2009年,我国65岁以上的人口已达11 309万人,从数量上看,我国目前的老年人口是全世界最多的。据有关研究机构预测,到2026年我国60岁及以上老年人将达到3亿,2037年超过4亿,2051年达到峰值,之后将一直维持在3亿至4亿的规模。根据联合国预测,21世纪上半叶,中国将一直是世界上老年人口最多的国家,占世界老年人口总量的1/5;21世纪下半叶,中国将是仅次于印度的老年人口大国。

(二)老龄化速度快

1982年,我国60岁以上老年人口为7 663万人,占全国总人口的比例为7.6%,到2000年就达到了13 000万人,占总人口的10%以上。我国仅用不到二十年的时间就完成了从成年型社会到老年型社会的过渡。中国人口的老龄化速度远快于发达国家。

(三)区域老龄化进程不一,地区之间老龄化程度差异较大

人口老龄化地区差距明显,上海的人口年龄结构在1979年就进入了老年型,而西部有些地区在2010年左右才进入老年型。经济发达地区的老龄化程度高于经济欠发达地区,具有明显的由东向西的区域梯次特征。另外,伴随着城镇化进程的加快以及农村劳动力的转移,农村地区的老龄化程度高于城镇地区。

(四)高龄化趋势明显

近年来,我国80岁以上高龄老人年均以约4.7%的速度增长,明显快于60岁以上老年人口的增长速度。

(五)未富先老

欧美一些发达国家在进入老年化社会时,人均国内生产总值大约在5 000—10 000美元,而我国的经济发展速度远远落后于老龄化的发展速度,我国的人口老龄化是在经济不发达的情况下出现的。这种情况是实行计划生育、控制人口增长的政策和医疗卫生事业迅速发展的结果。

三、我国老龄化带来的经济社会问题与挑战

在我国,特别是在拥有8亿人口的农村地区,养老主要还是家庭的责任。由于我国多年来贯彻计划生育政策,目前,我国城镇的绝大多数家庭结构为"四二一"或"四二二"结构。这意味着大多数城镇家庭的两个劳动人口将至少赡养四个老人和抚养一个儿童,其家庭压力可想而知。人口老龄化的快速进程已经给经济、社会带来了一系列问题。

(一)人口老龄化加重了政府的财政负担

1. 企业职工养老保险加重财政负担

企业职工养老保险的财政负担主要包括两个方面:一是财政承担企业职工养老保险的最后保付责任,在基本养老基金入不敷出时,财政将予以补贴;二是由企业缴纳的养老保险费在税前列支,个人缴纳的保险费不计个人所得税。虽然减免税部分不表现为财政支出的增加,却是事实上的财政收入减少,故仍属于财政负担范畴。

2. 行政事业单位离退休人员费用加重财政负担

按照现行政策,我国公务员退休工资完全由财政负担,而大多数事业单位沿用了以前财政包揽的做法,养老金发放没有社会化。因此,随着离退休人员的不断增加,此项支出规模也不断扩大。

3. 城乡居民养老保险加重财政负担

随着我国社会保障体系的不断完善,加快建立覆盖城乡居民的养老保险制度势在必行。2009年以来,新型农村社会养老保险已经在我国部分地区开展试点。按照我国新型农村社会养老保险的基本原则,由个人、集体、政府合理分担,实行个人缴费、集体补

助、政府补贴相结合的筹资方式。这就要求财政资金的投入,增加财政支出。

4. 老年人口医疗加重财政负担

老年人口在医疗保健开支方面具有非常特殊的地位。据卫生部门预测,60岁以上老年人口的发病率为中年人的2倍,是青少年的2—5倍。近年来,我国对医疗保险制度进行了改革,改变了原有的行政事业单位人员公费医疗制度,减轻了财政相关方面的支出,而企业职工医疗保险仍由企业和个人共同承担。但是,现行的城镇居民基本医疗保险制度对60岁及以上老人缴费有更多的优惠政策,相比劳动年龄人口可获得更高比例的财政补贴。老年人口的不断增多,无疑会越来越增加该项费用的支出。

5. 与老年人口相关的公益福利设施建设加重财政负担

改革开放后,经过多方面的努力,我国的老年社会福利设施有了很大发展。但从目前情况看,即使不考虑老年福利水平的不断提高,仅就迅速增长的老年人口而言,现有的福利设施也远不能满足需要。更何况,随着老年人口供养方式的转变,通过政府和市场渠道进行分配的比例将逐渐扩大,要求政府增加对社会养老保障的资金投入。因此,今后用于这方面的开支将会进一步增加①。

(二)加重了企业的经济负担

人口老龄化将导致劳动人口的赡养负担加重,国际上习惯上用老年人的抚养比来衡量一定基数的劳动人口要抚养的老年人口数,通常是用60岁以上老年人口与18—60岁的劳动人口的比重

---

① 高淑红:《人口老龄化的财政负担及对策建议》,《地方财政研究》2011年第1期。

来表示。1999年,我国的老年人抚养比大约为10.3%,2009年,我国的老年人抚养比大约为11.6%,由此可见,这十年我国老年人抚养比呈总体上升的趋势。老年人抚养比的增大,在不改变企业和个人基本养老保险缴费比例的情形下,企业基本养老保险收支越来越难以平衡,而企业离退休职工的基本养老金又具有刚性,势必加大所在统筹地区的财政负担。但财政对企业基本养老保险承担的支付弥补额度是有限的,一旦额度过大,政府必然作出决定——调整用人单位缴费比例和个人缴费比例。财政兜底的资金来源主要是企业税收,无论是财政增加兜底责任,还是提高企业基本养老保险缴费比例,都会增加企业的负担。我国企业基本养老保险由现收现付制向部分积累制过渡,既要为在岗职工积累个人账户资金,又要发放离退休人员的养老金,个人账户已经出现了空账。随着我国老年人口抚养比的增大,企业职工基本养老保险个人账户的空账规模会越来越大。

基本医疗保险与基本养老保险一样,随着人口老龄化程度的加深,基本医疗保险收支平衡问题也越来越严重。不仅会加重财政负担,还会提高用人单位和个人缴纳基本养老保险费的比例。

(三)加重了劳动者的经济负担

随着人口老龄化程度的加深,在基本养老保险缴费比例不调整的情形下,政府的财政负担会越来越重。在不提高退休年龄的情况下,很可能提高基本养老保险个人的缴费比例,导致参保者的经济负担增加。不仅如此,老年人的医疗费用问题也对青壮年劳动力造成了沉重的负担。城镇职工虽有基本医疗保险待遇,可城镇职工基本医疗保险也有个人自负部分,还有非基本医疗保险药物目录之外的药物费用支付问题。城镇居民虽有城镇居民基本医疗保险,但其报销比例较城镇职工低,医药费支付的封顶线也较低,家中老人的医疗个人自负部分对家中劳动力也构成较大负担。对农村居民来说,虽有新型农村合作医疗,可保障水平还不如城镇居民基本医疗保险,农村老人的治疗费用自负比例很高,对家中劳动力来说,必然是一项很大的负担。

(四)加重了劳动年龄人口的家庭照料负担

随着医疗水平的发展与人们生活保健意识的增强,老人的平均寿命逐渐延长。老年人数量增多,很多老人患有一种以上的慢性病,而且失能老人逐渐增多。失能老人因各种慢性疾病、躯体损伤等引起功能受损、心理失衡,进而导致日常活动受限,出现情绪低落、焦躁不安、孤僻、抑郁等心理问题,严重者会并发老年精神障碍、老年痴呆症等。失能老人的生活不能完全自理,必须依赖他人照料。

我国有几千万家庭被失能老人的护理问题所困扰。高发病率与低收入的特征使得老年人的医疗问题突出,老年人口(尤其是高龄老人)的增多对照料服务的需求增加。然而,以子女供养为主的家庭养老制度面临危机。一方面,由于妇女广泛就业,随着独生子女的逐渐增多与人口流动范围的逐步扩大,年轻人与老人分开居住已经成为一种普遍的社会现象。据有关部门调查,不少大、中城市中独居老人数量约占家庭总数的一半,有的地方高达70%以上,有的农村90%的人外出打工,家里留下老人和孩子,传统的居家养老方式受到挑战。另一方面,文化领域中的变化导致青年人中赡养父母的道德观念日渐淡薄,传统的家庭养老方式变得难以奏效。老人因得不到子女赡养而引发的案件逐年上升,老人被遗弃的现象已经成为影响社会稳定的一个潜在因素。在广大农村地区,养老问题更为突出。

四、应对人口老龄化问题的措施

老龄化问题是当今世界普遍关心的问题,我国人口老龄化的速度大大超过国外,如何应对老龄化问题的挑战?我们必须坚持中国的优良传统,积极发展老年保障事业,重视老龄化问题,防患于未然。

(一)继续保持尊老、养老的文化传统美德,并把赡养老人作为子女的法律义务

中华民族历来奉行尊老、养老的美德,这种优良传统与华夏文化已整合为一体,成为文化传统的主要内容之一。当然,这种家庭文化格局同样经受了传统观念更新的冲击。在社会保障制度尚不健全、不完善的情况下,一些子女放弃对父母应承担的责任,尊老、养老观念淡化,发生一些违反道德伦理的行为。更有甚者,有的子女占父母的居室,拿父母的钱财,最后将老人赶出家门,使老人衣食无着,四处流浪,或百般虐待老人,使老人痛不欲生,走上轻生之路。凡此种种有悖于我国传统伦理道德的现象,各种传播媒介要及时进行谴责,并引导群众进行舆论监督。在青年人群中要积极弘扬中华民族的传统美德,并使之纳入建设社会和谐、社会文明的轨道。

在2000年后,我国开始步入老年化社会,中央政府对此极为重视,以法律条文的形式进行了具体规定。在八届全国人大常委会第二十一次会议上,通过了《中华人民共和国老年人权益保障法》。这部法律从1996年12月1日起施行。中国作为发展中国家骤然进入老龄化社会,以社会经济发展水平决定的社会保障、服务系统方才逐步建立,不可能一下子就接纳和解决几亿老年人的

生活服务、护理乃至赡养问题。为此,家庭养老助老的职能不仅要继续存在,还必须得到强化,《老年人权益保障法》的公布就是对此最好的诠释。对于解决老年人问题,制订切实可行的各项经济、法律等措施是必要的,引导积极向上的社会风气和主体精神,恢复、弘扬传统美德更为迫切,影响更为深广,意义更为重大①。

(二)满足不同群体的需要,完善社会保险体系

《中华人民共和国国民经济和社会发展第十三个五年规划纲要》指出,实施全民参保计划,基本实现法定人员全覆盖。坚持精算平衡,完善筹级机制,分清政府、企业、个人等的责任。适当降低社会保险费率。完善统账结合的城镇职工基本养老保险制度,构建包括职业年金、企业年金和商业保险的多层次养老保险体系,持续扩大覆盖面。实现职工基础养老金全国统筹。完善职工养老保险个人账户制度,健全参保缴费激励约束机制,建立基本养老金合理调整机制。推出税收递延型养老保险。更好地发挥失业、工伤保险的作用,增强费率确定的灵活性,优化调整适用范围。建立更加便捷的社会保险转移接续机制。划转部分国有资本充实社保基金,拓宽社会保险基金投资渠道,加强风险管理,提高投资回报率。大幅提升灵活就业人员、农民工等群体参加社会保险的比例。加强公共服务设施和信息化平台建设,实施社会保障卡工程,实现持卡人口覆盖率达到90%。

(三)健全社会救助体系,构筑严密的社会安全线

《中华人民共和国国民经济和社会发展第十三个五年规划纲要》指出,统筹推进城乡社会救助体系建设,完善最低生活保

---

① 参见向琨:《浅谈人口老龄化与老年社会保障》,《华章》2011年第7期。

障制度,强化政策衔接,推进制度整合,确保困难群众的基本生活。加强社会救助制度与其他社会保障制度、专项救助与低保救助统筹衔接。构建综合救助的工作格局,丰富救助服务内容,合理提高救助标准,实现社会救助"一门受理、协同办理"。建立健全社会救助家庭经济状况核对机制,努力做到应救尽救、应退尽退。开展"救急难"综合试点,加强基层流浪乞讨救助服务设施建设。

(四)实施弹性退休制度,适当推迟养老金支付时间

根据第六次全国人口普查详细汇总资料计算,2010年中国人口平均寿命达到74.83岁;2010年中国男性人口的平均寿命为72.38岁,女性为77.37岁。而目前女职工退休年龄50岁,女干部的退休年龄为55岁。老龄人退休后一般不再从事社会生产,不再缴纳养老保险,改为领取养老保险,变成单纯的消费人口。考虑到目前我国养老金存在一定缺口,而且这个缺口逐年加大的情况,可以实施弹性退休制度,不在全国范围内搞"一刀切",适当延长劳动人口的养老保险领取时间,同时还加长劳动人口缴纳养老金的时间,能够缓解养老金支出缺口的部分问题①。

(五)以家庭养老为主体,以机构养老和居家养老为补充,发挥社区在居家养老中的补充作用

家庭养老是指完全依靠家庭成员的力量解决老人的赡养问题。居家养老是指老人住在自己家中,部分地借助社区力量或全部借助社区的力量解决生活照料问题。家庭在解决老人生活照料和精神慰藉上具有不可替代的作用,应强化家庭成员的法律责任。

---

① 曾旭:《基于人口老龄化背景下的社会保障研究》,《特区经济》2011年第1期。

不过,有些家庭在赡养老人或照料老人方面确实存在困难,就要通过机构养老或借助社区的力量来保障困难家庭中老人的养老问题。社区可以通过建立托老所、日间照料中心、老年康复中心、老年活动室等社区养老服务设施,从而让老人在身体上和心理上都得到慰藉。

(六)适时调整计划生育政策,使我国的人口年龄结构趋于合理

坚持计划生育的基本国策,全面实施一对夫妇可生育两个孩子政策。改革完善计划生育服务管理,完善生育登记服务制度。提高生殖健康、妇幼保健、托幼等公共服务水平。做好相关经济社会政策与全面两孩政策的有效衔接。完善农村计划生育家庭奖励扶助和特别扶助制度,加强对失独家庭的关爱和帮助。做好优生优育的全程服务,注重家庭发展,综合治理出生人口性别比偏高问题。完善人口发展战略,建立健全人口与发展综合决策机制。综合应对劳动年龄人口下降,实施渐进式延迟退休年龄政策,加强老年人力资源开发,增强大龄劳动力就业能力。开展重大经济社会政策人口影响评估,健全人口动态监测机制。

第四节 社会保障与社会政策理论

社会保障建立、发展与改革涉及的理论基础很多,如德国社会政策协会的社会政策思想、福利经济学理论、凯恩斯就业理论、西方生育理论、老年社会学理论、死亡率变动理论、优生学理论、法学理论等。下文将介绍与社会保障关系密切的几种社会政策思想。

一、德国社会政策协会的社会政策思想[①]

德国的工业革命虽然在起步阶段落后于英、法多年,但到了19世纪后期,德国的煤矿、铁矿、采矿、冶金和化学工业已经取得突飞猛进的发展,令欧洲各国望尘莫及,这时的德国的国民经济实力远非李斯特时代所能比拟。但在经济发展的背后,劳资冲突也愈演愈烈,新的社会危机已初现端倪。在这样的历史背景下,德国很多大学教授和经济学家深感劳动问题的严重,他们既不认为曼彻斯特派的自由放任主义可以力挽这股狂潮,也不相信急剧的社会主义革命运动可以解决问题。时势促成了所谓讲坛社会主义的新历史学派的诞生,该派学者在新兴资本主义的压力与拉莎尔社会民主运动的刺激下,于1873年组成德国社会政策协会。施莫勒为主席,瓦格纳、布伦坦诺和赫尔特等为其骨干;旧历史学派的"三宿"罗雪尔、希尔德布兰德与尼克斯也都列席。社会政策学会的主旨是要在维护现存的资本主义体制的基础上,吸收社会主义的一部分理想,保护劳动者的正当利益,把分配过程中的若干弊端依立法与行政手段加以消除。他们首先与曼彻斯特的自由经济学派展开论战。该学会的学者们虽然目标一致,但瓦格纳的主张偏右,布伦坦诺的主张偏左,施莫勒则为居中的调和者。

(一)施莫勒的政策主张

施莫勒于1872年任斯特拉斯堡大学教授,1882年任柏林大学教授,1900年出版《国民经济学大纲》。他虽然不满意现实社会的诸关系,深感有改良的必要,但反对一切社会主义的实验,不应

[①] 和春雷等:《当代德国社会保障制度》,法律出版社2001年版,第48—52页。

冒昧地打破一切现存的关系。要慎重地施行工厂立法,要求不致酿成剥削劳动者的劳动契约,缔结劳动契约时,要给予劳动者以完全的自由。要求国家重视劳动阶级,以避免其生活在受压迫的劳动状态之下。

施莫勒认为,征收租税应以财产为依据,不可取自劳动;对于所得与继承,应课以累进税率,从而限制私有财产的过度膨胀。奖励国有土地上的小农土地所有权;利用农地法与不动产法保障小农利益,实施劳动契约、雇佣条件、利润分配与其他一切可能的劳动关系改革。政府是社会各阶级对立与冲突的唯一的中立者,主张政府"劳动局"处理劳动事务。

(二)瓦格纳的政策主张

瓦格纳于1870年入柏林大学任教授,1877年出版《财政学》,1887年出版《财政学与国家社会主义》,1882—1885年当选为普鲁士议会议员,曾辅佐俾斯麦创建劳动者社会保险制度,实施一部分社会政策。

瓦格纳认为,国家的主要职能应在变更财富国民分配的基础上使劳动阶级受益;一切政策应使其社会化,国家应当保护劳动者。他认为,社会改革是在上层阶级道义的反省之下,以国家权力为主体,让劳动阶级被动地成为国家社会主义的受益者。他主张通过征收累进税率,以缓和现在商业制度所造成的财富不平等,减少资产阶级所得,提高劳动者所得。通过国家举办社会保险,以保障劳动者的正常生活。政府对于国民经济生活的干涉及地方自治团体统治权的扩大,会逐渐接近社会主义的门口。所谓实行部分社会主义,就是对所有的分配不均现象予以调整。私有财产制度不属于自然法则的范畴,而是一个历史的范畴;但财产分配的私有制本身不可消除,只可将其差距缩短,却不可没有差距。瓦格纳反对马克思的科学社会主义与拉萨尔的社会民主党运动。他主张提高工资,缩短工时,并特别优待童工和女工。

(三) 布伦坦诺的政策主张

与瓦格纳相反,布伦坦诺主张利用"劳动组合"——工会的力量,由下而上地以劳动者自己的力量争取劳动者的权益,最终贯彻社会政策。他于1871年出版《现代劳动组合》,即力持此主张。他认为,劳动者是一种不能储存的特殊商品,因为劳动者是无产阶级,靠劳动收入——工资吃饭,几天没有收入,便生活不下去。如果孤立分散,自然只能在不利的条件下接受资本家的压迫,把自己的劳动力削价出售。所谓劳动力,不外是劳动者这个人本身的使用,劳动力的购买就是取得劳动者人格的支配。劳动组合是指劳工通过组织的力量,得以使劳动者能像其他商品一样卖出与其价值相当的价格。

他指出,经济上强者利己心的表现,自然以采取自由竞争的形态最为有利,这是经济优胜者的原理;经济上弱者利己心的表现,则以采取自我团结的形态最为有利,这是经济上弱者的原理。他认为,劳动组合并不是要把劳动者从劳动阶级的地位中解放出来,他们始终是工资劳动者,劳动组合不会消灭今日社会各阶级的差别。布伦坦诺反对穆勒的工资基金学说,他认为高的工资与短的工时有利于提高劳动者的生产积极性,也有利于提高生产效率。反之,则可能导致生产停滞乃至萎缩。对于提高工资而相应减少的利润,他不认为应由资本家负担,而主张由消费者承担。这样就可以消除工资与利润的对抗关系,借以避免劳资利益冲突的阶级对立。社会政策要一方面固守私有财产权与财产继承权,以保持资本主义内涵的前提条件;另一方面,又要保持劳动者充分的独立利益。

二、马克思的社会保险基金思想①与劳动价值论

马克思的社会保险基金思想主要是针对资本主义社会的本质属性、拉萨尔的"不折不扣的劳动所得"的谬论和"公平的分配"理论以及保险基金的补偿范围提出的,具有鲜明的时代特征。

社会保险基金来自社会总产品的扣除,建立社会保险基金是社会再生产的需要。马克思根据社会再生产原理,论证了社会总产品在进行个人分配之前必须从两个方面进行必要的扣除。一方面是在生产的消耗和需要上的三项扣除:一是为了维持继续再生产,必须补上生产过程中消耗掉的生产资料部分。例如,在工业中要补上已经消耗掉的原料、材料和生产工具,在农业中要补上已经消耗掉的种子、农料、肥料等。二是扣除用来扩大再生产的追加部分,这就是要有积累,增加生产资料。三是扣除用来应付不幸事故、自然灾害等的后备基金或保险基金,即要有一定的储备,以保证再生产不至于中断。需要指出的是,马克思所说的后备基金或保险基金就是现代意义上的社会保障基金。另一方面还应扣除各种消费基金:一是和生产没有关系的一般管理费用,如国家各级机关和行政部门工作人员的工资、办公费用。二是用于满足社会需要的部分,如教育、科学、文化、卫生事业费用等。三是为丧失劳动能力的人设立的基金,也就是现在属于所谓官办济贫事业的部分,如老弱病残的养老金、抚恤金等。马克思认为,社会保险基金具有分摊和补偿损失的功能;社会保险基金可以在一定程度上弥补社会按劳分配的不平等以实现社会公平;社会保险基金的补偿范围是物质资料的再生产和劳动力的再生产。

---

① 左丽娟:《试析马克思的社会保险基金思想》,《世纪桥》2009年第2期。

马克思在《资本论》中批判地吸收了资产阶级古典经济学家价值论的合理内容,建立了科学的劳动价值论。马克思的劳动价值论的原创含义可高度概括如下:一是价值是商品的社会属性,它是不同商品进行交换的比例的基础,它反映了商品生产者之间的社会关系;二是创造价值的唯一要素是物质生产部门的劳动,其他任何生产要素都不是价值的源泉,创造价值的劳动是抽象劳动,即无差别的人类脑力、体力的耗费,具体劳动创造使用价值,但它不是价值的源泉;三是创造价值的劳动是活劳动,即正在进行的生产过程中耗费的抽象劳动,物化劳动作为过去劳动的凝结物,在新的商品生产过程中只能转移自身的价值,而不能创造价值,商品价值中不包含任何一个自然物质的原子。商品的价值由生产商品的社会必要劳动时间决定。马克思的劳动价值论是彻底的一元价值论。根据马克思的劳动价值论可以推理出:剩余价值是雇佣工人创造的被资本家无偿占有的超过劳动力价值的价值。而利润是剩余价值的转化形式,它表现为商品价值超过成本价格的余额。利润实际上来源于资本家用可变资本购买的劳动力在生产过程中所创造的剩余价值,但却在表面上表现为资本家全部预付资本所带来的增加额。是工人养活了资本家,而不是资本家养活了工人。马克思通过对资本主义生产方式剥削实质的充分揭露,揭示了资本主义产生、发展和灭亡的规律,论证了资本主义一定灭亡、社会主义一定胜利的历史必然性。这对资本主义国家和政府的触动很大,为了维护和巩固资产阶级统治,它们纷纷实行改良政策,推动了社会保险制度的产生。

三、福利经济学思想[①]

福利经济学是经济学的一个分支,它是在一定价值判断的基础

[①] 尹伯成:《西方经济学简明教程》,上海人民出版社2008年版,第137—140页。

上提出社会福利目标和判断福利大小的标准,用以评判经济运行和资源配置的优劣,因此,福利经济学具有规范经济分析的性质。

福利经济学认为,个人是他自己福利的唯一判断者,所有个人福利的总和构成社会福利。这种福利也称为广义福利,它不仅包括人们从物质享受中得到的满足,还包括从精神生活中得到的满足,甚至包括所处的社会环境状况等。大多数经济学家承认这种广义的福利无法具体地、准确地衡量,它超出了经济学的研究范围。福利经济学因此只研究社会福利中可以直接或间接地用货币衡量的部分,即经济福利。

福利经济学分为旧福利经济学和新福利经济学。庇古是旧福利经济学的创始人。他的福利经济理论以基数效用论为基础,包括两个基本命题:第一,国民收入总量越大,社会经济福利就越大;第二,国民收入分配越平等,社会经济福利就越大。根据第二个命题,庇古认为,如果把富人的部分收入转移给穷人,就会增加社会福利的总量。由于救济有工作能力而不工作的人会减少国民财富,因而不应该实行无条件的普遍的补贴制度,而应该训练身强力壮的低收入者,让失业的技术工人学习新技术,为工人的优秀子弟提供上学的机会并补贴其生活等。

后来的经济学家对庇古的旧福利经济学进行了批评。一是认为基数效用论不足取,即认为效用作为一种个人主观感受是无法在人们之间进行数量相加和比较的。二是对于收入均等化问题,他们认为,如果收入不均等不是由剥削造成的,政府强制进行收入转移就是不公正的,从而损害经济效率,使人们的生产积极性下降,并最终导致社会福利减少。

19世纪末、20世纪初,产生了以意大利经济学帕累托为代表人物的新福利经济学,新福利经济学在序数效用论的基础上避开了收入分配问题,以效率作为福利分析的唯一目标。帕累托提出,一个社会要达到最高的经济效率和得到最大的社会经济福利,必须同时满足下述三个边际条件。

第一个边际条件是交换的边际条件,即对所有的消费者来说,任意两种商品之间的边际替代率必须相等。

第二个边际条件是任意两种生产要素之间的边际技术替代率对于任意两个生产者来说都必须相等。

第三个边际条件是产品替代的边际条件。它指的是,对各消费者而言,任意两种商品的边际替代率相等;对各生产者而言,生产任意两种产品的边际转换率都相等;并且只有边际替代率等于边际转换率时,即达到生产和消费领域的帕累托全面最优,达到资源配置的帕累托最优状态。也就是说,此时已经不可能通过生产要素和产品的重新分配,使一部分人的福利增加,而同时又不使其他人的福利减少。

从实现上述三个边际条件的要求来看,完全竞争的市场经济确实是实现帕累托最优唯一的也是最好的舞台。在这个舞台上,每种商品的价格等于其边际成本,每种要素的价格等于其边际产品价值,每个消费者根据自己的偏好选择商品,每个生产者根据利润最大化原则生产商品,每个要素所有者根据报酬最大原则提供要素。所有人都根据这些原则开展自由竞争,整个社会的福利就达到最大,经济作为一个整体就有效率。

完全竞争的市场经济只是一种理想的模型,一种理论上的假设是现实生活中不会出现"市场失灵"的情况。福利经济学对推动社会保险制度的建设发挥了重要的作用。

四、贝弗里奇的社会保险思想

贝弗里奇认为英国战后重建的最主要任务是革除"五恶",即贫困、疾病、愚昧、污秽和懒惰。为了完成这个基本任务,贝弗里奇重新设计了英国的社会保障体系。

贝弗里奇在勾画社会保障计划时遵循三条指导原则。第一,充分运用过去积累的丰富经验,避免被经验积累过程中形成的部门利益所限制和驱动;第二,把社会保险作为提供收入保障、消除贫困的一项基本社会政策;第三,确定国家提供福利的原则是基于国家利益而不是某些群体的局部利益,明确社会保障必须由国家和个人共同承担责任,通过国家和个人的合作来实现。国家在承担相应责任的同时,不应扼杀和替代个人在社会保障中的责任;国家提供的基本生活保障水平不宜过高,应给个人参加自愿保险和储蓄留出一定的空间[①]。

贝弗里奇设计了一整套"从摇篮到坟墓"的社会福利制度,提出国家将为每个公民提供九种社会保险待遇,提供全方位的医疗和康复服务,并根据个人的经济状况提供国民救助。九种社会保险待遇分别为失业、伤残和培训保险金,退休养老金,生育保险金,寡妇保险金,监护人保险金,扶养补贴,子女补贴,工伤养老金,一次性补助金(包括结婚、生育、丧葬和工亡四种补助金)。贝弗里奇还要求建立完整的社会保险制度,由国家强制实施。在这个制度下,不论收入多少,不论风险高低,所有国民都必须参加保险,每人每周缴费,费率相同,而且待遇实行统一标准[②]。

具体而言,贝弗里奇确定了社会保险的六条基本原则:第一,保险给付一律平等的原则;第二,缴纳保险费一律平等的原则;第三,统一管理的原则;第四,保险给付要符合受益人的基本需求的原则;第五,社会保险的全面性原则;第六,社会保险的分类原则。

---

① 劳动和社会保障部社会保险所译:《贝弗里奇报告——社会保险和相关服务》,中国劳动社会保障出版社 2004 年版,第 2 页。

② 同上书,第 2—3 页。

贝弗里奇的社会保险思想对建立福利国家产生了重要的影响。

五、凯恩斯的政府干预理论[①]

凯恩斯的经济理论纲要包括以下几点：第一，国民收入决定于消费和投资。第二，消费由消费倾向和收入决定。消费倾向包括平均消费倾向和边际消费倾向。边际消费倾向大于0而小于1。因此，收入增加时，消费也增加。但在增加的收入中，用来增加消费的部分所占比例可能越来越小，用于增加储蓄部分所占比例可能越来越大。第三，消费倾向比较稳定。因此，国民收入的波动主要来自投资的变动。投资的增加或减少会通过投资乘数引起国民收入的多倍增加或多倍减少。投资乘数与边际消费倾向有关。由于边际消费倾向大于0而小于1，因此，投资乘数大于1。第四，投资由利率和资本边际效率决定，投资与利率成反方向变动关系，与资本边际效率成正方向变动关系。第五，利率决定于流动偏好与货币数量。流动偏好是货币需求，货币需求由谨慎动机、交易动机和投机动机组成。第六，资本边际效率由预期收益和资本的供给价格或者重置成本决定。

凯恩斯认为，形成资本主义经济萧条的根源是由消费需求和投资需求所构成的总需求不足以实现充分就业。消费需求不足是由于边际消费倾向小于1，即人们不会把增加的收入全部用来增加消费，而投资需求不足来自资本边际效率在长期内递减。为解决有效需求不足，必须发挥政府作用，用财政政策和货币政策来实现充分就业。财政政策就是政府增加支出或减少税收，增加总需求；通过乘数原理引起收入的多倍增加。货币政策是增加货币供

[①] 高鸿业：《西方经济学》，中国人民大学出版社2000年版，第561—562页。

给量以降低利率,刺激投资从而增加收入。由于存在"流动性陷阱",因此,货币政策的效果有限,增加收入、促进就业主要靠财政政策。

有效需求不足是由边际消费倾向、资本边际效率和流动性偏好这三个基本心理因素的作用所造成,所以,市场机制不能使总需求与总供给在充分就业水平上达到均衡。于是,必然要出现萧条和失业,或者,当需求过度时,也会出现通货膨胀。政府调节经济就是要维持经济的稳定,其政策手段就是调节供给与需求,即运用财政政策和货币政策进行总供给与总需求的管理。在进行需求管理时,财政政策被认为是最有力、最直接的调节手段。凯恩斯的政府干预理论对世界各国社会保险制度的改革、社会救助制度的建立和发展起到了重要的推动作用。

第五节 商业保险与社会保险

一、社会保险和商业保险的概念

所谓社会保险,就是国家通过立法对社会劳动者暂时或永久丧失劳动能力,或失业带来收入减少时,提供一定的物质帮助和服务,以保障其基本生活的一种社会保障制度。它是一项社会政策,国家通过立法对工资劳动者遭受生育、年老、疾病、死亡、伤残、失业等风险时提供基本的生活保障。它是通过提供经常发生或长期支付物质帮助的方式体现的,是由法律规定的将某些社会风险转移至政府或某一社会组织的一种风险管理措施。社会保险是以社会保险费为物质基础的。社会保险费主要来源于用人单位和劳动者,有时政府也介入其中。保险费是强制用人单位和劳动者缴纳的,它是为劳动者的切身利益而设计征收的,并且符合用人单位的利益。在国家通过立法进行干预的情况下,用人单位、劳动者以及国家和地方财政在社会保险事业中各自扮演自己的角色。一般来说,他们在保险计划的制定和管理上都有自己的职责和发言权,共同承担各种社会风险。具体而言有以下五项社会保险:

(1)养老保险。养老保险是指国家和社会根据相关法律法规,对劳动者达到法定年龄或退休,由社会保障机构或指定的其他单位规定给付养老年金的保险。

(2)医疗保险。医疗保险是指为了分担疾病危险带来的经济损失而设立的一项社会保险制度。它对于因疾病危险造成的经济损失(如医疗费用)进行补偿。

(3)失业保险。失业保险是劳动者由于非本人原因,暂时失去工作,中断收入,失去生活来源,从国家和社会获得物质帮助的一种社会保障制度。

(4)工伤保险。工伤保险是指国家通过立法建立的,由社会集中建立基金,对在经济活动中因工负伤致残,或因从事有损害健康的工作患职业病完全或部分丧失劳动能力,以及对职工因工死亡后无生活来源的家属提供物质帮助的制度。

(5)生育保险。生育保险是指在生育事件发生期间对生育责任承担者给予收入补偿、医疗服务和生育休假的社会保障制度。

社会保险的特征主要表现为普遍性、强制性、互助互济性、补偿性、储蓄性、权利与义务的关联性和预防性等。

世界各国在建立社会保险制度初期,针对的主要是具有雇佣关系的劳动者,覆盖面比较窄。当经济发展到一定水平后,有些国家发展福利型社会保险,覆盖对象由被雇佣的劳动者转向全民。无论是选择型的社会保险,还是普惠型的社会保险,保障的水平都是满足基本生活的需要。在普惠制的社会保险中,被雇佣的劳动者的保障水平往往高于非雇佣的居民。这就说明,社会保险的覆盖率较低或保障水平较低,这为商业保险的发展留下了足够的空间。

商业保险是指投保人根据合同约定,向保险人支付保险费,保险人对于合同约定的可能发生的事故因其发生所造成的财产损失承担赔偿保险金责任,或者当被保险人死亡、伤残、疾病或者达到合同约定的年龄、期限时承担给付保险金责任的保险行为。这说明商业保险括这样几层含义:一是商业行为。二是合同行为,保险双方当事人建立的保险关系通过签订保险合同进行。三是权利义务行为,保险双方当事人分别承担相应的民事义务,投保人有向保险人交纳保险费的义务,保险人则在保险事故发生时有向被保险人或受益人承担损失补偿或保险金给付的义务。一方的义务也就是另一方的权利,一方义务的不履行就意味着对相应权利的不享受。四是经济补偿或保险金给付以合同约定的保险事故发生为条件。

社会保险是在商业保险的基础上发展起来的,两者都是社会保障的重要组成部分,但它们之间也存在较大的差异。随着我国社会主义市场经济的发展,风险的种类增多,范围增大,相应地要求建立风险管理的多维保障体系。研究社会保险与商业保险的区别与联系,明确政府、企业、个人的权利和义务,对于建立多维社会保障体系具有重要的作用。

二、社会保险与商业保险的差异

(一)主办保险的主体不同

社会保险的缴费主体是个人、用人单位和政府,甚至包括集体,一般由政府承担社会保险基金收缴、保管、投资运营和待遇给付的责任。而商业保险的缴费主体一般是个人,有时也包括用人单位,由商业保险公司负责基金的筹集、保管、投资运营和待遇支付。

(二)主办保险的目的不同

社会保险的经办机构一般都是政府设立的专门机构,这些机构经办社会保险业务不是以营利为目的,而是为了保障广大参保者的基本生活和基本健康。商业保险公司经营商业保险业务的直接目是追求利润,它们的间接目的是为人们化解经济社会风险。

(三)保险的性质不同

社会保险在缴费、基金的保管、投资运营和待遇给付等方面都有法律的强制性规定,用人单位不依法缴纳社会保险费,劳动者有权控告用人单位,劳动仲裁部门和法院会依法维护劳动者的社会保险权益。商业保险则不同,人们是否参加商业保险完全是一种自愿行为,任何组织和个人都不得强制。

(四)待遇支付的权利和缴费的义务关系不同

社会保险强调权利与义务的相关性,并不要求权利与义务关系完全对等。社会保险作为国民收入的二次分配,国家有权对征集到的社会保险基金确立分配方案,根据效率与公平兼顾的原则,适当地向低收入群体倾斜。社会保险制度具有高收入群体帮助低收入群体的内在机制。至于对低收入群体倾斜的程度有多大,取决于当时的经济社会状况,甚至取决于一个国家的宪法精神或社会文化传统。而商业保险的权利和义务的关系强调对等性,在世界各国都一样。商业保险在商业契约的基础上,只要投保人与保险公司自愿签订合同,并按照合同的规定交纳了保险费,就能获得享有这种保险赔偿的权利。这种权利表现为"多投多保,少投少保,不投不保"。

(五)参保者参加保险的目的不同

人们参加社会保险,主要为防止年老、疾病、工伤、失业、生育期间丧失收入来源而陷入贫困,为了保障自己在人生的风险时期能够维持基本的生活水平和健康水平。而人们参加商业保险,主要是为了生活得更好,有"锦上添花"的作用。

三、社会保险与商业保险的联系

(一)社会保险在商业保险的基础上产生

公元前2500年前后,古巴比伦王国国王命令僧侣、法官、村长等向民众收取税款,作为救济火灾的资金。古埃及的石匠成立了丧葬互助组织,用交付会费的方式解决收殓安葬的资金。古罗马帝国时代的士兵组织以集资的形式为阵亡将士的遗属提供生活费,逐渐形成保险制度。随着贸易的发展,大约在公元前1792年,正是古巴比伦第六代国王汉谟拉比时代,商业繁荣,为了援助商业及保护商队的骡马和货物损失补偿,在《汉谟拉比法典》中规定了共同分摊补偿损失的条款。公元前916年,在地中海的罗德岛上,国王为了保证海上贸易的正常进行,制定了《罗地安海商法》,规定如果某位货主遭受损失,由包括船主、所有该船货物的货主在内的受益人共同分担,这是海上保险的滥觞。在公元前260年—前146年的布匿战争期间,古罗马人为了解决军事运输问题,收取商人24%—36%的费用作为后备基金,以补偿船货损失,这就是海上保险的起源。公元前133年,在古罗马成立的各雷基亚(共济组织),向加入该组织的人收取100泽司和一瓶敬人的清酒。每个月再收取5泽司,积累起来成为公积金,用于丧葬的补助费,这是人寿保险的萌芽。

1583年6月18日,英国签发了历史上第一张用文字书写的人寿保险单,到1720年时,英国已经有50家人寿保险公司。英国的实践和经验很快输出到其他国家,美国、法国、荷兰、德国和日本分别于1759年、1787年、1807年、1827年和1881年建立起人寿保险公司。保险从萌芽时期的互助形式逐渐发展成为保险借贷,发展到海上保险合约,再发展到海上保险、火灾保险、人寿保险和其他保险,并逐渐发展成为现代商业保险。

相比人身保险第一张正式保单签发,现代社会保险产生的历史向后推迟了300年。1883—1889年,德国在继续发展商业保险的基础上,先后举办了疾病、伤害、生育、残障和老年保险,使社会保险作为一种制度在德国建立起来。可见,现代社会保险是在商业保险有了较大发展的基础上产生的。

(二)社会保险与商业保险优势互补

商业保险的优势是具有高度的灵活性。商业保险是企业经营行为,贯彻买卖自由的市场经济基本原则,契约成立的条件完全建立在双方自愿的基础之上。这就决定了投保人在加入、退出和续保方面的完全自由度。商业保险遵循的是"多投多保、少投少保、不投不保"的等价交换原则。不同于社会保险,商业保险没有进入和退出障碍。同时,商业保险的覆盖对象是无限的,任何国民都有权投保。只是在给付和理赔中,会对受益人的身份和行为进行一定的调查和限制,以避免逆向选择和道德风险给商业保险公司造成损失。

社会保险的优势是待遇支付的可靠性。社会保险制度因其能解决劳动者在职业伤害、失业、疾病医疗、养老等方面的诸多后顾之忧,并调和劳资矛盾,很自然地成为各国政府的重要政策。因此,政府是社会保险的主要行为主体,也是最重要的行为主体。社会保险缴费的强制性规定与政府的保险主体角色保证了社会保险的可靠性,这种可靠性主要包含社会保险的给付水平和给付之间有保障。凡是社会保险法律法规承认的给付水平和待遇水平,国家必须在规定的时间范围内予以保证。

商业保险与社会保险优势互补,在保持社会稳定、化解社会风险方面都可以发挥巨大的作用。

(三)商业保险与社会保险能够相互替代

从近三十年的情况看,中国商业保险是在恢复中发展起来的。从其与社会保险的关系看,商业保险在转型期社会保险制度尚不健全的情况下,一度承担了部分社会保险职责。1984年,中央财经领导小组作出决定,由中国人民保险公司经营集体所有制职工的养老保险。20世纪80年代中后期,中国农村养老保险基金由商业保险公司运作。上海的外来人员综合保险中的养老基金也是通过商业保险公司运作的。

中国经济体制改革初期的许多举措是以降低劳动者风险保障水平和职工福利待遇为条件的。在这样的背景下,相当数量的工薪劳动者缺乏应有的社会保险,有的甚至连工资也不能按时足额拿到。于是,部分劳动者和社会成员通过商业保险中的人身保险和人身伤害责任保险获得一些保障,也给商业保险公司创造了一定的发展机会。例如,20世纪80—90年代,不少用人单位为员工购买补充性养老保险和意外伤害保险,甚至家庭财产保险,还有一些单位购买雇主责任保险。那个时期,团体保险业务在保险公司人身保险业务总量中占的比重很大。但是,随着社会保险事业的发展,商业保险在部分领域让位于社会保险。最近十多年来,新的职工基本养老保险制度、城乡居民社会养老保险制度、职工基本医疗保险制度、新型农村合作医疗制度、城镇居民基本医疗保险制度、失业保险制度、工伤保险制度和生育保险制度陆续颁行,社会保险的覆盖面由原先的国有和集体企业职工扩大到私营企业和个体工商户,再扩大到全体社会成员。这必然形成对商业保险的挤出效应。事实上,在保障需求和缴费能力一定的前提下,由于强制性的社会保险满足了社会成员的一部分保障需求,相对地说,对商业保险的需求自然减少。也就是说,商业保险的部分需求被强制替代[①]。

四、我国深化社会保险改革给商业保险带来的发展机会

社会保障制度改革的原则是广覆盖、低水平、多层次和可持续。在现代社会中,政府具有为全体社会成员提供基本风险保障服务的职责,除了社会救助和公共福利之外,政府主要通过社会保险来实现这一职责。需要强调的是,政府所提供的社会保险服务只是基本的保障,而不是高水平的充分保障,否则,就会影响社会效率,培养出懒汉来。对于基本项目以外、基本保障水平以上的那部分风险保障需求,应该借助社会力量和市场机制来满足。此时,政府的职责是制定有关规则,并承担监管职责,以保证其规范、健康、有序地运行,而不是直接包办。未来一个时期,社会保险制度改革和建设的重点以及由此产生的商业保险发展空间应当是在以下几个方面:

第一,护理保险的建立与发展是完善我国社会保障体系的重要途径。随着人口老龄化,尤其是高龄化社会的到来,老年护理的

---

① 何文炯:《社会保险转型与商业保险发展》,《保险研究》2010年第7期。

需求增加，为此，需要加快建立老年照护体系。考虑到一部分人群具有护理保险的现实需求，政府应出台相应的优惠政策，鼓励保险公司开办商业性护理保险业务。

第二，机关事业单位养老保险制度改革，公务员和事业单位职业年金的发展，为商业保险业务的发展留下了广阔的空间。建立企业职工、公务员、事业单位职工统一的基本养老保险制度，是我国社会保险改革的必然趋势。机关事业单位职工基本养老保险制度已经与企业职工并轨，机关事业单位的职业年金为商业保险带来了新的商机。

第三，企业职工和机关事业单位的基本医疗保险需要商业医疗保险作补充。为了提高参保者的节约费用意识，合理利用宝贵的医疗资源，我国城镇职工的基本医疗保险制定了起付线、封顶线，确保了报销比例，以及明确美容等项目不在基本医疗保险报销范围。目前，我国民众参加商业医疗保险的积极性不太高，随着人们对健康的要求不断提高，公众参加商业医疗保险的热情将会增加。

第四，农民职业伤害保障水平提高与人身意外伤害保险的发展。按照现行制度安排，国家机关、事业单位和企业及其他经济、社会组织均纳入工伤保险制度。农民也是劳动者，也有职业伤害风险，但一直没有职业风险保障制度。倘若农民在劳动过程中受伤，只能由自己负责，主要原因是作为自雇者的农民，无法运用社会化筹资手段建立社会保险机制。因此，应该积极探索农民职业伤害保障机制。对此，不一定要采取纯粹的社会保险手段，还可以采用政府补贴、支持并委托商业保险公司经办的方法来进行[①]。

[①] 何文炯：《社会保险转型与商业保险发展》，《保险研究》2010年第7期。

○ 社会保险与社会福利　Shehui Baoxian Yu Shehui Fuli

附录

高薪能取代社会保险吗？

一、案例情节

张某在北京市某通信技术公司（以下简称技术公司）工作，月工资为8 000元。当初，签订合同时，技术公司对张某说，可以给他较高的工资，但除了工资以外，公司不再提供任何福利待遇。以后若因医疗、养老、失业等问题，应由自己解决，公司不再承担任何责任。由于张某对社会保险不太了解，也就同意了单位提出的条件，与技术公司签订了为期三年的劳动合同。合同明确约定，公司不为张某缴纳社会保险费。工作以后，张某为解决自己的后顾之忧，每月从工资中拿出一部分钱，向保险公司投保了一份商业保险。后来，张某通过法律咨询才知道，企业为职工缴纳各项社会保险费是企业的法定义务，因此，张某要求技术公司为他缴纳社会保险。技术公司以劳动合同有约定且张某已经向保险公司投保了商业保险为由，拒绝了张某的请求，张某遂向劳动争议仲裁委员会申请仲裁。

二、案例分析

劳动合同是劳动者与用人单位确立劳动关系、明确双方权利和义务的协议。用人单位与劳动者签订劳动合同应遵循平等自愿、协商一致和符合法律等三项原则。凡依据三项原则订立的劳动合同，均具有法律的约束力，双方当事人必须履行该合同所规定的义务。

《劳动法》第十七条规定，订立和变更劳动合同，应当遵循平等自愿、协商一致的原则，不得违反法律、行政法规的规定。该法第十八条规定，下列劳动合同无效：(1)违反法律、行政法规的劳动合同;(2)采取欺诈、威胁等手段订立的劳动合同。

无效的劳动合同从订立的时候起就没有法律约束力。确认劳动合同部分无效的,如果不影响其余部分的效力,其余部分仍然有效。根据上述规定,技术公司与张某所订的劳动合同中有关不缴纳社会保险费的约定,因违反了《劳动法》和国务院有关行政法规的规定,该约定应当属于无效约定。劳动法规定的社会保险不同于保险公司的商业保险,主要区别是:(1)社会保险是国家强制实行的社会保障制度,企业和劳动者必须参加,而商业保险是个人自愿参加的;(2)社会保险仅限于职工,而商业保险可以是一般公民;(3)社会保险基金来源于国家、企业和职工个人,而商业保险完全由投保人自行承担保险费;(4)社会保险强调职工必须履行劳动义务才能享受保险待遇,而商业保险则以投保人所交纳保险费的多少决定兑现金额;(5)社会保险不是营利性的,而商业保险以营利为目的。《劳动法》第七十条规定,国家发展社会保险事业,建立社会保险制度,设立社会保险基金,使劳动者在年老、患病、工伤、失业、生育等情况下获得帮助和补偿。《劳动法》第七十二条规定,用人单位和劳动者必须依法参加社会保险,缴纳社会保险费。《社会保险费征缴暂行条例》第三条对基本养老保险费、基本医疗保险费、失业保险费等各项社会保险费的征缴范围作出了明确规定。根据这一规定,国有企业、城镇集体企业、外商投资企业、城镇私营企业和其他城镇企业及其职工都应当参加基本养老保险、基本医疗保险和失业保险,依法缴纳社会保险费。这说明,参加社会保险,缴纳社会保险费不光是用人单位的义务,也是劳动者的义务。它是用人单位和劳动者的共同义务。本案中,张某向保险公司投保的商业保险是不能代替社会保险的,技术公司以高薪来代替职工的社会保险,违反了相关法律的规定。因此,技术公司以劳动合同有约定且张某已经向保险公司投保了商业保险为由拒绝张

社会保险与社会福利 Shehui Baoxian Yu Shehui Fuli

某的请求是没有法律依据的,技术公司应当依法为张某缴纳社会保险。

（资料来源：http://www.lawtime.cn/info/laodong/ldxw/2010072140730.html）

 思考题

1. 经济发展水平与社会保障的关系如何？
2. 社会保障制度与社会稳定的关系如何？
3. 人口老龄化与社会保障的关系如何？
4. 旧福利经济学的主要思想有哪些？新、旧福利经济学的区别有哪些？
5. 社会保险与商业保险的联系与区别有哪些？

第二章 养老保险

学习目标

学完本章,应该了解世界养老保险的发展历程、我国养老保险制度历史沿革和我国企业年金制度的主要内容,熟悉我国居民养老保险发展的现状,掌握养老保险的特征和筹资模式。

基本概念

基本养老保险　现收现付制　完全积累制　部分积累制　企业年金

第一节　养老保险的概念与基本养老保险的特征

一、养老保险的发展与养老保险的概念

在我国两千多年的封建社会历史中,家庭是基本的生产和消费单位,养儿防老是在传统社会得到社会成员普遍认同的老年保障方式。世界范围内将社会养老保险作为正式制度安排,始于18世纪的工业革命。工业化大生产改变了人们的生产方式,也创造

了新型的产业。新型的产业使工人在工作中遭遇到更多的风险,造成更多的伤残事故,劳动技能的更新也恶化了工人的就业环境。

1889年,德国《老年和残疾社会保险法》的颁布成为社会保险的开端。继德国之后,欧洲绝大多数国家在19世纪末、20世纪初纷纷建立了养老保险制度。此外,其他工业化国家(如新西兰、澳大利亚、美国、新加坡、日本等)先后建立了养老保险制度。广大发展中国家的社会保障制度起步较晚,大部分发展中国家是在第二次世界大战结束后才建立起不同层次的养老保险体系。

养老保险是社会保险制度中最重要的险种之一。根据人力资源和社会保障部的定义:养老保险(或养老保险制度)是国家和社会根据一定的法律和规定,为解决劳动者在达到国家规定的解除劳动义务的劳动年龄界限,或因年老丧失劳动能力退出劳动岗位后的基本生活而建立的一种社会保险制度。

根据保险范围、保险水平、保险方式的不同,养老保险可分为基本养老保险、补充养老保险和个人储蓄性养老保险。国际社会通常称它们为养老保险的第一支柱、第二支柱和第三支柱。基本养老保险是由国家立法强制实行的政府行为,全体劳动者必须参加。基本养老保险事务由政府设立的社会保险机构负责经办,为劳动者年老丧失劳动能力后提供基本的生活保障。补充养老保险是在国家法律、法规和政策的指导下,在企业和职工已经参加基本养老保险的前提下,由企业或单位与职工视企业经营状况,通过民主协商,自主确定是否参保和确定保险水平,自行选择经办机构。它是一种企业行为,是基本养老保险的必要补充。个人储蓄性养老保险完全是一种个人行为,公民和劳动者均可按照自己的意愿决定是否投保以及投保的水平和选择经办机构。第二次世界大战结束以后,随着世界经济的不断发展和繁荣,生产的社会化程度进一步提高,特别是产业机构的大调整,引发了人们社会观念的大变革,使社会保险制度在世界较大的范围内实现了向国家化、全民化和福利化的转变。我国新型农村社会养老保险、城镇居民养老保险就是国家福利性养老保险,在缴费方面不具有强制性。这两大保险既不是基本养老保险或补充养老保险,也不是个人储蓄性养老保险,更不是商业养老保险。

二、我国目前养老保险体系的基本状况

根据国家人力资源和社会保障部的统计公报,截至2015年年末,全国参加城镇职工基本养老保险的人数为35 361万人,比上年年末增加1 237万人。其中,参保职工26 219万人,参保离退休人员9 142万人,分别比上年年末增加688万人和549万人。截至2015年年末,参加城镇职工基本养老保险的农民工人数为5 585万人,比上年年末增加113万人。截至2015年年末,企业参加城镇职工基本养老保险的人数为33 123万人,比上年年末增加1 177万人。2015年,城镇职工基本养老保险基金总收入29 341亿元,比上年增长15.9%,其中,征缴收入23 016亿元,比上年增长12.6%。各级财政补贴基本养老保险基金4 716亿元。2015年,基金总支出25 813亿元,比上年增长18.7%。截至2015年年末,城镇职工基本养老保险基金累计结存35 345亿元。截至2015年年末,城乡居民基本养老保险参保人数50 472万人,比上年末增加365万人。其中,实际领取待遇人数14 800万人。2015年,城乡居民基本养老保险基金收入2 855亿元,比上年增长23.6%,其中,个人缴费700亿元。基金支出2 117亿元,比上年增长34.7%。基金累计结存4 592亿元。截至2015年年末,全国有7.55万户企业建立了企业年金,比上年增长3.0%。参加职工人

数为2 316万人,比上年增长1.0%。截至2015年年末,企业年金基金累计结存9 526亿元。

三、基本养老保险具有社会保险的共同特征[①]

（一）强制性

基本养老保险中的用人单位缴费比例和个人缴费比例、缴费基数都是根据社会保险法律法规确定的,用人单位和个人必须依法缴纳基本养老保险费,只有履行了法律规定的义务,退休后才有权享受基本养老保险待遇,保障退休后的基本生活。任何单位和个人都不得按照自己的意愿和利益得失来决定是否参加基本养老保险。当劳动者年老丧失劳动能力后,国家有责任采取强制手段,通过社会养老的方式,维护劳动者的根本利益,依法保障他们老有所养的基本权利。

（二）互济性

在封建社会自给自足的自然经济中,家庭是消费单位,又是生产单位,养儿防老是家庭内部的代际赡养,基本上解决了老人的晚年生活问题。随着机器大工业生产的广泛传播,以雇佣关系为特征的资本主义生产关系改变了经济社会结构,劳动者自己都面临失业、疾病、伤残和生育期间丧失收入的风险,其所供养的老人的基本生活更是缺乏保障,家庭代际赡养的模式受到了严峻的挑战。所以,必须由国家建立基本养老保险制度,按照"大数法则",在全社会的范围内统一筹集资金,统一调剂使用,依靠全社会的力量均衡负担和分散风险。一般来说,基本养老保险费应由国家、企业

[①] 焦凯平:《养老保险》,中国劳动社会保障出版社2004年版,第2—4页。

(或单位)、个人三方共同负担,并在较高的层次上和较大的范围内实现基本养老保险费用的社会统筹与互济。

(三) 社会性

养儿防老和企业保险赡养老人的资金来源渠道都非常狭窄,家庭都有解体和灭亡的可能性,家庭中主要劳动力有丧失收入来源的可能性,企业也有倒闭和破产的可能性,这些养老模式都存在较大的风险,在商品经济时代缺乏可持续性。任何一个国家以及任何一个社会要想求生存、求发展,就必须重视和解决好养老问题。鉴于养老保险的范围之广,被保险人享受待遇时间之长,费用收支规模之庞大,世界上凡是实行基本养老保险制度的国家都是由政府设立专门机构,在全社会统一立法、统一规划、统一管理和统一组织实施。

四、基本养老保险有其自身的主要特征

(一) 保障水平的适度性

一般来说,基本养老保险的整体水平要高于贫困救济线和失业保险金的水平,但低于社会平均工资和个人在职时的收入水平。

(二) 享受待遇的长期性

参加基本养老保险的人员一旦达到享受待遇的条件或取得待遇的资格,就可以长期享受待遇,直至死亡。

(三) 与补充养老保险、个人储蓄性养老保险相联系

广义的养老保险,不仅包括国家法定的基本养老保险,还包

括用人单位为职工建立的补充养老保险(企业年金)和个人自愿参加的储蓄性养老保险。个人对老年生活水平的期望值是不同的,根据个人的职业背景和个人的财富积累情况,有些劳动者退休后在享受基本养老保险待遇的基础上,还可享受补充养老保险待遇,甚至还可享受储蓄性养老保险待遇。但是,如果用人单位没有为员工缴纳基本养老保险费,就不能为员工办理补充养老保险。

(四) 与家庭养老的关联性

基本养老保险的产生和发展,逐步取代了传统家庭养老的部分甚至大部分功能,但基本养老保险并不能完全替代家庭养老,基本养老保险还需要家庭养老的有益补充。

第二节 养老保险的作用与筹资模式

一、养老保险的作用[①]

(一) 养老保险是经济社会发展的需要

随着统一、规范、完善的社会保障体系的建立与发展,养老保险与国民经济的内在联系进一步加深,养老保险支出必然要受到经济发展水平的制约。同时,国家建立养老保险制度,通过社会统筹的方式筹集资金,参与国民收入的再分配,实现了国家、企业和劳动者原始收入的再分配,均衡了地区之间、企业之间的经济负担,缩小了贫富差距,在一定程度上解决了劳动者和其他国民的养

---

① 刘雄:《社会保险通论》,中国劳动社会保障出版社 2006 年版,第 86—87 页。

老问题。这一过程又对社会再生产的各个环节产生积极影响,并促进整个经济与社会的发展。

(二)养老保险是人类文明进步的重要体现

市场经济社会是个激烈竞争的社会,其中,就业和再就业竞争最明显不过。老年职工失业之后再就业就十分困难。他们的知识老化、技术过时,适应不了日新月异的生产工艺和经济管理的要求。而且老年职工的身体素质不如年轻人,患病的概率也高于年轻人,所以,无论在再就业方面,还是在选择和调换职业方面,他们都竞争不过年轻人。通过建立和健全养老保险制度,可以使所有因年老而丧失劳动能力的社会劳动者都能获得基本生活保障并安度晚年。这是现代社会中一个国家文明与进步程度的重要体现。劳动者在有劳动能力的时候,为国家和社会作出了应有的贡献,维系和推动社会的发展,当他们退休后理应得到社会的尊重,并由国家和社会承担起赡养责任,使其老有所养,老有所医,安居乐业,颐养天年。

(三)养老保险是应对人口老龄化问题的重要措施

老龄化的后果之一就是经济活动人口短缺。老龄化的国家集中在发达地区,由于人口出生率长期持续下降,出生人口数量日益绝对减少,以致成长为劳动力人口的数量也日益减少,可以从事经济活动的人口日益减少。老年人口与经济活动人口之比就是赡养比。经济活动人口减少和老年人口增加,必然会带来赡养比升高。根据我国人口调查资料和世界银行的研究结果,我国人口的老龄化程度每30年增加1倍,到2025年,老年人口总数将达到2.8亿人,占世界老年人口的1/4左右。作为一个经济不够发达、人民生活刚刚步入小康社会的发展中国家,我国的社会发展面临人口老

53

龄化的严峻挑战。唯有建立和完善现代化的养老保险制度,才能有效应对这个挑战。

(四)养老保险有利于职工队伍的新陈代谢

劳动力老化是不可避免的客观趋势。随着年龄的增长,人的身体障碍逐渐增多,健康状况日益退减,从而使智力日益衰减。脑的老化表现为脑重量减轻,而脑的重量与智力水平有着密切的关系。一般认为,脑重量的最大时期为22岁,这是智力的最佳时期,之后神经细胞的死亡速度加快。神经细胞丧失增多,记忆力下降,思维灵敏度降低,应变能力减缓。人类社会总是在延续和继承中发展的。当劳动者年老体衰,工作效率下降时,应按国家规定实行正常的退休,为新成长起来的劳动力提供必要的工作岗位。连续不断的、正常的新陈代谢,有利于职工队伍保持旺盛的生命力,有利于提高整体素质和工作效率。

(五)完善的养老保险制度有利于解除劳动者的后顾之忧,有利于维护社会的稳定

在一些国家或地区,子女对老人缺乏赡养的观念,成年自立之后,离开父母另组家庭,各不相扰。老人退休金不高,如果疾病缠身或身患重病,则负担更重。有些老年人悲观厌世,甚至走上了犯罪道路。建立稳定、完善的退休养老保险制度,不但可以为达到法定退休年龄者提供生活保障,而且因为退休金待遇与在职工资收入相关,这样既能使在职职工看到自己退休时的生活有所保障,又能促进其在职时积极进取,为以后退休时积累更多的财富。同时,养老保险的实施也大大减轻了子女对退休老人的经济负担。这些都是提高职工劳动积极性的重要因素。

二、养老保险的筹资模式①

目前,世界上各国的养老保险基金筹资模式大致可分为现收现付制模式、完全积累制模式和部分积累制模式。

(一)现收现付制模式

这是以近期横向收支平衡原则为指导的基金筹集模式。它先测算出当年或近两年内老年保险项目所需要支付的费用,然后按照一定的比例分摊到参加社会保险的单位和个人,当年提取,当年支付。预先不留出储备金,完全靠当年的收入来满足当年的支出,并争取略有节余。在现实生活中,现收现付制主要在社会统筹运行模式中采用。维系这种模式运转的基本约束条件是长期稳定的人口结构,劳动者代际间收入转移与分配是其经济内涵。它使代际矛盾外在化。

现收现付制的主要优点是:(1)基金的共济性强。参保者的寿命不可能完全一样长,参保者的收入也不一样多,现收现付制却可以在寿命长短不同和收入高低不同的人们之间实现互济。(2)可以避免通货膨胀带来的基金大幅度贬值。养老保险费在年度内进行平衡预算,节余很少,即使一年内有物价变动,变动幅度与长达三四十年的物价变动幅度相比还是非常小的。(3)操作简便。为保持收支平衡,可根据物价变化和收支缺口状况,在下一个社保年度的开始,调整用人单位和职工个人的缴费比例。(4)建制容易。在不增加财政负担的情况下,通过现收现付制能够使从未缴过费的老人享受到养老金待遇。大部分工业化初期的国家愿意

---

① 任正臣:《社会保险学》,社科文献出版社 2001 版,第 110—113 页。

选择现收现付制。

现收现付制的主要缺点是：(1) 基金的收支平衡受人口年龄结构变化的影响大。如果人口年龄结构保持大体稳定，实行这种制度就是最佳的决策。但如果人口年龄结构向老龄化过渡，或者人口年龄结构已经到达老龄化，选择这种模式则是不明智的决策。人口老龄化使赡养比升高，导致人口老龄化高峰时期养老保险基金出现支付危机。(2) 现收现付制没有大规模的资金积累，不能动用养老保险基金参与重大的经济投资，也无法利用庞大的养老保险基金进行宏观经济调控。(3) 这一筹资模式还会对劳动力的供给和储蓄产生负激励。

(二) 完全积累制模式

完全积累制又称基金制或预筹积累制。这是一种以远期纵向收支平衡原则为指导的基金筹集模式。它首先对有关人口的平均预期寿命和社会经济发展状况进行较长期的宏观预测，在此基础上预测社会成员在享受保险待遇期间所需支付的保险费用总量，将其按一定的比例分摊到劳动者整个就业期间或投保期间。完全积累制强调劳动者个人不同生命周期的收入再分配，即将劳动者工作期间的部分收入转移到退休期间使用。

完全积累制模式具有以下主要优点：(1) 完全积累制的个人账户资金具有个人产权的性质，多缴费多享受，少缴费少享受，具有很强的缴费激励功能。(2) 预先缴费，积累数十年后才领取养老金待遇，属于"自养"方式，有利于实现人口老龄化背景下对劳动者的经济保障。(3) 通过强调劳动者个人不同生命周期收入的再分配，有利于缓和现收现付制所产生的代际矛盾。(4) 全社会都实行完全积累制，经过一段时期，积累的资金规模非常庞大，养老保险基金可以参与国家的大型基础设施建设，也可以参与保障房的建设,还可参与股票和金融的市场活动,无论是对企业的间接投资还是直接投资都具有积极作用。

完全积累制模式的主要缺点和局限性表现在:(1)难以化解长时间积累的通货膨胀风险。在温和的通货膨胀有利于经济增长的理论指导下,世界各国几乎每年都会产生一定程度的通货膨胀。在长达三四十年的时间内积累起来的通货膨胀风险就非常大,完全积累制下的养老保险基金实现保值增值的难度非常大。(2)管理要求高。因为从缴费到享受养老金待遇的时间跨度特别大,影响养老保险基金保值增值的因素很多,除了通货膨胀之外,还有投资策略、官员腐败等问题。(3)基金缺乏互济性。养老保险账户资金具有个人产权性质,不能借此缩小贫富差距。由于有些人的寿命很长,养老保险金的支付对于高龄老人仍然有很大风险。

(三)部分积累制模式

现收现付制与完全积累制的整合模式又称部分积累制。这种模式是一种介于现收现付制模式与完全积累制模式之间的混合模式,是一种基金筹集的创新模式。在社会保险基金的筹集中,一部分采取现收现付制,以保证当前的支出需要;另一部分采取完全积累制,以满足未来支付需求的不断增长。这种模式在具体运作过程中又有以下几种形式:(1)在原有现收现付制的基础上,适当提高社会保险费(税)的缴纳比例,除支付当年保险金外,还可以进行适度规模的积累,用于若干年后的保险金支付;(2)在引入个人账户基金积累机制的基础上,保留部分社会统筹互助调剂的机制,中国现行的养老保险制就是采用这种形式;(3)在多层次的社会保险模式中,第一层次基本保险采用现收现付模式,第二层次和第三层次保险采用完全积累模式,在多层次保险模式框架内实施部分积累模式。

从理论层面讲,首先,这种模式是在维持社会统筹现收现付制的基础上引进了个人账户制的形式,具有激励机制和监督机制,同时又保持社会统筹互济的机制,集中现收现付制和完全积累制的长处,防止和克服了它们的弱点和可能出现的问题。其次,这种方式具有较大的灵活性,资金储备全面,不必完全筹足资金,可以根据具体情况而定。再次,缴纳的费率也可以根据储备多少和实际需要进行调整,既避免了完全积累制可能带来的风险,又可以解决现收现付制存在的缺乏储备和负担不均等问题。

第三节　我国企业职工的养老保险制度[①]

一、企业基本养老保险制度的创建

新中国成立后,当时的中央人民政府政务院根据中国人民政治协商会议第一届全体会议通过的起到临时宪法作用的《共同纲领》第 23 条关于在企业"逐步实行劳动保险制度"的规定,责成原劳动部会同中华全国总工会草拟《劳动保护条例》草案。1950 年,草拟了《劳动保险条例》草案,经过讨论修改,经政务院第 73 次会议批准,于 1951 年 2 月 26 日正式颁布实施。

《劳动保险条例》的颁布实施标志着我国初步建立了企业职工的养老保险制度。《劳动保护条例》规定,劳动保险的各项费用全部由实行劳动保险的各企业行政方面或资方负担,其中的一部分

[①] 焦凯平:《养老保险》,中国劳动社会保障出版社 2004 年版,第 31—76 页。

由企业行政方面或资方直接支付,另一部分由企业行政方面或资方缴纳劳动保险费,交由工会组织办理。按照这一规定,企业每月须按职工工资总额的3%缴纳保险费,其中的30%上缴中华全国总工会,作为劳动保险总基金,用于举办集体劳动保险事业;70%存于各企业工会基层委员会,作为劳动保险基金,用于支付职工个人的劳动保险待遇。《劳动保险条例》规定先在百人以上的国营、公私合营、私营和合作社经营的工厂、矿场及其附属单位以及铁路、航运、邮电三个产业所属企业和附属单位实行。对暂不实行《劳动保险条例》的企业,职工的保险待遇由企业行政部门或资方与工会组织双方根据《劳动保险条例》原则和本企业的实际情况进行协商,以集体劳动保险合同的形式解决。

企业职工的退休制度是按照《劳动保险条例》执行的,而国家机关退休制度是按单项立法执行的。1958年,国务院公布实行了《关于工人、职员退休处理的暂行规定》和《关于工人、职员退职处理的暂行规定(草案)》。这两个规定统一了企业、事业、机关职工的退休、退职制度,在适当调整退休、退职条件和退休、退职待遇标准的同时,建立因工和因病完全丧失劳动能力的退休办法。

这两个规定解决了企业和机关退休、退职办法中的矛盾,推动了退休、退职工作的开展,对当时精简机构、提高生产和工作效率起到了积极作用。

二、"文化大革命"期间企业职工社会保险倒退为"企业保险"

1966年5月至1976年10月的"文化大革命",使全国在政治、经济、文化等各方面都遭受了严重的挫折和损失。养老保险工作在这十年中受到了严重的干扰和破坏,管理机构被取消;社会保险费统一征集、管理的制度难以为继。对此,财政部于1969年2月发出《关于国营企业财务工作中几项制度的改革意见(草案)》,规定国营企业一律停止提取劳动保险金,企业的退休职工、长期病号工资和其他劳保开支改在营业外支出。这一改变产生的后果相当严重。首先,社会保险失去了它固有的统筹调剂功能,变成了"企业保险"。其次,由于退休费用企业自行负担,退休人数多的企业,费用开支很大,而新工人多的企业,开支很少,造成企业间的负担畸重畸轻。一些经营不好或亏损的企业,甚至发不出养老金,影响了退休人员的生活。第三,由于退休费用社会统筹被取消,养老金异地支付的制度自然随之停止。这给异地居住的退休人员在领取养老金等方面造成了很大不便,在管理上也给企业增加了不少麻烦和困难,虚报冒领、错支错付的现象随之发生,造成了资金浪费。

三、企业职工养老保险制度的恢复

1976年10月,长达十年的"文化大革命"结束,我国进入了新的历史发展时期。"文化大革命"期间,企业和机关的退休、退职工作基本停顿,一大批年老体弱的人员没有退下来。同时,国务院1958年颁发的关于干部和工人退休、退职的两个暂行规定,到当时已经近二十年,有些条文已经不适应新时期的要求,需要修改和补充。因此,中组部、原国家劳动总局会同有关部门起草了《国务院关于安置老弱病残干部的暂行办法》和《国务院关于工人退休、退职的暂行办法》,这两个暂行办法经全国人大常委会原则批准,由国务院于1978年6月2日颁布实行。

养老保险制度的恢复,对于保障广大职工退休后的基本生活,解除他们的后顾之忧,促进生产发展和社会安定,都起到了积极作用。

四、企业职工基本养老保险模式的转型

(一)改革企业职工养老保险制度的原因

1. 覆盖面窄

20世纪80年代,改革开放使我国城乡多种经济形式迅速发展起来,但我国法定的基本养老保险制度主要仍在国营(有)企业中实行,城镇区、县以上集体企业和外商投资企业参照执行,区、县以下集体企业、私营企业、城镇个体劳动者基本上还没有法定的养老保险制度,国有和集体企业中的劳动合同制工人、临时工以及区、县以下集体与私营企业所产生的股份制企业和个体劳动者没有统一的养老保险制度。

2. 社会化程度低

"文化大革命"期间,企业职工的养老保险倒退到"企业保险",由企业直接支付本企业退休人员的退休费用。自20世纪80年代以来,退休人员大量增加,退休费用也相应增大,新老企业之间退休费用负担不均衡的矛盾越来越突出。一些严重亏损的企业,因无力支付退休费用,不得不减发、停发养老金,经常引起退休人员上访。影响了社会安定。同时,退休费用的畸重畸轻,严重影响了企业之间的公平竞争。

3. 养老保险享受权利与待遇水平因职工身份不同而存在差异

职工退休时的养老保险待遇基本上是根据个人的身份地位确定的,全民所有制与集体所有制以及其他所有制的职工之间、合同工与固定工之间、临时工与正式工之间、群众与干部之间,在享受权利与待遇水平上存在差异。

4. 退休条件和待遇标准不尽合理

工龄满10年以上的职工都可以享受长期养老待遇,起点偏低,条件太宽。工龄满20年以上都按同一比例计发待遇,而当时职工退休时的工龄普遍在20年以上,有的已经达到30年甚至40年。这样的规定不能充分体现工龄长短不同、劳动贡献不同应有的差别,不利于调动职工的积极性。

5. 基本养老金计发办法不适应劳动工资制度改革的要求

企业职工的养老金计发办法建立在等级工资制度的基础上,自1954年确立以标准工资为计发基数以来,一直未改变。随着企业劳动工资制度改革的深化,以标准工资为养老金计发基数的办法已难以为继。主要表现在两个方面:(1) 社会主义市场经济体制确立以后,多种经济成分,特别是集体、三资、股份和私营、个体经济的发展迅速,它们中的很多人未实行国家规定的标准工资制度,无法按此办法计发养老金。(2) 随着企业工资制度改革,企业内部分配自主权确立,出现了分配形式的多样化,打破了以标准工资为主体的等级工资制的分配格局,标准工资在职工工资收入中所占的比重明显下降,职工原有的标准工资已名存实亡。按照国家规定的标准计发养老金,职工退休后的收入减少幅度较大,难以保障基本生活。

6. 基本养老金没有调整机制

在20世纪50—60年代,职工养老金一旦按规定领取,以后一般就不再变动。这在当时物价比较稳定的时期是可行的,退休人员的基本生活水平并没有受到影响。20世纪80年代以后,随着企业改革和价格改革的不断深入,职工工资和物价水平有较大幅度的上升。由于养老金是以较低的标准工资为基数计发,并且没有调整机制,使离退休人员的收入与在职人员收入之间的差距拉大,生活水平相对降低,更谈不上分享社会发展的成果。

7. 养老保险层次单一

我国原有的养老保险制度,无论是在国有企业还是集体企业,都只是按《劳动保险条例》规定的一种形式、一个层次实行。这种单一层次的养老保险体制,是传统经济体制的产物。当时,包括养老在内的一切生活问题全部由国家和企业包下来,职工个人不缴纳保险费,企业不为职工办理补充养老保险,个人也没有储蓄性养老保险。

(二)建立企业职工"统账"结合的基本养老保险制度

各地从20世纪80年代初到1997年一直在探索建立社会统筹与个人账户相结合的制度。1991年,国务院在总结部分省市试点经验的基础上,颁发了《国务院关于企业职工养老保险制度改革的决定》,提出建立多层次的养老保险制度,基本养老保险费用由国家、企业、个人多方共同负担,个人缴纳养老保险费,基本养老保险基金实行社会统筹和部分积累的模式。这是改革开发以来国家就养老保险问题第一次作出重大决策。

党的十四届三中全会通过的《中共中央关于建设社会主义市场经济体制问题的决定》中提出,城镇职工养老保险金由单位和个人共同负担,实行社会统筹与个人账户相结合,为后来养老保险制度的进一步深化改革指明了方向。1995年,国务院下发《国务院关于深化企业职工养老保险制度改革的通知》,该文件明确提出了基本养老保险制度改革的目标、原则和任务,要求扩大覆盖范围,建立多层次体系,加强基金管理,强化社会服务。《国务院关于深化企业职工养老保险制度改革的通知》发布后,各地在养老保险制度改革中取得了积极成效,为进一步深化改革创造了有利的条件。但随着改革的进一步深入,也暴露出一些亟待解决的问题:(1)多种养老保险办法并行,制约了改革进程;(2)部分地区基本养老保险水平仍然很高,企业和国家的负担沉重;(3)基金统筹层次过低,调剂能力弱,少数离退休人员的生活难以保障;(4)养老保险覆盖面还比较窄,还有相当一部分小集体、私营企业、外商投资企业以及城镇个体工商户等没有纳入养老保险覆盖范围。集中的矛盾是基本制度不统一,管理分散化,尽快统一全国养老保险制度逐渐成为各方的共识。

1997年,国务院颁布《国务院关于建立统一的企业职工基本养老保险制度的决定》,主要内容包括以下三个方面:

1. 统一和规范企业和职工缴纳养老保险费的比例

企业缴纳基本养老保险费(以下简称企业缴费)的比例一般不得超过企业工资总额的20%(包括划入个人账户的部分),具体比例由省、自治区、直辖市人民政府确定。少数省、自治区、直辖市因离退休人数较多,养老保险负担过重,确需超过企业工资总额20%的,应报劳动部、财政部审批。个人缴纳基本养老保险费(以下简称个人缴费)的比例,1997年不得低于本人缴费工资的4%,1998年起每两年提高1个百分点,最终达到本人缴费工资的8%。有条件的地区和工资增长较快的年份,个人缴费比例提高的速度应适当加快。

2. 统一个人账户规模

按本人缴费工资11%的数额为职工建立基本养老保险个人账户,个人缴费全部记入个人账户,其余部分从企业缴费中划入。随着个人缴费比例的提高,企业划入的部分要逐步降至3%。个人账户储存额每年参考银行同期存款利率计算利息。个人账户储存额只用于职工养老,不得提前支取。职工调动时,个人账户全部随同转移。职工或退休人员死亡,个人账户中的个人缴费部分可以继承。

3. 统一基本养老保险金计发办法

本决定实施后参加工作的职工,个人缴费年限累计满15年的,退休后按月发给基本养老金。基本养老金由基础养老金和个人账户养老金组成。退休时的基础养老金月标准为省、自治区、直辖市或地(市)上年度职工月平均工资的20%,个人账户养老金月标准为本人账户储存额除以120。个人缴费年限累计不满15年的,退休后不享受基础养老金待遇,其个人账户储存额一次支付给本人。

五、完善企业职工统筹账户与个人账户相结合的基本养老保险制度

(一)扩大基本养老保险的统筹范围

从1984年开始,我国养老保险实现从"企业保险"向社会保险的转变,当时是以市、县为单位对企业养老保险费用实行社会统筹的。1986年以后,部分省、市开始探索建立省级统筹制度。但是推进省级统筹的工作进展缓慢,到1997年,基本养老保险统筹层次总体仍然较低,基金节余分布不均衡,缺乏调剂能力。而且,统筹层次低意味着行政管理权限的分散和决策层次的降低,这对基金集中统一使用和管理十分不利,容易发生基金被挪用、挤占的情况。

电力、水利、铁道、邮电、中建、交通、煤炭、银行、民航、石油、有色等11个系统实行养老保险行业统筹,是我国企业职工养老保险制度改革初期采取的一种统筹组织形式。养老保险制度改革初期,统筹层次较低,制度也不统一,因而一些人员流动性强、跨行政区域经营、全程全网作业或流动作业的行业,在参加地方统筹问题上存在较多的困难。为解决这些行业的职工养老保险问题,经国务院同意,财政部和原劳动人事部批准原水利电力部等所辖行业

实行离退休费用行业统筹。随着社会主义市场经济体制的建立和社会保障体制改革的深化,行业统筹自成体系的管理机制使基金只能在本行业之内调剂,难以实现更大范围的风险共担。各行业之间、行业与地方之间的缴费比例、统筹项目、待遇标准不同,造成同一地区同类人员养老保险待遇水平有高有低,引起相互攀比,也影响建立全国统一的基本养老保险制度改革目标的实现,不利于深化国有企业改革。

因此,国务院在1998年下发《关于实行企业职工基本养老保险省级统筹和行业统筹移交地方管理有关问题的通知》,决定大力提高城镇企业职工基本养老保险统筹层次,实现省级统筹,并提出实行养老保险行业统筹的企业改为地方统筹。要求从1998年9月1日开始,由各省、自治区、直辖市社会保险经办机构负责原行业统筹企业基本养老保险费的收缴和离退休人员基本养老保险金的发放[①]。

(二)增强基本养老保险的缴费激励动力

按照国发[1997]26号文件,缴费满15年以上的参保人员,基础养老金都按当地职工上一年度平均工资的20%计发,个人账户养老金按账户储存额的1/120计发。这种办法存在两个问题:(1)缺乏激励约束机制。缴费15年以上的参保人员不论缴费多少,也不论缴费时间比15年延长多少,基础养老金都一样,这不符合权利与义务相对应的原则。(2)不符合退休人员的实际情况。目前,我国退休人员退休后的平均余命为25年以上,按计发办法,个人账户储存额领取十年后就没有钱了。2005年12月,国务院颁布《关于完善企业职工基本养老保险制度的决定》,对基本养老

---

① 焦凯平:《养老保险》,中国劳动社会保障出版社2004年版,第107页。

保险金的计发办法作了改革。基本养老金由基础养老金和个人账户养老金组成。退休时的基础养老金月标准以当地上年度在岗职工月平均工资和本人指数化月平均缴费工资的平均值为基数,缴费每满1年发给1%。个人账户养老金月标准为个人账户储存额除以计发月数,计发月数根据职工退休时城镇人口的平均预期寿命、本人退休年龄、利息等因素确定。

(三)保护跨统筹地区流动人员的基本养老保险权益

按照国发[2005]38号文件,劳动者在什么地方就业就在什么地方参保缴费,他们退休后领取的基本养老金水平与其缴费年限长短和缴费额多少密切相关。这种"多工作、多缴费,多得养老金"的机制,在同一地区稳定就业的劳动者中得到普遍实现和认同。但对跨地区流动就业的劳动者来说,异地基本养老保险关系还不能顺畅地转移接续,许多农民工在不同城市和多个时段就业参保,缴费年限却不能累计计算,使他们在进入养老时利益受损,甚至无法得到制度保障。也就是说,多缴多得的机制在他们身上不能实现。由于地区统筹的局限性,各地基本养老保险关系难以衔接,尤其是农民工养老保险退保现象严重。换句话说,基本养老保险地方统筹已经严重制约了人才的自由流动,不利于人力资源的优化配置。2009年12月,国务院颁布了《城镇企业职工基本养老保险关系转移接续暂行办法》,该办法自2010年1月1日起实施,不仅适用于城镇企业职工,而且适用于农民工,保障了广大跨统筹地区人员的养老保险利益。2010年10月颁布的《社会保险法》明确规定缴费不满15年者,补缴满15年可以按月享受基础养老金和个人账户养老金,并规定基本养老保险将实现全国统筹。一旦实现基本养老保险全国统筹,跨统筹地区的人员的社会保险权益便更能得到有效保护。

第四节　我国机关事业单位的养老保险制度

一、干部退休制度的建立

机关事业单位养老保险制度是在计划经济体制的基础上建立起来的,并随着国民经济发展和实际工作的需要不断补充完善。我国于1950年起就开始着手制定国家工作人员的退休制度,1958年起,干部和工人实行同一退休、退职办法。1978年6月,国务院下发了《关于安置老弱病残干部的暂行办法》和《国务院关于工人退休、退职的暂行办法》,规定干部和工人实行不同的退休和退职办法。

(一) 干部退休的条件

(1) 男年满60周岁,女年满55周岁,参加革命工作年限满10年者。

(2) 男年满55周岁,女年满50周岁,参加革命工作年限满10年者,经医院证明完全丧失工作能力的。

(3) 因工致残、完全丧失劳动能力的。

(二) 干部退休待遇的计发

抗日战争时期参加革命工作的,按本人标准工资的90%发给。解放战争时期参加革命工作的,按本人标准工资的80%发给。中华人民共和国成立以后参加革命工作,工作年限满20年的,按本人标准工资的75%发给;工作年限满15年不满20年的,按本人标准工资的70%发给;工作年限满10年不满15年的,按本人标准工资的60%发给。退休费低于25元的,按25元发给。

因工致残、完全丧失劳动能力的,饮食起居需要人扶助的,按本人标准工资的90%发给,还可以根据实际情况发给一定数额的护理费,护理费标准一般不得超过一个普通工人的工资;饮食起居不需要人扶助的,按本人标准工资的80%发给。同时具备两项以上的退休条件,应当按最高的标准发给。退休费低于35元的,按35元发给。

《关于安置老弱病残干部的暂行办法》区分了离休和退休,具体规定了离休的条件,符合离休条件的,照发原工资;并规定了获得某些特殊荣誉的干部在养老待遇上享受一定的优待。

二、干部离休制度的建立

干部离休制度是干部退休的一种特殊形式,是党和国家进入新的历史时期以后建立起来的一项新的离职修养的暂行规定。1980年10月,国务院颁发《关于老干部离职休养的暂行规定》,1982年4月,国务院又颁布了《关于老干部离职休养的几项规定》。

(一)老干部离休的年龄

(1)中央、国家机关的部长、副部长,省市自治区党委第一书记、书记、副书记和省市自治区人民政府省长、市长、主席、副省长、副市长、副主席及相当职务的干部,正职年满65周岁,副职年满60周岁。

(2)中央、国家机关的司局长、副司局长,省市自治区党委部长、副部长和省市自治区人民政府厅局长、副厅局长、地委书记、副书记和行政公署专员、副专员及相当职务的干部,年满60周岁。

(3)其他干部男年满60周岁,女年满55周岁。

(二)老干部离退休待遇的计发

1921年7月1日到1949年9月30日各个革命时期参加革命工作的老干部,离休后原工资照发,包括级别工资和附加工资。有生活补贴的地方,也包括地方生活补贴。享受生活补贴的条件为:

(1) 1937年7月6日以前参加革命工作的老干部,按本人离休前标准工资,每年增发两个月的工资,作为生活补贴。

(2) 1937年7月7日到1942年12月31日参加革命工作的老干部,按本人离休前标准工资,每年增发一个半月的工资,作为生活补贴。

(3) 1943年1月1日到1945年9月2日参加革命工作的老干部,按本人离休前标准工资,每年增发一个月的工资,作为生活补贴。

(4) 1945年9月3日到1949年9月30日参加革命工作的老干部,不增发生活补贴。

(5) 行政八级和相当于八级以上(含八级)的老干部离休后,不增发生活补贴。

三、机关公务员离退休制度的完善

1993年8月,《国家公务员暂行条例》颁布,并从1993年10月正式开始实施。它是在总结我国干部人事制度改革经验的基础上形成的一套科学规范的政府机关人事管理体制。1993年12月,国务院颁布了《机关工作人员工资制度改革实施办法》,1994年1月,人事部下发《关于印发〈关于机关、事业单位工资制度改革实施中若干问题的规定〉的通知》。这些文件对退休条件和退休金计发办法进行了完善。

(一) 机关公务员的退休条件

除国家另有规定外,国家公务员符合下列条件之一的,应当退休:

(1) 男年满 60 周岁,女年满 55 周岁。

(2) 丧失工作能力的。国家公务员符合下列条件之一的,本人提出要求,经任免机关批准,可以提前退休:

① 男年满 55 周岁,女年满 50 周岁,且工作年限满 20 年的;

② 工作年限满 30 年的。

(二) 机关公务员离退休金的计发办法

1993 年实行职级工资制后离退休的人员,在新的养老保险制度建立前,离退休费暂按下列办法计发:

(1) 离休人员的离休费,按本人原基本工资全额计发。

(2) 退休人员的退休费,基础工资和工龄工资按本人原标准的全额计发,职务工资和级别工资按本人原标准的一定比例计发。其中,工作满 35 年的,职务工资、级别工资两项之和按 88% 计发;工作满 30 年不满 35 年的,职务工资、级别工资两项之和按 82% 计发;工作满 20 年不满 30 年的,职务工资、级别工资两项之和按 75% 计发。

四、事业单位工作人员离退休制度的完善

1993 年 12 月,国务院颁布了《事业单位工作人员工资制度改革实施办法》,1994 年 1 月,人事部下发《关于印发〈关于机关、事业单位工资制度改革实施中若干问题的规定〉的通知》。1993 年工资制度改革后离退休的人员,其离退休费的计算办法,在事业单

位新的养老保险制度建立前暂作如下规定:

(1) 离休人员的离休费,按本人职务工资与津贴之和全额计发。

(2) 退休人员的退休费,按本人职务(技术等级)工资与津贴之和的一定比例计发。其中,退休时工作满 35 年的,退休费按 90% 计发;工作满 30 年不满 35 年的,按 85% 计发;工作满 20 年不满 30 年的,按 80% 计发。

五、改制为企业的事业单位的养老保险

经国务院批准,原来一批科研机构改革了管理体制,实行属地化、企业化管理。国家对转制事业单位养老保险问题制定了相关政策。

(一) 基本养老保险费的缴纳

转制的科研机构,从 1999 年 7 月 1 日起单位和个人按照当地人民政府规定的比例,分别以 1999 年的工资总额和个人缴费工资为基数缴纳基本养老保险费,建立基本养老保险个人账户。1999 年 7 月 1 日前的连续工龄视同缴费年限,不再补缴养老保险费。

(二) 养老保险待遇的支付

(1) 转制前已经离退休的人员,原离退休待遇标准不变。对有事业费的单位,社会保险经办机构按所在城市 1999 年 7 月企业人均养老金标准支付离退休人员养老金,与原待遇标准的差额部分由原有事业费或自有资金支付;没有事业费的单位,由社会保险经办机构按照国家规定的事业单位离退休金标准支付养老金。在国家统一调整离退休金政策时,转制前离退休人员按企业办法增加的基本养老金与按事业单位办法增加的离退休金的差额部分,

由原单位视经济情况自筹资金解决。

（2）转制前参加工作、转制后退休的人员，基本养老金计发办法按照企业的办法执行，但设置5年的过渡期，在过渡期内，离退休的人员可根据具体情况获得待遇差的适当补偿。在5年的过渡期内，按照企业基本养老金计发办法计发的养老金，如低于按照原事业单位退休金计发办法计发的养老金，其差额部分为待遇差。待遇差采取加发补贴的办法解决，所需要的费用从基本养老保险统筹基金中支付。其中，1999年7月1日—2000年6月30日退休的，发给待遇差的90％；2000年7月1日—2001年6月30日退休的，发给待遇差的70％；2001年7月1日—2002年6月30日退休的，发给待遇差的50％；2002年7月1日—2003年6月30日退休的，发给待遇差的30％；2003年7月1日—2004年6月30日退休的，发给待遇差的10％；2004年7月1日以后退休的，不再发该项补贴。

（3）转制后参加工作的人员，按照规定执行当地企业职工基本养老保险制度。

六、机关事业单位养老保险与企业养老保险并轨的改革

（一）2008年3月以前机关事业单位养老保险制度改革

1. 传统的机关事业单位养老保险制度的弊端

我国机关事业退休制度建立于20世纪50年代，是在传统计划经济体制下逐步形成和发展起来的，随着形势的发展和各项改革的不断深化，一些问题也日益突出，越来越不能适应新形势的发展需要。主要表现在：（1）企业与机关事业单位职工实行不同的养老保险制度造成许多矛盾和问题。机关事业单位人员和企业人员养老金的悬殊，引起企业职工的不满；制约了人力资源在企业与

机关事业之间流动;不利于机关事业单位的劳动、人事和工资制度的改革。(2)国家财政负担越来越重。(3)职工个人自我保障意识淡薄。(4)没有形成科学的给付机制。(5)离退休人员以单位为主管理,社会化程度低。

2. 各地探索机关事业单位养老保险改革的主要措施

党的十四大明确了经济体制改革的目标——到2010年初步建立社会主义市场经济体制,在全国范围内全面建立统筹账户与个人账户相结合的城镇企业职工基本养老保险制度,机关事业单位养老保险制度改革问题也提到了议事日程,国家提出要建立多层次的社会保障体系,要求各省、市进行试点。到2005年年底,全国有28个省、自治区、直辖市的283个地市和1718个县市开展了机关事业单位养老保险改革试点。在这个时期,机关事业单位养老保险改革存在以下问题:

(1)各地缴费基数不统一。各地机关事业单位征收养老保险基数不同,有的按照档案工资作为缴费基数;有的按照实发工资作为缴费基数;一些差额拨款的事业单位,其档案工资与实发工资相差悬殊。

(2)各地缴费比例不统一。各地根据本地的经济状况、参保在岗职工人数和平均工资、离退休人数及离退休费用总额测算出机关事业单位养老保险的缴费比例。在有些地区,机关事业单位的养老保险费的征缴比例超过了40%,虽然个人缴费比例最高不超过8%,但这大大加重了单位的负担部分。如果是财政拨款的机关事业单位,则加重了财政负担,一些自收自支的事业单位已经不堪重负。

(3)各地管理体制不统一。内蒙古自治区通辽市机关事业单位养老保险制度改革试点于1992年就已经开始,其所辖县、旗养老金结算及发放分为以下几种类型:① 财政预算,社会保险局发放养老金；② 以财政拨付养老金为主,社会保险局只发放养老金中的个别项目,如丧葬费；③ 财政局和社会保险局共同承担养老金；④ 财政局负责发放养老金。

（4）养老待遇与个人缴费不挂钩。机关事业单位养老保险改革试点地区,机关事业单位的离退休人员的养老金的计发办法上仍实行的是老办法,即按工作年限长短计发,没有与缴纳养老保险费多少挂钩,交与不交、交多交少没有关系,从而造成人们在思想认识上的错误,给试点工作带来不利影响。

3. 2008年3月以前机关事业单位养老保险改革问题的原因分析

这一时期,主要存在各地缴费比例不统一、养老待遇与个人缴费不挂钩等问题。其中的有些问题是改革探索期的问题。例如,1997年7月16日之前,各地城镇企业职工基本养老保险缴费比例和缴费基数都没有统一,各地进行的机关事业单位养老保险制度改革确定的缴费比例肯定不一样、缴费基数确定方法也肯定不一样。有些问题是改革过渡期的问题。例如,浙江省台州市2006年颁布的《机关事业单位工作人员基本养老保险暂行办法》规定,机关事业单位基本养老保险基金单位缴纳部分按照所在单位工作人员上年月平均工资总额的20%缴纳基本养老保险费；个人缴纳部分按照上年度本人月平均工资收入的4%缴纳基本养老保险费,以后每两年提高1个百分点,最终达到本人缴费工资的8%。1997年7月16日之后,城镇企业职工基本养老保险制度实行统一,各地新出台的机关事业单位养老保险改革方案已经把城镇企业职工的基本养老保险模式作为改革的目标模式。至于机关事业离退休人员养老金待遇没有与缴费挂钩,这是多种原因造成的。第一,有些离退休人员在改革试点之前就已经退休了；第二,缴费比例不规范,有些离退休职工缴费时间短,缴费记录不适合作为计发待遇依据;第三,中央政府没有出台全国统一的机关事业养老金改革方案,各地政府只好就高标准政策,不会选择低标准政策。

(二) 2008年3月后机关事业单位养老保险制度改革

1. 五省市事业单位养老保险改革受挫

2008年3月1日,国务院常务会议讨论并原则通过了《事业单位工作人员养老保险制度改革试点方案》,确定在山西、上海、浙江、广东、重庆五省市先期开展试点,与事业单位分类改革配套推进。在这个改革方案中,事业单位及其参保职工个人缴费比例和缴费基数的确定方法与城镇企业职工基本养老保险相同,允许设置过渡期,在过渡期内,逐步提高缴费比例,直到提高到与当地城镇企业职工的基本养老保险一样;计发待遇办法也与城镇企业职工基本养老保险一样。在这个改革方案中,还规定各地可建立机关事业单位职业年金制度,逐步实行省级统筹,事业单位基本养老保险基金单独建账,与企业职工基本养老保险基金分别管理使用,待条件具备时,与企业职工基本养老保险基金统一管理使用。

国务院2008年颁布的事业单位养老保险制度改革方案已经明确了缴费比例和缴费基数的确定方法,明确了事业单位基本养老保险改革的目标模式,也提出了建立职业年金等配套制度。三年半之后,五省市事业单位养老保险改革试点仍然没有取得实质性进展。

2. 五省市事业单位养老保险改革受挫的原因分析

主要是机关事业单位养老保险非同步推进导致事业单位在岗职工患不均、财政责任不清导致管理体制不顺等原因。具体情况如下:

(1)事业单位在岗职工患不均的情绪通过媒体发表影响到政府改革的决心。我国机关事业单位养老保险制度一直沿用20世纪50年代建立起来的制度,从没有实行过改革,2008年选择五省市事业单位进行机关事业单位养老保险制度改革试点,是一种进步和创新。问题是我国2008年之前绝大部分省市已经进行机关事业单位养老保险制度改革试点,这种改革是机关单位和事业单位同时推进的。而国务院2008年选择五省市开展事业单位养老保险制度改革,一定程度上导致公务员的养老保险制度改革停滞下来。这种改革方案使事业单位职工的预期退休收入下降,如果机关事业单位社保中人的视同缴费年限得不到职业年金补偿话,他们的退休收入与社保老人相比低很多是必然的。这种改革方案一提出就激起了事业单位在岗职工患不均的情绪,这种不满的情绪通过媒体发表势必影响政府改革的决心。此外,事业单位养老保险制度改革与事业单位分类改革配套推进,增加了改革的复杂性。

(2) 没有厘清社会保险机构与财政部门的责任。政府作为机关事业单位职工的雇主,要承担单位缴费部分,作为公共管理的政府,要承担社会保险制度的运行费用(社会保险业务经办人员的薪酬福利及办公设施的购置费用等)。各级政府的财政部门要明确这些职责,既然有社会保险机构,财政部门就要把政府作为用人单位的缴费部分资金和代扣代缴的机关事业单位职工个人缴费部分转交到社会保险机构。《事业单位工作人员养老保险制度改革试点方案》规定:"事业单位基本养老保险基金单独建账,与企业职工基本养老保险基金分别管理使用,待条件具备时,与企业职工基本养老保险基金统一管理使用。"这一条款并没有界定社会保险机构与财政部门管理基本养老保险基金的责任。机关事业单位养老保险费到底归社会保险机构征收还是归财政部门征收?已经办理了离退休手续的机关事业单位职工的养老金到底是社会保险机构发放还是财政部门发放?这些问题在《事业单位工作人员养老保险制度改革试点方案》中并没有给予明确规定,这很可能导致财政部门与社会保险部门在机关事业单位养老保险制度改革中产生争议,影响改革进程。

(3)五省市事业单位养老保险制度改革不彻底。机关事业养老保险制度改革的目标就是要建立统筹机关、事业、企业职工基本养老保险制度,而2008年改革方案中,"事业单位基本养老保险基金单独建账,与企业职工基本养老保险基金分别管理使用,待条件具备时,与企业职工基本养老保险基金统一管理使用"。在缴费比例、缴费基数、计发养老金办法方面,事业与城镇企业职工完全相同,却还要将事业单位职工和企业职工的基本养老保险基金分开管理。这一规定反而使事业单位基本养老保险制度有别于城镇企业职工基本养老保险制度,使社会保险机构难以操作。

(4)没有合理分解事业单位养老保险改革对财政增加的压力。如果把事业单位养老保险转制之前就已经办理了离退休人员的养老金发放权留在财政部门,而把事业单位在岗职工的社会保险费缴纳到社会保险机构,则作为事业单位职工雇主的政府将面临两头付费问题,既要为事业单位在岗职工缴纳基本养老保险费,又要支付离退休人员的养老金,财政支付压力陡增,导致有些地区不堪重负。巧妇难为无米之炊,机关事业单位养老保险制度改革的最大阻力来自财政压力,这也是财政部门不愿意支持机关事业单位养老保险制度改革的根本原因。这是改革受挫的主要障碍。

如果把事业单位在岗职工养老保险费的征缴权和离退休人员养老金的发放权都留在财政部门,则财政部门仍然承担了机关事业单位基本养老保险基金管理权,不利于基本养老保险制度的统一。如果把事业单位养老保险离退休人员和在岗职工全部纳入社会保险机构管理,由于事业单位离退休人员人均月养老金具有刚性,而且大约是企业职工离退休人员的两倍,将导致基本养老保险基金的支付压力增大,挤占基本养老保险个人账户。各地政府仍需要对事业单位养老保险改革给予财政支持。如果财政部门不为机关事业单位职工拨付基本养老保险补助,由于机关事业离退休职工的养老金待遇水平不能降低,则相当于挤占了企业职工的基本养老保险权益。既要为机关事业单位在岗职工交纳基本养老保险费,又要给予机关事业单位基本养老保险财政补助,增加了财政压力。这是改革受挫的又一障碍。

3. 机关事业单位养老保险改革的初步成功

2015年1月14日,国务院颁布了《关于机关事业单位工作人员养老保险制度改革的决定》(国发[2015]2号)。国发[2015]2号文件与国发[2008]10号文件相比,最大的区别为:2008年的试点方案在试点地区只改事业单位养老保险制度,不改机关单位养老保险制度;而2015年的改革方案决定在全国范围内机关、事业单位养老保险制度一起改,不仅可以避免各地区观望犹豫,而且可避免事业单位职工产生"不患寡而患不均"的情绪。国发[2015]2号文件在各地区很快得到贯彻执行,这标志着我国机关事业单位养老保险改革取得了初步成功。

第五节　我国居民的养老保险制度

一、新型农村社会养老保险制度

1991年1月,国务院决定由民政部选择有条件的地区,开展建立农村社会养老保险制度的试点工作。1992年,民政部在总结各地试验探索的基础上,研究制定了《县级农村社会养老保险基本方案试行》。该方案规定,资金筹集坚持以个人交纳为主、集体补助为辅、国家给予政策扶持的原则;月缴费标准设2元、4元、6元、8元、10元、12元、14元、16元、18元、20元十个档次,供不同地区以及乡镇、村、企业和投保人选择;可按月缴费,也可按年缴费;养老保险费可以补交和预交。这个方案以集体经济为基础,但此时期的农村集体经济已经有了较大变化;国家只是提供税收优惠政策,并没有对基金进行直接统筹;缴费标准也过低,预期的保障水平过低。加之缴费自愿,广大农民不愿意继续缴费,大部分地区资金断流,最终导致这项政策执行失效。

1998年,政府机构实行改革,农村社会养老保险由民政部门移交劳动与社会保障部,改变了原有农村社会养老保险的管理体制。1999年7月,国务院对农村社会养老保险工作作出新的规定,指出目前农村尚不具备普遍实行社会养老保险的条件,对已有的业务实行清理整顿,停止接受新业务,并建议条件成熟地区应逐步向商业保险过渡。

我国建立可持续发展的农村社会养老保险的探索一直没有停止过,2009年9月1日发布的《国务院关于开展新型农村社会养老保险试点的指导意见》,标志着我国农村社会养老保险制度建设进入一个崭新时期。新型农村社会养老保险(简称新农保)是党中央、国务院作出的继取消农业税、农业直补、新农合、农村低保等政策之后的又一项重大惠农政策,对应对国际金融危机、扩大国内消费需求、加快完善覆盖城乡的社会保障体系、推动和谐社会建设和国家的长治久安具有重要意义。新农保的主要内容如下:

(一) 基本原则

新农保工作要高举中国特色社会主义的伟大旗帜,以邓小平理论和"三个代表"重要思想为指导,深入贯彻落实科学发展观,按照加快建立覆盖城乡居民的社会保障体系的要求,逐步解决农村居民老有所养问题。新农保试点的基本原则是"保基本、广覆盖、有弹性、可持续"。一是从农村实际出发,低水平起步,筹资标准和待遇标准要与经济发展及各方面的承受能力相适应;二是个人(家庭)、集体、政府合理分担责任,权利与义务相对应;三是政府主导和农民自愿相结合,引导农村居民普遍参保;四是中央确定基本原则和主要政策,地方制订具体办法,对参保居民实行属地管理。

(二)任务目标

探索建立个人缴费、集体补助、政府补贴相结合的新农保制度,实行社会统筹与个人账户相结合,与家庭养老、土地保障、社会救助等其他社会保障政策措施相配套,保障农村居民老年基本生活。2009年试点覆盖面为全国10%的县(市、区、旗),以后逐步扩大试点,在全国普遍实施,2020年之前,基本实现对农村适龄居民的全覆盖。

(三)参保范围

年满16周岁(不含在校学生)、未参加城镇职工基本养老保险的农村居民,可以在户籍地自愿参加新农保。

(四)基金筹集

新农保基金由个人缴费、集体补助、政府补贴构成。

个人缴费。参加新农保的农村居民应当按规定缴纳养老保险费。缴费标准目前设为每年100元、200元、300元、400元、500元五个档次,地方可以根据实际情况增设缴费档次。参保人自主选择档次缴费,多缴多得。国家依据农村居民人均纯收入增长等情况适时调整缴费档次。

集体补助。有条件的村集体应当对参保人缴费给予补助,补助标准由村民委员会召开村民会议民主确定。鼓励其他经济组织、社会公益组织、个人为参保人缴费提供资助。

政府补贴。政府对符合领取条件的参保人全额支付新农保基础养老金,其中,中央财政对中西部地区按中央确定的基础养老金标准给予全额补助,对东部地区给予50%的补助。地方政府应当对参保人缴费给予补贴,补贴标准不低于每人每年30元;对选择较高档次标准缴费的,可给予适当鼓励,具体标准和办法由省(区、市)人民政府确定。对农村重度残疾人等缴费困难群体,地方政府为其代缴部分或全部最低标准的养老保险费。

(五)建立个人账户

国家为每个新农保参保人建立终身记录的养老保险个人账户。个人缴费,集体补助及其他经济组织、社会公益组织、个人对参保人缴费的资助,地方政府对参保人的缴费补贴,全部记入个人账户。个人账户储存额目前每年参考中国人民银行公布的金融机构人民币一年期存款利率计息。

(六)养老金待遇

养老金待遇由基础养老金和个人账户养老金组成,支付终身。

中央确定的基础养老金标准为每人每月55元。地方政府可以根据实际情况提高基础养老金标准,对于长期缴费的农村居民,可适当加发基础养老金,提高和加发部分的资金由地方政府支出。

个人账户养老金的月计发标准为个人账户全部储存额除以139(与现行城镇职工基本养老保险个人账户养老金计发系数相同)。参保人死亡的,个人账户中的资金余额,除政府补贴外,可以依法继承;政府补贴余额用于继续支付其他参保人的养老金。

(七)养老金待遇领取条件

年满60周岁、未享受城镇职工基本养老保险待遇的农村有户籍的老年人,可以按月领取养老金。新农保制度实施时,已年满60周岁、未享受城镇职工基本养老保险待遇的,不用缴费,可以按月领取基础养老金,但其符合参保条件的子女应当参保缴费;距领取年龄不足15年的,应按年缴费,也允许补缴,累计缴费不超过15年;距领取年龄超过15年的,应按年缴费,累计缴费不少于15年。要引导中青年农民积极参保、长期缴费,长缴多得。具体办法由省(区、市)人民政府规定。

(八)相关制度衔接

原来已开展以个人缴费为主、完全个人账户农村社会养老保险(以下称老农保)的地区,要在妥善处理老农保基金债权问题的基础上,做好与新农保制度衔接。在新农保试点地区,凡已参加了老农保、年满60周岁且已领取老农保养老金的参保人,可直接享受新农保基础养老金;对已参加老农保、未满60周岁且没有领取养老金的参保人,应将老农保个人账户资金并入新农保个人账户,按新农保的缴费标准继续缴费,待符合规定条件时享受相应待遇。

新农保与城镇职工基本养老保险等其他养老保险制度的衔接办法,由人力资源和社会保障部会同财政部制定。要妥善做好新农保制度与被征地农民社会保障、水库移民后期扶持政策、农村计划生育家庭奖励扶助政策、农村五保供养、社会优抚、农村最低生活保障制度等政策制度的配套衔接工作,具体办法由人力资源和社会保障部、财政部会同有关部门研究制订。

二、城镇居民社会养老保险制度

建立城镇居民养老保险制度是调整收入分配结构、扩大国内消费需求的重大举措,是统筹城乡发展、推进基本公共服务均等化的重要政策,是实现广大城镇居民老有所养,促进家庭和睦、社会和谐的重大民生工程。

(一)基本原则

城镇居民养老保险工作要高举中国特色社会主义的伟大旗帜,以邓小平理论和"三个代表"重要思想为指导,深入贯彻落实科学发展观,按照加快建立覆盖城乡居民的社会保障体系的要求,逐步解决城镇无养老保障居民的老有所养问题。城镇居民养老保险试点的基本原则是"保基本、广覆盖、有弹性、可持续"。一是从城镇居民的实际情况出发,低水平起步,筹资标准和待遇标准要与经济发展及各方面的承受能力相适应;二是个人(家庭)和政府合理分担责任,权利与义务相对应;三是政府主导和居民自愿相结合,引导城镇居民普遍参保;四是中央确定基本原则和主要政策,地方制定具体办法,城镇居民养老保险实行属地管理。

(二)任务目标

建立个人缴费、政府补贴相结合的城镇居民养老保险制度,实行社会统筹和个人账户相结合,与家庭养老、社会救助、社会福利等其他社会保障政策相配套,保障城镇居民老年时的基本生活。2011年7月1日启动试点工作,2012年基本实现城镇居民养老保险制度全覆盖。

（三）参保范围

年满16周岁(不含在校学生)、不符合职工基本养老保险参保条件的城镇非从业居民,可以在户籍地自愿参加城镇居民养老保险。

（四）基金筹集

城镇居民养老保险基金主要由个人缴费和政府补贴构成。

个人缴费。参加城镇居民养老保险的城镇居民应当按规定缴纳养老保险费。缴费标准目前设为每年100元、200元、300元、400元、500元、600元、700元、800元、900元、1 000元十个档次,地方人民政府可以根据实际情况增设缴费档次。参保人自主选择档次缴费,多缴多得。国家依据经济发展和城镇居民人均可支配收入增长等情况适时调整缴费档次。

政府补贴。政府对符合待遇领取条件的参保人全额支付城镇居民养老保险基础养老金。其中,中央财政对中西部地区按中央确定的基础养老金标准给予全额补助,对东部地区给予50%的补助。地方人民政府应对参保人员缴费给予补贴,补贴标准不低于每人每年30元;对选择较高档次标准缴费的,可给予适当鼓励,具体标准和办法由省(区、市)人民政府确定。对城镇重度残疾人等缴费困难群体,地方人民政府为其代缴部分或全部最低标准的养老保险费。

鼓励其他经济组织、社会组织和个人为参保人缴费提供资助。

（五）建立个人账户

国家为每个参保人员建立终身记录的养老保险个人账户。个人缴费、地方人民政府对参保人的缴费补贴及其他来源的缴费资助,全部记入个人账户。个人账户储存额目前每年参考中国人民银行公布的金融机构人民币一年期存款利率计息。

（六）养老金待遇

养老金待遇由基础养老金和个人账户养老金构成，支付终身。

中央确定的基础养老金标准为每人每月55元。地方人民政府可以根据实际情况提高基础养老金标准，对于长期缴费的城镇居民，可适当加发基础养老金，提高和加发部分的资金由地方人民政府支出。

个人账户养老金的月计发标准为个人账户储存额除以139（与现行职工基本养老保险及新农保个人账户养老金计发系数相同）。参保人员死亡，个人账户中的资金余额，除政府补贴外，可以依法继承；政府补贴余额用于继续支付其他参保人的养老金。

（七）养老金待遇领取条件

参加城镇居民养老保险的城镇居民，年满60周岁，可按月领取养老金。

城镇居民养老保险制度实施时，已年满60周岁，未享受职工基本养老保险待遇以及国家规定的其他养老待遇的，不用缴费，可按月领取基础养老金；距领取年龄不足15年的，应按年缴费，也允许补缴，累计缴费不超过15年；距领取年龄超过15年的，应按年缴费，累计缴费不少于15年。

要引导城镇居民积极参保、长期缴费，长缴多得；引导城镇居民养老保险待遇领取人员的子女按规定参保缴费。具体办法由省（区、市）人民政府规定。

（八）相关制度衔接

有条件的地方，城镇居民养老保险应与新农保合并实施。其他地方应积极创造条件将两项制度合并实施。城镇居民养老保险与职工基本养老保险等其他养老保险制度的衔接办法,由人力资源和社会保障部会同财政部制定。要妥善做好城镇居民养老保险制度与城镇居民最低生活保障、社会优抚等政策制度的配套衔接工作,具体办法由人力资源和社会保障部、财政部会同有关部门研究制定。

第六节　我国的企业年金制度

一、企业年金概述

企业补充养老保险又称企业年金。企业年金(在国外又称为职业年金、超级年金、私人养老金计划、公司年金计划、雇主承办计划等)是指在政府强制实施的基本养老保险制度之外,企业在国家政策的指导下,根据自身经济实力和经济状况建立的,旨在为本企业职工提供一定程度退休收入保障的制度。企业年金制度既不同于养老社会保险,也不同于商业保险,是现代多支柱养老社会保障体系的重要组成部分。

企业年金主要类型:(1)根据法律规范的程度来划分,企业年金可分为自愿性和强制性两类;(2)根据待遇计发办法来划分,企业年金可分为缴费确定型、待遇确定型和混合型三种类型。

企业年金的特点:(1)企业年金体现了强制性与灵活性的统一;(2)企业和雇员在企业年金计划的实施过程中具有较强的决策自主权;(3)企业年金在实施中贯彻"效率优先"的原则;(4)企业年金的所有权归职工个人,一般采取个人账户方式管理;(5)企业年金在基金管理上采用政府宏观调控和市场选择相结合的方法。

从20世纪70年代末期开始,世界上多数国家的公共养老金制度出现了严重的财务危机,主要表现在基本养老保险基金账户入不敷出和赤字不断扩大。在这种背景下,为了给职工退休后的生活提供保障,许多国家都在积极寻求改革的办法,支持和发展第二支柱——企业年金就是其中之一。从社会的角度来看,企业年金是对基本养老保险制度的重要补充,其直接目的是提高退休职工的养老金待遇水平;从企业的角度来看,企业年金计划一般被企业视为人力资源管理战略的重要组成部分,即作为人力资源管理系统中的报酬管理或员工福利管理项目,是雇主为了吸引和留住优秀雇员长期为本企业服务和提高劳动生产率,向雇员提供的一笔退休年金。

二、我国企业年金制度的主要内容

2004年公布的《企业年金试行办法》(以下称《试行办法》)规定了我国当前企业年金制度的基本框架,是科学指导企业年金发展的重要法规,其主要内容如下:

(一)建立企业年金的条件

同时具备三个条件的企业,才可以建立企业年金:(1)依法参加基本养老保险并履行缴费义务。没有参保或者欠费的企业,不能建立企业年金。(2)具有相应的经济负担能力。建立企业年金,不仅要自愿,而且要量力,不能超越自身的经济能力办事。(3)已建立集体协商机制。这就要求企业必须有民主制度,能够充分反映职工的意愿,不能少数人说了算。

（二）建立企业年金的程序

第一步，形成建立企业年金的决定。如果动议建立企业年金，代表企业的一方和代表职工一方的工会或职工代表要进行集体协商，达成一致意见后，制订企业年金方案，对相关内容进行约定。《公司法》规定："国有独资公司和两个以上的国有企业或者其他两个以上国有投资主体投资设立的有限责任公司，依照宪法和有关法律的规定，通过职工代表大会和其他形式，实行民主管理。"如果是国有或国有控股企业，还要按照这一规定，将企业年金方案草案提交职工大会或职工代表大会讨论通过，形成正式方案。

第二步，确定企业年金方案的具体内容。一是资金筹集方式。主要应明确企业和个人的缴费比例、企业出资的列支渠道、资金如何归集等。二是计发办法和支付方式。一般要明确按月还是按年或一次性领取年金待遇，以及具体的计发标准是货币式支付还是凭证式支付等。三是支付企业年金待遇的条件。要明确哪些职工以及具备什么条件时可以领取企业年金待遇。除规定的基本条件外，企业年金方案还可根据实际情况进一步约定。例如，因个人过失给企业造成巨大损失的、未经企业同意自动离职的，企业年金方案中就可以作出一些特殊约定。四是中止缴费的条件。主要是应明确企业在什么情况下中止缴费，如企业出现暂时的经济困难，无力再负担企业年金费用，就可以暂停缴费。

第三步，报送企业年金方案。企业年金方案应当报送所在地区县级人民政府劳动保障行政部门。中央所属大型企业的企业年金方案，应当报送劳动和社会保障部。劳动保障行政部门自收到企业年金方案起 15 日内未提出异议的，企业年金方案即行生效。履行报送程序，不同于行政审批，主要是审查用人单位的企业年金方案是否符合规定，如果有相悖之处，就可以提出不同意其建立企业年金的意见,或要求报送单位对企业年金方案进行修改完善后再次报送。

(三) 企业年金费用来源和缴费标准

根据中国国情,为了从政策上引导个人也承担一定的责任,以调动两个方面的积极性,采用企业和职工共同缴费的方式。为使企业年金与基本养老保险合理衔接、协调发展,对企业缴费总量上限控制在本企业上年度职工工资总额的1/12。企业和职工个人缴费合计一般不超过本企业上年度职工工资总额的1/6。

税收优惠是我国发展企业年金的一个必要条件。例如,企业缴费的一定比例允许从成本中列支,就是国家鼓励政策的重要措施,对推动企业年金发展会有很大帮助。《试行办法》规定:"企业缴费的列支渠道按国家有关规定执行",包含了税收优惠政策问题。

(四) 企业年金管理方式和记账办法

规定企业年金基金实行完全积累,采用个人账户方式进行管理。个人缴费全部记入个人账户,企业缴费应当按照企业年金方案规定比例计算的数额记入职工企业年金个人账户。通常情况下,企业缴费由用人单位先确定企业年金的提取比例和费用总额,根据本企业人员构成情况,考虑职工责任轻重、贡献大小、工龄长短等因素,分档次确定系数,再按系数计算出每个人应得的份额,按照不同额度记入个人账户。这样,可以较好地体现激励作用。具体如何记入,应完全由企业与职工协商确定,并体现在企业年金方案中。

(五) 企业年金待遇给付

职工在达到国家规定的退休年龄时,可以从本人企业年金个人账户中一次或定期领取企业年金。职工未达到国家规定的退休年龄的,不得从个人账户中提前提取资金。出境定居人员的企业年金个人账户资金,可根据本人要求一次性支付给本人。对正常情况下的年金待遇给付,以职工达到国家规定的退休年龄为条件,是为了强化企业年金对基本养老保险的补充作用,从政策上为职工理好财,使他们的晚年生活得到更好的保障。

(六) 企业年金管理运营

我国企业年金制度采取缴费确定型模式,企业年金基金实行市场化管理运营,这对加强管理运营提出了更高的要求。企业年金的具体运作可分为两个层次:第一层的法律关系是,设立企业年金的企业和职工作为委托人,享受企业年金待遇的职工作为受益人,与经办企业年金事务和基金的受托人参照信托原则建立信托关系;第二层的法律关系是,受托人依据《合同法》分别与个人账户管理机构、投资管理机构和基金托管机构建立委托代理关系。

一个用人单位只能实施一个企业年金计划,委托一个受托机构,选择一个账户管理人,确定一家基金托管机构。但是选择的投资人可以不限于一家。企业情况发生变化,需要修改或调整企业年金方案时,可以通过一定的程序修改或调整,但不能在保留原有企业年金计划的同时另行制订计划。

(七) 企业年度金制度的适用范围

企业年金的适用范围主要包括三类用人单位:一是各类城镇企业;二是参加基本养老保险社会统筹的事业单位,如企业化管理事业单位、自收自支事业单位转制为企业后也可建立企业年金;三是参加企业养老保险社会统筹的各类社会团体和民办非企业组织。这样做主要是为了统筹基本养老保险和企业年金的关系。按国家规定,企业职工的基本养老金替代率将调整到58%左右,与原来80%左右相差的政策空间就是留给企业年金的。没有实行企业养老保险办法的单位,退休人员养老金替代率已经比较高了,在养老保险制度改革之前,不能同时实行年金制度。

附录

将农村社会养老保险基金借出增值构成挪用公款罪案吗?

一、案例情节

被告人王承德,男,49岁,湖北省武汉市人,原系武汉市蔡甸区民政局农村社会养老保险事业管理办公室(简称养老办)主任。1995年5月2日被逮捕,1995年7月14日取保候审。

1994年5月4日,武汉市蔡甸区山镇联盟村个体户袁某为筹集经营资金,通过其在民政局地名办公室工作的女婿刘某介绍,向设在区民政局的区养老办借款。当日,被告人王承德代表区养老办与袁签订了借款协议书。协议书约定借款2万元,期限1年,年利率15%,到期由袁某向养老办还本付息2.3万元。协议签订后,被告人即通知财会人员将养老保险基金2万元付给了袁,并将协议书交财会人员入了账。1995年1月24日,该区后官湖养殖场个体户辛某也通过上述刘某介绍,向区养老办借款。被告人王承德代表养老办与辛签订了借款协议书,约定借款1万元,期限1年,年利率18%,到期由辛某向区养老办还本付息1.18万元。协议签订后即办理了付款和入账手续。同年2月16日,武汉市汉南区纱帽镇养鱼场个体户肖某通过区养老办出纳员涂某介绍,向区养老办借款。被告人王承德又代表区养老办与肖某签订了借款协议书,约定借款3万元,期限1年,年利率15%,到期由肖某还本付息3.45万元。协议签订后,即办理了付款入账手续。

1995年4月,检察机关在区民政局侦办另一起经济犯罪案件时,被告人王承德出于惧怕心理,自行提前收回了上述借款的本金,同期利息由检察机关在立案侦查本案时收缴。

经查明,区养老办系隶属于武汉市蔡甸区民政局的独立事业法人单位,其职责是收取、管理、发放养老保险基金并保值增值,养老办主任为其法定代表人。在保值增值工作的实际操作中,区民政局规定,向外出借保险基金,应由分管副局长或局长审批同意。

二、审判结果

武汉市蔡甸区人民检察院向武汉市蔡甸区人民法院提起公诉,指控被告人王承德先后三次擅自作主将"养老办"管理的农村社会养老保险基金6万元,分别借给袁某等三名个体户从事营利活动,其行为已构成挪用公款罪。被告人王承德及其辩护人辩称,王承德出借6万元是增值行为,符合民政部的文件精神,其行为不构成犯罪。

武汉市蔡甸区人民法院经公开审理认为,被告人王承德身为武汉市蔡甸区农村社会养老保险事业管理办公室负责人,将6万元养老保险基金以较高的年利率借贷给袁某等人,且在本案立案侦查前自行收回了本金,确保了该基金增值,并没有违背国家民政部的文件精神,是一种正常履行职务的行为,不是危害社会的犯罪行为。据此,该院于1995年8月2日作出刑事判决如下:

被告人王承德无罪。

宣判后,武汉市蔡甸区人民检察院不服,以被告人王承德擅自将养老基金直接用于冒险投资,违背了民政部有关文件规定的精神,构成挪用公款罪为理由提出抗诉。在武汉市中级人民法院二审审理期间,武汉市人民检察院认为抗诉不当,依照《中华人民共和国刑事诉讼法》第一百三十三条第二款的规定,于1995年10月29日向武汉市中级人民法院撤回抗诉。

三、案例分析

开展农村社会养老保险工作是我国深化农村经济体制改革,建立和完善农村社会保障制度的重要措施。养老保险基金是农民群众的养老资金,是保障农民年老后基本生活的专项基金,因此,国家对养老保险基金予以特别保护。民政部先后制发了民办法[1992]15号《关于农村社会养老保险基金使用有关问题的通知》、民险发[1994]27号《关于加强农村社会养老保险基金管理的通知》等规范性文件,对养老保险基金的管理、使用作了原则性规定,即确保安全、保值增值、谁使用谁承担责任的原则。在保值增值方面,民政部民社险函[1993]第14号《关于调整农村社会养老保险基金增值要求的通知》规定,养老保险基金的增值要求达到年复利率12%。按规定,养老保险基金的保值增值办法包括:一是购买高于规定保值利率的财政债券和金融债券;二是存入银行;三是其他既无风险又能确保增值的办法。由此可见,该基金的性质与一般公款有明显区别,即它必须投入金融市场并获取较高利息。作为独立事业法人单位的区养老办,对养老保险基金有完全的管理、使用、保值增值的权利,民政局作为其上级主管部门,与养老办的关系应是组织领导、业务指导、监督检查的关系,而不应直接具体地介入其业务活动。被告人王承德作为养老办的法定代表人,将养老基金借给他人有偿使用,是依法履行职务的行为,既不违反民政部的有关规定,客观上也确使该基金保值增值,不具有社会危害性。其存在的问题仅是未按民政局的规定报局长或分管副局长审批,而这一规定并无法律依据。因此,不能认为被告人王承德的行为系"擅自"挪用公款的行为,蔡甸区人民法院判决宣告王承德无罪是正确的。

（资料来源：http://china.findlaw.cn/bianhu/qitaanli/zwfz/64089.html）

 思考题

1. 什么是基本养老保险？基本养老保险有哪些特征？
2. 养老保险的作用有哪些？
3. 养老保险的筹资模式有哪些？
4. 现收现付制和完全积累制各有哪些优点？
5. 我国现行的企业职工养老保险制度的主要内容有哪些？
6. 我国现行的机关事业单位职工养老保险的基本状况如何？
7. 我国企业年金制度的主要内容有哪些？

第三章 医疗保险

学习目标

学完本章,应该了解医疗保险的概念、分类和我国社会医疗保险的特点,熟悉我国社会医疗保险体系的基本状况和我国城镇职工医疗保险制度的历史沿革,掌握我国社会医疗保险的作用以及城镇职工和居民医疗保险制度的基本框架。

基本概念

医疗保险　基本医疗保险　劳保医疗制度　公费医疗制度　新型农村合作医疗

第一节　医疗保险概述

一、医疗保险的概念

医疗保险是通过国家立法,或通过自愿签订合同,由国家、单位、个人集资建立专门的基金,当个人因病接受必需的医疗服务时,由相关的保险机构提供医疗费用补偿。医疗保险包括基本医疗保险、城乡居民医疗保险、补充医疗保险和商业医疗保险。基本医疗保险是通过国家立法,强制性地由国家、单位、个人集资建立专门的基金,当个人因病接受必需的医疗服务时,由社会医疗保险机构提供医疗费用补偿。

医疗保险与健康保险存在区别。健康是人类关注的主题,世界卫生组织(WHO)早在1948年就指出:"健康不仅仅是没有疾病与虚弱,而是身体上、精神上和社会适应上的完好状态。"由于客观存在的各种不利于健康的影响因素和人类生命过程中的客观规律,人们在社会经济生产活动中常常遭遇一定的疾病风险。健康保险可以分为狭义的健康保险和广义的健康保险。狭义的健康保险是指不仅对因疾病所致的医疗费用进行补偿,而且对预防、保健、康复、健康教育、生育等服务的费用予以补偿。广义的健康保险就是保险机构必须对参保人的健康出现异常而带来的经济损失给予补偿,包括因疾病、生育、残废或死亡带来的工资收入损失以及因就医支付医药费而带来的经济损失。

医疗保险与广义的健康保险不同之处在于:医疗保险仅对参保人因病就医支付医药费而带来的经济损失给予补偿,而对因疾病暂时或永久丧失劳动能力带来的经济损失不予补偿[1]。

二、医疗保险的分类

(一)根据保险经营性质分类

根据保险经营性质分类,可将医疗保险分为社会医疗保险和商业医疗保险。

社会医疗保险是社会保险的重要组成部分,是具有福利性的公益事业,法定参保对象必须一律依法参加,由中央政府或地方政

---

[1] 周绿林、李邵华:《医疗保险学》,科学出版社2006年版,第5页。

府集中领导，由专门的医疗保险机构负责管理。社会医疗保险基金分配往往向低收入群体倾斜，具有国民收入再分配的功能。商业医疗保险一般由商业保险公司经办，以营利为目的，政府不参与，采取自愿参加的原则。

（二）根据保险待遇层次分类

根据保险待遇层次分类，可将医疗保险分为基本医疗保险和补充医疗保险。

基本医疗保险是指对参保人提供的医疗服务仅限于基本的范畴，即基本用药、基本技术、基本服务和基本收费。也就是说，在一定的经济条件下，医疗保险允许的报销范围是有限的，进口药、价格昂贵的国产药和滋补品就不是基本用药，住带空调、电话、电视和独立卫生间的豪华病房就不是基本服务。基本医疗保险是义务性、强制性的，不以营利为目的。补充医疗保险是满足不同层次的医疗保障需求而设立的，是对基本医疗保险的补充。在参加补充医疗保险之前必须先参加基本医疗保险。补充医疗保险通常是自愿性的，可以是营利性的，也可以是非营利性的。

（三）根据参保对象分类

根据参保对象分类，可将医疗保险分为城镇职工医疗保险、城镇居民医疗保险、农村居民医疗保险等。

通常，各国的医疗保险从职工医疗保险起步，然后逐步覆盖其他人群。广大职工是社会物质财富和精神财富的直接创造者，首先建立职工医疗保险制度，对保护劳动力、促进国民经济发展和社会进步具有深远的意义。但随着国民经济发展水平的提高，政府出资为主、个人出资为辅，建立适度普惠式的居民医疗保险也是大势所趋。目前，我国农民工的医疗保险将按照城镇职工的基本医疗保险制度执行,不满18岁的中小学生、中专生和其他儿童纳入居民医疗保险体系,大学生纳入就读大学所在地的城镇居民医疗保险体系。当前,我国已经建立起覆盖城乡居民的社会医疗保险体系。

(四)根据保险范围分类

根据保险范围分类,可将医疗保险分为病种医疗保险、住院医疗保险和综合医疗保险。

病种医疗保险主要针对单个费用较高的疾病,适合于在没有开展医疗保险地区的全体人群或已经开始职工医疗保险地区的非工薪阶层中实行(如癌症医疗保险)。住院医疗保险,理论界基本上把它视为大病医疗保险。该保险保费较低,经济负担较轻,深受企业的欢迎。住院医疗保险最大的问题是门诊费用向住院费用转嫁,一些无需住院的病人,可能通过拉关系住进医院,过度利用医疗服务。综合医疗保险不仅对门诊医疗服务提供费用补偿,而且对住院医疗服务费用进行补偿,不分大病、小病和重病、轻病,都提供住院医疗服务费用补偿,保障范围大,管理难度也大。筹资水平往往是决定采取哪一种医疗保险模式的关键因素[①]。

三、我国社会医疗保险的特点

据人社部统计公报,2015年年末全国参加城镇基本医疗保险的人数为66 582万人,比上年末增加6 835万人。其中,参加职工基本医疗保险的人数28 893万人,比上年年末增加597万人;参加城镇居民基本医疗保险的人数为37 689万人,比上年年末增加6 238万人。在职工基本医疗保险参保人数中,参保职工21 362

---

① 姚宏:《医疗与生育保险》,中国劳动社会保障出版社2005年版,第5—6页。

○ 社会保险与社会福利　Shehui Baoxian Yu Shehui Fuli

万人,参保退休人员7 531万人,分别比上年年末增加321万人和276万人。2015年年末参加城镇基本医疗保险的农民工人数为5 166万人,比上年年末减少63万人。2015年城镇基本医疗保险基金总收入11 193亿元,支出9 312亿元,分别比上年增长15.5%和14.5%。2015年年末城镇基本医疗保险统筹基金累计结存8 114亿元(含城镇居民基本医疗保险基金累计结存1 546亿元),个人账户积累4 429亿元。据国家卫计委统计公报,截至2015年年底,全国参加新型农村合作医疗的人口数达6.7亿人,参合率为98.8%。2015年度新农合筹资总额达3 286.6亿元,人均筹资490.3元。全国新农合基金支出2 993.5亿元。

社会医疗保险决定于社会生产力发展水平和社会经济制度、政治制度,但同时又与医学科学技术的发展、卫生服务状况以及卫生事业在国民经济中的地位、作用等因素直接相关,因此,不同社会制度的国家,其社会医疗保险的特点也不同。现阶段,我国的社会医疗保险具有以下几个特点[①]:

(一) 公益性

我国社会医疗保险包括基本医疗保险和城乡居民医疗保险,它们都是由政府负责筹集资金,并负责基金保管、投资运营和分配。社会保险经办机构的运行费用都是由政府财政负担,社会医疗保险基金管理的目的不是营利,而是保障广大参保者的基本健康,有利于保护生产力,有利于促进社会生产的发展。

(二) 福利性

基本医疗保险缴费包括个人缴费和用人单位缴费,而且用人

[①] 仇雨临:《医疗保险》,中国劳动社会保障出版社2008年版,第15—17页。

单位比个人出资多出许多,其中,用人单位的缴费可视为用人单位的福利性开支。在基本医疗保险收支存在严重缺口时,政府也会出资弥补基本医疗保险基金的收支赤字。政府承担的兜底责任也是国家为广大劳动者提供的福利。城镇居民医疗保险和新型农村合作医疗筹集到的资金大部分是政府出资,政府出资就是国家为居民提供的福利。

(三)强制性或准强制性

基本医疗保险是国家通过法律强制实施的社会保险,不管性别、年龄、宗教、民族和贫富,只要符合条件就必须参加。任何单位和员工都必须依法参加基本医疗保险,否则,国家可以对其进行处罚。而我国城镇居民医疗保险和新型农村合作医疗虽然在政策上规定自愿参加,但大学生、中小学生等群体参加居民医疗保险都是通过学校收费的,如果大学生、中小学生不参加,还会遇到就学方面的麻烦。当然,如果居民(包括大学生、中小学生)家庭实在困难,无力缴费参加居民医疗保险,当地的民政部门会通过救助的方式将代这些居民交费。在某种意义上看来,居民医疗保险具有准强制性。强制性和准强制性是构建覆盖城乡居民的医疗保险体系的必要条件。

(四)互济性

我国城镇职工基本医疗保险个人账户与个人缴费关联度比较大,统筹账户基金分配与个人缴费与否有关,但与其缴费多少关联不大,而纳入统筹账户中的资金才是关键。社会医疗保险虽然强调权利和义务对等,患者缴纳了保费才能享受待遇,但同时也强调社会公平,强调团结互助,参保者享受多少待遇与其缴费并非完全正相关,更多地取决于其疾病的严重程度。

(五)保障水平的基本性

社会医疗保险是保障广大劳动者和城乡居民的基本医疗需求,为帮助参保者在患病期间尽快恢复健康而补偿其基本医疗费用。如果一些患者在治疗期间需要住高档病房,需要特殊照料,需要基本医疗保险药物目录之外的进口药品或器材,则基本医疗保险基金不予报销。

(六)普遍性

社会医疗保险建立初期主要是覆盖广大的劳动者,但随着生产力的发展和国家财政实力的增强,社会医疗保险往往由选择制向普惠制转变,覆盖对象范围由被雇佣的劳动者扩大到全体国民。

四、我国社会医疗保险的作用

(一)保障劳动者和城乡居民的身心健康,减轻患病者的经济负担

社会医疗保险制度的建立和实施,不仅从用人单位、员工个人和政府筹集到了专门的资金,而且从居民和政府筹集到了专门的资金;可以使患病的劳动者和居民从社会获得必要的物质帮助,尽快恢复身体健康,重新从事劳动和学习;可以有效地帮助患病者家庭摆脱"因病致贫""因贫致病"的恶性循环,并能分享社会经济发展的成果,不断提高物质文化生活水平。

(二)保护生产力,保障社会再生产的顺利进行

劳动力是社会生产的基础,是社会生产力中最活跃的因素。

城镇职工基本医疗保险制度的实施,可以有效地保障劳动者的身体健康,提高劳动者的身体素质,减少因病请假的时间,或减少因照顾生病的亲属而请假的人数,保障企业的正常生产秩序。中小学生、在校的中专生、大学生是未来的劳动力,实施城乡居民医疗保险制度,可使居民减少疾病,生病后得到及时治疗并尽快恢复健康,增强国民体质,使青少年儿童能够有更多的时间和精力学习文化知识,提高科学文化技术水平,从而提高劳动生产率,创造更多的财富。

(三)维持社会购买力,扩大企业产品的有效需求

如果没有职工基本医疗保险和城乡居民医疗保险,特别是一些劳动者生病,他们不仅要花费医疗费,而且丧失了工作;一些低收入群体可能因病致贫,他们没有足够的收入维持家庭成员生病前的生活水平,使企业生产出来的产品的一部分销售不出去。实施社会医疗保险制度,可以使存在病患的困难家庭仍能维持基本生活,有利于促进经济的稳定和发展。

(四)调节收入分配,促进社会公平

基本医疗保险制度的缴费比例在同一统筹地区是统一的,但缴费基数却因人而异。职工的社会保险缴费基数以其上一社保年度的工资和奖金总数为基础,工资收入高的群体对基本医疗保险的缴费贡献就大。其中,个人缴费部分全部记入个人账户,用人单位缴费的大部分进入统筹账户。用人单位缴费往往是职工个人缴费的三倍,而统筹账户基金的分配与患病者的工资收入几乎没有关联,主要取决于患病者的病情严重程度。因此,基本医疗保险具有高收入群体帮助低收入群体的内在机制,基本医疗保险是国民收入的再分配渠道之一,有利于促进社会公平。

(五) 合理配置医疗卫生资源,促进卫生事业健康发展

社会医疗保险改革的重点在于解决"看病贵"和"看病难"的问题。缓解"看病贵"问题主要是实现资金来源多元化,强调用人单位的缴费义务和政府的财政资助责任。筹集到了更多的医疗保险资金,并加强对医院收费的监管,有利于促进社会医疗保险回归公益性。在社会医疗保险的报销比例方面,通过对社区医院倾斜,通过加大对需方医疗市场的调控能力,引导病人合理地利用卫生资源,引导医疗服务市场合理地调整服务布局和服务结构,逐步解决"看病难"的问题,提高服务质量。

第二节 我国城镇职工的医疗保险制度

一、计划经济体制下的城镇职工医疗保险

(一) 劳保医疗制度

劳保医疗制度又称企业职工医疗保险制度,是我国劳动保险制度的一部分。劳保医疗制度是根据1951年政务院颁布的《劳动保险条例》及此后劳动部颁布的《劳动保险条例实施细则修正草案》等相关法规、政策建立和发展起来的。其使用范围主要是全民所有制工厂、矿场、铁路、航运、邮电、交通、基建、地质、商业、外贸、粮食、供销合作、金融、民航、石油、水产、国营农牧场、森林等产业和部门的职工及其供养直系亲属。城镇集体所有制企业参照执行。改革开放后,还包括中外合资企业的职工在内。劳保医疗由企业行政自行管理,经费是按照企业职工工资总额的一定比例连同职工福利基金混合,一并提取并列入成本。提取的经费由企业

本身负责管理,超支部分由企业自己承担。享受劳保医疗的职工患病,在本企业自办医疗机构或指定的社会医疗机构就医,可享受几乎免费的医疗待遇,其供养的直系亲属可享受半费医疗待遇。

(二) 公费医疗制度

公费医疗制度是指保障国家工作人员健康而建立的,是我国传统医疗保险制度的重要组成部分。我国的公费医疗制度是根据1952年政务院颁布的《关于全国各级人民政府、党派、团体及所属事业单位的国家工作人员实行公费医疗预防措施的指示》建立并实施的。其覆盖对象主要是国家机关、全民所有制事业单位(包括民主党派、工会、共青团、妇联等人民团体,文化教育、卫生、科研等事业单位)的工作人员和离退休人员。此外,还包括二等乙级以上的革命残疾军人、国家正式核准设置的高等院校学生、派驻享受公费医疗单位的人武干部、在华工作的外籍专家及随往家属等。国家根据职工对医药方面的实际需要和国家的财力以及医疗卫生事业所能提供的资源,确定每人每年享受公费医疗待遇的预算定额。将经费拨付给地方财政,超支部分由地方财政补贴;经费由政府设立的公费医疗管理机构统管,或享受单位自管。除挂号费、营养滋补品以及整容、矫形等少数项目由个人自付费用外,其他医药费全部或大部分由公费医疗费开支。

二、城镇职工医疗保险制度改革的几个阶段

(一) 城镇职工医疗保险制度改革探索

劳保医疗制度和公费医疗制度是计划经济体制的产物,对新中国成立之后、改革开放之前的职工健康起到了很好的保障作用,促进了经济建设,维护了社会稳定。随着社会主义市场经济体制

的逐步建立和国有企业改革的不断深化,这种传统的医疗保障制度越来越难以满足广大职工的基本医疗需求。表现为:医疗费用的筹集渠道狭窄,医疗费用上涨过快,劳保和公费医疗的覆盖面窄,管理和服务的社会化程度低。一些经济条件差的地区和企业,职工生病的医疗费长期不能报销,有的甚至将医疗费按每人每月十几元或几元包干给职工个人,职工患病全部由患者个人掏钱,医疗社会保险名存实亡。到1998年,我国已经基本确立了新型的职工医疗保险制度。这一改革的过程大致分为三个阶段。

第一个阶段(1992年之前),完善传统的城镇职工医疗制度。1985年以前,主要针对需方,实行费用分担措施,增强职工个人医疗费用节约意识。在这个时期,由于医院的利益与医疗业务挂钩,患病职工治疗费用几乎全部免费,导致过度需求医疗资源,浪费非常严重。改革后的办法是让患病职工也要支付10%—20%的医疗费用,遏制医疗费用过快上涨。1985—1992年,在建立费用分担机制的基础上,费用控制领域扩大到医疗服务的供给方。采取的主要措施有:一是改革支付方式,将经费按享受人数和定额标准包给医院,节支分享,超支分担,激励医院主动控制成本和费用开支;二是制定公费医疗用药报销目录,以控制药品费用的过多支出;三是加强公费医疗和劳保医疗的管理,即提供经费的政府、用人单位和提供医疗服务的机构,都要承担部分经济责任。有些地区还探索了离退休人员医疗费用统筹和大病统筹制度。

第二个阶段(1992—1998年),各地探索建立适应市场经济体制下职工自由流动的医疗保险制度。1992年以来,社会经济体制改革的步伐加快,包括医疗保险在内的社会保障制度已经提到议事日程上来了。1992年,广东省深圳市在全国率先开展职工医疗保险制度改革,从而拉开了对我国职工医疗保障制度进行全局性和根本性改革的序幕。1993年,党的十四届三中全会通过了《关于建立社会主义市场经济体制若干问题的决定》,指出了要在我国建立社会统筹医疗基金和个人账户相结合的社会医疗保险制度。1994年,经过国务院批准,决定在江苏省镇江市和江西省九江市进行医疗保险制度改革试点。与此同时,海南、深圳、青岛等地按照"统账结合"的原则,对支付机制进行了一些改革探索。1996年,国务院转发了四部委的《关于职工医疗保障制度改革扩大试点的意见》,开始在新增的57个城市中推广。

第三个阶段(1998年至今),全国基本统一的城镇职工基本医疗保险制度的确立和完善。1998年,国务院决定在总结各地医疗保险制度改革试点经验的基础上,在全国范围内建立城镇职工统筹账户和个人账户相结合的基本医疗保险制度,并于1998年年底颁发了《国务院关于建立城镇职工基本医疗保险制度的决定》。将缴费比例、个人账户、起付线、封顶线的标准作出了统一性的规定,为全国各地制定基本医疗保险实施办法提供了指导性的原则。20世纪末,具有中国特色的城镇职工基本医疗保险制度已经在全国范围内初步确立,对经济和社会发展产生了积极影响,得到了大多数群众的拥护和赞成。不过,这项制度也存在一些不足,覆盖范围较小,统筹层次较低,全国各地都在不断完善这项制度。针对跨统筹地区就医人数越来越多,近几年各地在积极探索建立异地就医报销制度。针对基本医疗保险基金结余规模较大的实际情况,近几年有些地区降低了起付线和提高了封顶线。2010年10月,全国人大通过《社会保险法》,扩大了职工基本医疗保险的覆盖范围,无雇工的个体工商户、未在用人单位参加职工基本医疗保险的非全日制从业人员以及其他灵活就业人员可以参加职工基本医疗保险,由个人按照国家规定缴纳基本医疗保险费。农民工医疗保险也将在全国范围内按照城镇职工基本医疗保险政策执行。为了解决跨统筹地区人员医疗保险关系转移接续问题,《社会保险法》还规定逐步实现基本医疗保险省级统筹。不过,要彻底解决人才自由流动的医疗保险关系接续问题,仅仅实现基本医疗保险省级统筹还不够,需要进一步实现制度创新。

三、《国务院关于建立城镇职工基本医疗保险制度的决定》的主要内容

(一)改革的任务和原则

(1)医疗保险制度改革的主要任务:建立城镇职工基本医疗保险制度,即适应社会主义市场经济体制,根据财政、企业和个人的承受能力,建立保障职工基本医疗需求的社会医疗保险制度。

(2)建立城镇职工基本医疗保险制度的原则:基本医疗保险的水平要与社会主义初级阶段的生产力发展水平相适应;城镇所有用人单位及其职工都要参加基本医疗保险,实行属地管理;基本医疗保险费由用人单位和职工双方共同负担;基本医疗保险基金实行社会统筹和个人账户相结合。

(二)覆盖范围和缴费办法

(1)城镇所有用人单位,包括企业(国有企业、集体企业、外商投资企业、私营企业等)、机关、事业单位、社会团体、民办非企业单位及其职工,都要参加基本医疗保险。乡镇企业及其职工、城镇个体经济组织业主及其从业人员是否参加基本医疗保险,由各省、自治区、直辖市人民政府决定。

(2)基本医疗保险原则上以地级以上行政区(包括地、市、州、盟)为统筹单位,也可以县(市)为统筹单位,北京、天津、上海3个直辖市原则上在全市范围内实行统筹(以下简称统筹地区)。所有

用人单位及其职工都要按照属地管理原则参加所在统筹地区的基本医疗保险,执行统一政策,实行基本医疗保险基金的统一筹集、使用和管理。铁路、电力、远洋运输等跨地区、生产流动性较大的企业及其职工,可以相对集中的方式异地参加统筹地区的基本医疗保险。

(3) 基本医疗保险费由用人单位和职工共同缴纳。用人单位缴费率应控制在职工工资总额的6%左右,职工缴费率一般为本人工资收入的2%。随着经济发展,用人单位和职工的缴费率可作相应调整。

(三) 建立基本医疗保险统筹基金和个人账户

(1) 要建立基本医疗保险统筹基金和个人账户。基本医疗保险基金由统筹基金和个人账户构成。职工个人缴纳的基本医疗保险费全部计入个人账户。用人单位缴纳的基本医疗保险费分为两部分,一部分用于建立统筹基金,一部分划入个人账户。划入个人账户的比例一般为用人单位缴费的30%左右,具体比例由统筹地区根据个人账户的支付范围和职工年龄等因素确定。

(2) 统筹基金和个人账户要划定各自的支付范围,分别核算,不得互相挤占。要确定统筹基金的起付标准和最高支付限额,起付标准原则上控制在当地职工年平均工资的10%左右,最高支付限额原则上控制在当地职工年平均工资的4倍左右。起付标准以下的医疗费用,从个人账户中支付或由个人自付。起付标准以上、最高支付限额以下的医疗费用,主要从统筹基金中支付,个人也要负担一定比例。超过最高支付限额的医疗费用,可以通过商业医疗保险等途径解决。统筹基金的具体起付标准、最高支付限额以及在起付标准以上和最高支付限额以下医疗费用的个人负担比例,由统筹地区根据以收定支、收支平衡的原则确定。

(四)健全基本医疗保险基金的管理和监督机制

(1)基本医疗保险基金纳入财政专户管理,专款专用,不得挤占挪用。

(2)社会保险经办机构负责基本医疗保险基金的筹集、管理和支付,并要建立健全预决算制度、财务会计制度和内部审计制度。社会保险经办机构的事业经费不得从基金中提取,由各级财政预算解决。

(3)基本医疗保险基金的银行计息办法:当年筹集的部分,按活期存款利率计息;上年结转的基金本息,按3个月期整存整取银行存款利率计息;存入社会保障财政专户的沉淀资金,比照3年期零存整取储蓄存款利率计息,并不低于该档次的利率水平。个人账户的本金和利息归个人所有,可以结转使用和继承。

(4)各级劳动保障和财政部门要加强对基本医疗保险基金的监督管理。审计部门要定期对社会保险经办机构的基金收支情况和管理情况进行审计。统筹地区应设立由政府有关部门代表、用人单位代表、医疗机构代表、工会代表和有关专家参加的医疗保险基金监督组织,加强对基本医疗保险基金的社会监督。

(五)加强医疗服务管理

(1)要确定基本医疗保险的服务范围和标准。制定基本医疗服务的范围、标准和医药费用结算办法,制定国家基本医疗保险药品目录、诊疗项目、医疗服务设施标准及相应的管理办法。

(2)基本医疗保险实行定点医疗机构(包括中医医院)和定点药店管理。制定定点医疗机构和定点药店的资格审定办法。社会保险经办机构要根据中西医并举,基层、专科和综合医疗机构兼顾,方便职工就医的原则,负责确定定点医疗机构和定点药店,并同定点医疗机构和定点药店签订合同,明确各自的责任、权利和义务。在确定定点医疗机构和定点药店时,要引进竞争机制,职工可选择若干定点医疗机构就医、购药,也可持处方在若干定点药店购药。

(3) 要合理调整医疗机构布局,优化医疗卫生资源配置,积极发展社区卫生服务,将社区卫生服务中的基本医疗服务项目纳入基本医疗保险范围。

(六) 妥善解决有关人员的医疗待遇

(1) 离休人员、老红军的医疗待遇不变,医疗费用按原资金渠道解决,支付确有困难的,由同级人民政府帮助解决。

(2) 二等乙级以上革命伤残军人的医疗待遇不变,医疗费用按原资金渠道解决,由社会保险经办机构单独列账管理。医疗费支付不足部分,由当地人民政府帮助解决。

(3) 退休人员参加基本医疗保险,个人不缴纳基本医疗保险费。对退休人员个人账户的计入金额和个人负担医疗费的比例给予适当照顾。

(4) 国家公务员在参加基本医疗保险的基础上,享受医疗补助政策。

(5) 为了不降低一些特定行业职工现有的医疗消费水平,在参加基本医疗保险的基础上,作为过渡措施,允许建立企业补充医疗保险。企业补充医疗保险费在工资总额4%以内的部分,从职工福利费中列支,福利费不足列支的部分,经同级财政部门核准后列入成本。

(6) 国有企业下岗职工的基本医疗保险费,包括单位缴费和个人缴费,均由再就业服务中心按照当地上年度职工平均工资的60%为基数缴纳。

城镇职工基本医疗保险制度在全国范围内的确立具有四个特

点：一是实现了从福利型保障到社会保险，从财政和企业的大包大揽到承担有限责任，从单位自我保障、自我管理到社会互济、社会化管理的转变。二是确立了基本医疗保险的观念。三是机关事业单位和企业同步改革，变过去公费、劳保"双轨"医疗制度为统一的城镇职工基本医疗保险制度。四是基本医疗保险选择了社会统筹和个人账户相结合的制度模式，引入了效率和激励机制，克服了平均主义和"大锅饭"的弊端。

第三节　我国居民的医疗保险

一、中国传统的农村合作医疗

中国传统的农村合作医疗制度是指在各级政府的支持下，按照"风险分担，互助共济"的原则在农村社区范围内筹集资金，用来补偿农民群众的医疗、预防、保健等服务费用的医疗保障措施。

（一）传统的农村合作医疗制度的建立与推广[1]

我国农村正式出现具有一定保险性质的合作医疗制度，是在1955年农业合作化高潮时期。1955年5月1日，全国第一个卫生保健站——山西省高平县米山联合保健站正式挂牌成立。保健站的经费来源：（1）农民的保健费；（2）农业社公益金中提取15%—20%；（3）医疗业务收入。每个社员每年出几角钱，便可享受医疗保健服务。医生的报酬采取记工分与支付现金相结合的办

---

[1] 孙淑云、柴志凯等：《新型农村合作医疗制度的规范化与立法研究》，法律出版社2009年版，第40—42页。

法予以解决。米山乡的经验得到推广,在山西、河南、河北、湖南、贵州、山东、上海等地农村出现了一批由农业合作社举办的保健站和医疗站。随着人民公社化运动的开展,农村合作医疗制度也被作为完善人民公社建设的一个重要组成部分。在强调"一大二公"体制的基础上,有些地方出现了社员的生老病死都由人民公社包下来的现象,医疗费用完全由公社负担。由于各地人民公社的经济状况不同,当时实际并存着三种不同的医疗制度,即完全公费、完全自费和合作医疗。而国家以明确的态度表示要以合作医疗作为发展的方向。在人民公社急剧发展的大背景下,在"一大二公"的思想风潮中,合作医疗制度建立出现了一个高潮,覆盖率由1958年的10%上升到1962年的46%。

由于"大跃进"和"人民公社化运动"及三年自然灾害,人民公社面临很大的经济困难,许多公社无力承担合作医疗的费用,农民也无力缴纳保健费,合作医疗制度因此大大萎缩。1965年6月26日,毛泽东批评卫生部只给占全国15%的城市人口服务,指示卫生部要把卫生工作的重点放到农村去。1965年9月,卫生部作出了《关于把卫生工作重点放到农村的报告》,对农村医疗机构所有制问题进行再次调整,重新恢复了合作医疗制度的建立基础,使其在经济上得到集体经济组织的支持,使合作医疗的发展掀起了一个前所未有的高潮。1966年春暖花开的时候,湖北省长阳县乐园公社杜家村卫生室成立了。农民每年交1元合作医疗费,再从集体公益金中提取一部分作为合作医疗基金。除个别疾病和要常年吃药的以外,群众每次看病只交5分钱的挂号费,吃药不要钱。同时,村卫生室和村民小组土药房都开辟了药园,种植大量的常用易植药。这一举措减少了合作医疗经费,减轻了农民负担,受到群众的拥护。1968年,毛泽东对乐园公社合作医疗的做法非常赞赏,批示推广其合作医疗的经验。当时正处于"文革"期间,搞不搞合作医疗,不仅关系到是否重视农民合作医疗保健的问题,而且还关系到是否执行毛主席的革命路线问题。为了贯彻毛主席的指示,各级政府高度重视建立农村合作医疗的问题并采取措施。合作医疗制度由集体经济组织统筹运作,国家对合作医疗的支持主要体现在对人民公社卫生院的建设上。人民公社卫生院除了做好医疗业务外,还要加强赤脚医生的培训,并协助公社和大队做好合作医疗的巩固和发展工作。经过不断地总结经验,到1976年,合作医疗的覆盖率上升为90%,1978年,我国将合作医疗制度写入宪法。

(二)传统的农村合作医疗的滑坡与试图恢复

集体经济组织的解体是传统农村合作医疗滑坡的最重要原因。合作医疗的推广和普及是以集体经济组织的存在为前提的。在人民公社时期,生产大队掌握着收入的分配权,生产大队一般在进行年终个人收入分配前,由生产小队就根据社员家庭人口数代扣代缴合作医疗费,而且生产大队和生产小队都有劳动力、土地等经济资源,为合作医疗种植药材、提取公益金提供了物质基础。从1979年开始,中国实行改革开放政策,政府对合作医疗采取了放任自流的做法。自20世纪80年代全国农村开始实行联产承包责任制后,农村经济组织的内部结构发生了变革,农民取得了对自己生产的剩余产品的支配权,在自愿原则下,只有他认为加入了合作医疗制度确实对自己有利,才会加入。这样,合作医疗制度的维持运转就面临逆向选择的问题。没有生产小队的代扣代缴,需要工作人员挨家挨户收费,制度的运营成本大大提高。相当多的农村合作医疗机构运转难以为继,合作医疗事业发生严重萎缩。1985年,全国实行农村合作医疗制度的行政村由过去的90%锐减到5%。

为实现世界卫生大会提出的"2000年人人享有卫生保健"的全球战略目标,1991年1月,国务院批转了卫生部、农业部、人事部、国家教委和国家计委《关于改革和加强农村医疗卫生工作的请示》的通知,其中,对农村合作医疗工作作出了专门指示:"各地要在总结历史经验的基础上,根据本地区的实际情况,因地制宜地建立符合群众利益的合作医疗保健制度,并加强科学管理,严格财会制度和经费核算。禁止任何部门和单位挪用农民的合作医疗预防保健费用。"1993年,中共中央在《关于建立社会主义市场经济体制若干问题的决定》中提出,要发展和完善农村合作医疗制度。1994—1998年,国务院研究室、卫生部、农业部与世界卫生组织合作,在全国不同经济发展地区的7个省14个县(市)开展"中国农村合作医疗制度改革"试点及跟踪研究工作。1996年,在全国卫生工作会议上,前中共中央总书记江泽民明确提出:"加强农村卫生工作,关键是发展和完善农村合作医疗制度。"1997年1月,中共中央、国务院在《关于卫生改革与发展的决定》中提出,要积极稳妥地发展和完善合作医疗制度。

经过几年的改革和探索,除了部分试点地区和上海、苏南等地,农村合作医疗的恢复和发展并没有达到预期的目标。1998年,卫生部进行的"第二次国家卫生服务调查"显示,全国农村居民中得到某种程度的合作医疗保障的人口只有12.6%。2000年,世界卫生组织在对191个会员国进行的医疗卫生公平性评价中,把我国排在倒数第四位。其中的重要原因就是占人口绝大多数的农民没有得到医疗保障。

(三)恢复传统农村合作医疗制度努力的失败原因[①]

第一,随着农村联产承包责任制的推行,传统农村合作医疗制

---

① 卢驰文:《中国社会保险统筹层次研究》,中共中央党校博士学位论文,2007年,第83—85页。

度赖以存在的经济基础趋于崩溃。计划经济时代的农村合作医疗制度,充分利用了农村生产集体的人力和物力资源,补充了当时医药经费的不足。在市场化改革的过程中,选择恢复和重建传统农村合作医疗制度,在大部分地区农村集体经济瓦解的情况下,中央政府和地方政府理应弥补集体经济的缺位而加强财政支持,同时也要改革医务人员的收入分配制度。而事实上,在恢复和重建传统农村合作医疗制度时,各级政府都尽量回避财政责任,主要由集体和农民个人负担。1997年,中共中央、国务院在《关于卫生改革与发展的决定》指出:"积极稳妥地发展和完善合作医疗制度;举办合作医疗,要在政府的组织领导下,坚持民办公助和自愿参加的原则;筹资以个人投入为主,集体扶持,政府适当支持。各级政府要划拨一定的资金用于农村合作医疗;乡、村集体经济收入要按1%—3%的比例提取专项资金,用于农村合作医疗的集体补助;村提留要有一定数额用于合作医疗。参加合作医疗的个人资金缴纳标准,在确保合作医疗正常运转的前提下,由县级人民政府根据当地的经济发展水平确定,但一般每人每年不得低于10元。"该文件对"政府适当支持"并没有明确规定支持多少额度或比例,大部分地区的农村集体经济已经瓦解,等于完全由农民自己出资重建传统农村医疗合作制度,农民肯定缺乏积极性。完全由农民自己出资重建传统农村医疗合作制度,农民不如选择参加商业医疗保险;因为商业医疗保险相对而言不受就医地点的限制,只要在一定级别的医院发生的治疗费用都可以按规定报销,而农村合作医疗往往只有在户籍所在地的村医院发生的治疗费用才可以报销。

第二,受医疗卫生服务市场化的大环境影响,难以再实行计划经济时代的医务人员干好干坏一个样、干多干少一个样的固定工资制度。传统的农村合作医疗在市场化改革的进程中也受到很大冲击,赤脚医生也不再满足于低水平的固定工资。计划经济时代赤脚医生的固定工资,体现了平均主义的分配思想。在固定工资制度下,赤脚医生干好干坏一个样、干多干少一个样,这种分配机制缺乏应有的激励功能。在市场经济条件下,要恢复传统的农村合作医疗制度,就必须割断医疗卫生服务收入与机构和医务人员个人经济利益之间的联系,也就是要建立医疗卫生服务经费收支两条线的管理制度。由于药物和医疗器材的价格是随市场行情波动的,截断医务人员与业务收入之间的联系就需要投入较高的监督管理成本,更重要的是,赤脚医生在市场经济下再也不愿意接受固定的低工资。

第三,传统农村合作医疗统筹层次过低,共济互助功能不足,而且遇到农民工就业流动性的严峻挑战。很多地方的传统农村合作医疗统筹层次原来就在生产大队,后来改为村委会,统筹层次过低。一方面,没有相应的法律作后盾,管理上容易存在不规范的做法,在医药费用的报销方面容易出现不公平的人情因素,影响农民参加合作医疗的积极性。另一方面,基金的共济性非常有限。农民工常年在外打工,在就业地参加了农民工的社会医疗保险,再参加户籍所在地的农村合作医疗就是重复参保,在这种情况下,他们就会放弃参加家乡的传统农村合作医疗。另外,农民工即使在外地没有参加医疗保险,也不太愿意参加家乡的传统农村合作医疗,因为长期在外,患小病回家治疗,不仅耽误治病时间,而且要付出昂贵的路费,回家治疗小病根本不合算。

二、新型农村合作医疗

传统的农村合作医疗在国家财政投入很少的情况下,在较短的时间内初步解决了农民"看不上病"和"看不起病"的问题,保障了农民的身体健康,保护了农业生产力,促进了农村经济社会的发展。但是,随着改革开放的深入和农村联产承包责任制在全国推行,传统的农村合作医疗迅速滑坡。为了建设农村医疗保障体系,保护农业生产力,国家致力于推进合作医疗制度的转型。2002年10月,《中共中央、国务院关于进一步加强农村卫生工作的决定》中提出,要逐步建立新型农村合作医疗制度,对实施合作医疗按实际参加人数和补助定额给予补助。2003年1月,卫生部、财政部、农业部联合颁发《关于建立新型农村合作医疗制度的意见》,确立了新型农村合作医疗制度的基本框架。新型农村合作医疗制度的主要内容如下:

(一)目标和原则

新型农村合作医疗制度是由政府组织、引导、支持,农民自愿参加,个人、集体和政府多方筹资,以大病统筹为主的农民医疗互助共济制度。从2003年起,各省、自治区、直辖市至少要选择2—3个县(市)先行试点,取得经验后逐步推开。到2010年,实现在全国建立基本覆盖农村居民的新型农村合作医疗制度的目标,减轻农民因疾病带来的经济负担,提高农民健康水平。

(二)建立新型农村合作医疗制度要遵循的原则

(1)自愿参加,多方筹资。农民以家庭为单位自愿参加新型农村合作医疗,遵守有关规章制度,按时足额缴纳合作医疗经费;乡(镇)、村集体要给予资金扶持;中央和地方各级财政每年要安排专项资金予以支持。

(2)以收定支,保障适度。新型农村合作医疗制度要坚持以收定支、收支平衡的原则,既保证这项制度持续有效运行,又使农民能够享有最基本的医疗服务。

(3) 先行试点,逐步推广。建立新型农村合作医疗制度必须从实际出发,通过试点总结经验,不断完善,稳步发展。要随着农村社会经济的发展和农民收入的增加,逐步提高新型农村合作医疗制度的社会化程度和抗风险能力。

(三) 组织管理

(1) 新型农村合作医疗制度一般采取以县(市)为单位进行统筹。条件不具备的地方,在起步阶段也可采取以乡(镇)为单位进行统筹,逐步向县(市)统筹过渡。

(2) 要按照精简、效能的原则,建立新型农村合作医疗制度管理体制。省、地级人民政府成立由卫生、财政、农业、民政、审计、扶贫等部门组成的农村合作医疗协调小组。各级卫生行政部门内部应设立专门的农村合作医疗管理机构,原则上不增加编制。

(3) 县级人民政府成立由有关部门和参加合作医疗的农民代表组成的农村合作医疗管理委员会,负责有关组织、协调、管理和指导工作。委员会下设经办机构,负责具体业务工作,人员由县级人民政府调剂解决。根据需要在乡(镇)可设立派出机构(人员)或委托有关机构管理。经办机构的人员和工作经费列入同级财政预算,不得从农村合作医疗基金中提取。

(四) 筹资标准

新型农村合作医疗制度实行个人缴费、集体扶持和政府资助相结合的筹资机制。

(1) 农民个人每年的缴费标准不应低于10元,经济条件好的地区可相应提高缴费标准。乡镇企业职工(不含以农民家庭为单位参加新型农村合作医疗的人员)是否参加新型农村合作医疗由县级人民政府确定。

(2) 有条件的乡村集体经济组织应对本地新型农村合作医疗制度给予适当扶持。扶持新型农村合作医疗的乡村集体经济组织类型和出资标准由县级人民政府确定,但集体出资部分不得向农民摊派。鼓励社会团体和个人资助新型农村合作医疗制度。

(3) 地方财政每年对参加新型农村合作医疗农民的资助不低于人均10元,具体补助标准和分级负担比例由省级人民政府确定。经济较发达的东部地区,地方各级财政可适当增加投入。从2003年起,中央财政每年通过专项转移支付对中西部地区除市区以外的参加新型农村合作医疗的农民按人均10元安排补助资金。

(五) 资金管理

农村合作医疗基金主要补助参加新型农村合作医疗农民的大额医疗费用或住院医疗费用。有条件的地方,可实行大额医疗费用补助与小额医疗费用补助结合的办法,既提高抗风险能力,又兼顾农民受益面。对参加新型农村合作医疗的农民,年内没有动用农村合作医疗基金的,要安排进行一次常规性体检。各省、自治区、直辖市要制订农村合作医疗报销基本药物目录。各县(市)要根据筹资总额,结合当地实际,科学合理地确定农村合作医疗基金的支付范围、支付标准和额度,确定常规性体检的具体检查项目和方式,防止农村合作医疗基金超支或过多结余。农村合作医疗基金是由农民自愿缴纳、集体扶持、政府资助的民办公助社会性资金,要按照以收定支、收支平衡和公开、公平、公正的原则进行管理,必须专款专用,专户储存,不得挤占挪用。

新型农村合作医疗强调政府的财政补助责任,并由中央财政和地方财政共同承担主要的出资责任。从2003年起,财政补助的定额逐年提高,2011年,各级财政对新型农村合作医疗的补助标准已经达到每人每年200元。经济发达地区对新农合的补助定额超过200元,保障水平逐步提高。传统的农村合作医疗以公社(乡)或大队(行政村)为单位统筹。新农合以县为单位进行统筹,抗风险能力加强了。传统的农村合作医疗主要针对小病产生的医疗费用。而新农合主要补助患病农民的大额医疗费用或住院医疗费用,重在防止因病致贫的问题产生,这对维护农村社会稳定起到了重要的作用。新农合采取货币化的经费管理方式,顺应了我国市场经济体制改革的大潮流。建立新型农村合作医疗制度是新时期农村卫生工作的重要内容,对提高农民健康水平、促进农村经济发展和维护社会稳定具有重大意义。

三、城镇居民基本医疗保险

党中央、国务院高度重视解决广大人民群众的医疗保障问题,不断完善医疗保障制度。1998年,我国开始建立城镇职工基本医疗保险制度,之后又启动了新型农村合作医疗制度试点,建立了城乡医疗救助制度。2007年,尚没有医疗保障制度覆盖城镇非从业居民。为实现基本建立覆盖城乡全体居民的医疗保障体系的目标,国务院决定,2007年在有条件的省份选择2—3个城市启动试点,2008年扩大试点,2009年试点城市达到80%以上,2010年在全国全面推开,逐步覆盖全体城镇非从业居民。要通过试点,探索和完善城镇居民基本医疗保险的政策体系,形成合理的筹资机制、健全的管理体制和规范的运行机制,逐步建立以大病统筹为主的城镇居民基本医疗保险制度。镇居民基本医疗保险制度的主要内容有:

(一)遵循的原则

坚持低水平起步,根据经济发展水平和各方面的承受能力,合理确定筹资水平和保障标准,重点保障城镇非从业居民的大病医疗需求,逐步提高保障水平;坚持自愿原则,充分尊重群众意愿;明确中央和地方政府的责任,中央确定基本原则和主要政策,地方制订具体办法,对参保居民实行属地管理;坚持统筹协调,做好各类医疗保障制度之间基本政策、标准和管理措施等的衔接。

(二)参保范围和筹资水平

(1)参保范围。不属于城镇职工基本医疗保险制度覆盖范围的中小学阶段的学生(包括职业高中、中专、技校学生)、少年儿童和其他非从业城镇居民都可自愿参加城镇居民基本医疗保险。

(2)筹资水平。根据当地的经济发展水平以及成年人和未成年人等不同人群的基本医疗消费需求,并考虑当地居民家庭和财政的负担能力,恰当确定筹资水平;探索建立筹资水平、缴费年限和待遇水平相挂钩的机制。

(3)缴费和补助。城镇居民基本医疗保险以家庭缴费为主,政府给予适当补助。参保居民按规定缴纳基本医疗保险费,享受相应的医疗保险待遇,有条件的用人单位可以对职工家属参保缴费给予补助。国家对个人缴费和单位补助资金制定税收鼓励政策。

对试点城市的参保居民,政府每年按不低于人均40元给予补助,其中,中央财政从2007年起每年通过专项转移支付,对中西部地区按人均20元给予补助。在此基础上,对属于低保对象的或重度残疾的学生和儿童参保所需的家庭缴费部分,政府原则上每年再按不低于人均10元给予补助,其中,中央财政对中西部地区按人均5元给予补助;对其他低保对象、丧失劳动能力的重度残疾人、低收入家庭60周岁以上的老年人等困难居民参保所需家庭缴费部分,政府每年再按不低于人均60元给予补助,其中,中央财政对中西部地区按人均 30 元给予补助。中央财政对东部地区参照新型农村合作医疗的补助办法给予适当补助。

（4）费用支付。城镇居民基本医疗保险基金重点用于参保居民的住院和门诊大病医疗支出,有条件的地区可以逐步试行门诊医疗费用统筹。

城镇居民基本医疗保险基金的使用要坚持以收定支、收支平衡、略有结余的原则。要合理制定城镇居民基本医疗保险基金的起付标准、支付比例和最高支付限额,完善支付办法,合理控制医疗费用。探索适合困难城镇非从业居民经济承受能力的医疗服务和费用支付办法,减轻他们的医疗费用负担。城镇居民基本医疗保险基金用于支付规定范围内的医疗费用,其他费用可以通过补充医疗保险、商业健康保险、医疗救助和社会慈善捐助等方式解决。

第四节　补充医疗保险

一、补充医疗保险的含义

广义上讲,医疗保障体系中基本医疗保险以外的其他保险形式均可认为是补充医疗保险,包括非营利性的企业补充医疗保险、公务员医疗补助、职工医疗互助保险等,也包括商业医疗保险。狭义上讲,补充医疗保险是指单位或特定人群根据自身的经营状况、经济水平或疾病的严重程度自愿购买的辅助医疗保险,是对社会基本医疗保险的一个有益补充。

基本医疗保险的实施提出了发展补充医疗保险的需要。基本医疗保险只能提供有限责任和普遍享受的医疗保障,对各类人群的基本医疗保障将充分体现社会保障的公平性原则。但不同地区、不同行业、不同企业的经济效益各不相同,在收入分化和医疗技术不断进步的条件下,人们对医疗消费的需求水平也各不一样。基本医疗保险难以满足各类群体的医疗保障需求,要在基本医疗保险之外,根据不同的承受能力、满足不同层次的医疗消费需求,只有通过发展补充医疗保险来解决。基本医疗保险制度对医疗费用分担的规定,也需要发展补充医疗保险。为了抑制不良医疗消费,合理控制医疗费用支出,建立医患制约,设立起付线和报销比例,即使不是大病也需要病人支付一定数量的医疗费。患者个人承担的医疗费用可以通过参加补充医疗保险来报销。当基本医疗保险覆盖范围不全时,补充医疗保险可以发挥重要的替代作用。

二、补充医疗保险的特征

(一)互助共济性

补充医疗保险的参保人(或用人单位)缴纳保险费,形成基金,当参保人患病时,根据保险合同或有关的保险政策,可获得医疗费用的一定程度的补偿。补充医疗保险具有健康保险的共性,即大数法则下的风险共济性。

(二)缴费自愿性

用人单位是否帮其员工购买补充医疗保险,完全是企业主根据企业的经济状况自愿决定的行为。个人是否为自己办理补充医疗保险,也是个人自己选择的行为。补充医疗保险的需方与供方自愿以保险合同的形式确定双方的权利和义务,国家只能以法规、政策、宣传、信息披露等来管制或推动保险市场。从法律的角度来看,任何组织和个人不得胁迫企业或强制个人参加补充医疗保险,但不排除现实中为了保证某些补充医疗保险项目在组织中普及,有些组织采取了准强制性的措施。

(三)对基本医疗保险的补充性

补充医疗保险不是凭空捏造出来的,而是要完善基本医疗保险制度和构建健全的医疗保障体系,针对基本医疗保险的空白点而提出的。补充医疗保险与基本医疗保险的性质不完全相同,但它们的目标一致,而且范围互补:补充医疗保险实现与基本医疗保险的费用空间衔接;补充医疗保险实现与基本医疗保险的覆盖人群衔接;补充医疗保险实现与基本医疗保险的服务项目相衔接。补充医疗保险的建立必须把握"度",超过一定的"度"就会造成重复保障,就会浪费资源,甚至造成投机。

(四)多样性原则

补充医疗保险的主要作用是弥补基本医疗保险的不足,不同企业和不同个人的缴费能力各不同,个人对医疗消费的需求水平也各异,为满足人们对不同层次医疗服务的需求,就需要建立功能不同、相互衔接的多层次医疗保险体系。

三、补充医疗保险的意义

(一)有利于提高劳动者的积极性,增强职工队伍的凝聚力

在满足基本医疗保险的基础上,企业的补充医疗保险与个人对单位的劳动贡献和经济利益挂钩,有利于激励职工为企业多作贡献,增强企业的凝聚力。

(二)有利于提高医疗保障水平,强化职工的自我保健意识

补充医疗保险在基本医疗保险的基础上,对门诊费用起付线

内的费用、对超过起付线但在封顶线内的自负医疗费用、对超过封顶线以上的医疗费用提供一定程度的补偿,有助于提高医疗保障水平。虽然用人单位对职工参加补充医疗保险可能会给予一定的补助,但一般情况下也要职工个人出一部分资金。这样有利于树立个人的健康保障意识和健康投资理念。

(三)有利于引导合理消费,鼓励健康储蓄,促进经济社会发展

政府通过税收优惠手段,鼓励单位和个人增加在补充医疗保险的投入,减少对一般商品的消费需求,直接增加健康需求以及促进全民健康保障的需求,从而起到调节社会消费结构和产品结构的作用。

(四)有利于满足一些群体的特需医疗消费需求,推动医疗高科技发展

一般而言,高新技术的诊疗手段和新药品价格非常昂贵,往往超出了基本医疗保险的付费标准,被限制在基本医疗保险的服务和药品目录之外,个人自付也难以承受。通过建立补充医疗保险,可以使一部分患者能够承担使用高新诊疗技术和新药品的费用,逐步推动高新技术的诊疗手段和新药品的广泛使用,可使医疗技术科研单位和生产单位收回先前的投入成本并获得利润,以便推动医疗技术向更高层次发展。

四、补充医疗保险的形式

企业或机关事业单位自愿决定是否实行补充医疗保险计划,国家给予政策上的鼓励和扶持,只有参加了基本医疗保险的用人

单位才能办理补充医疗保险。按照保险待遇的不同,补充医疗保险分为企业补充医疗保险、国家公务员医疗补助、职工医疗互助保险、大病保险、医疗救助、商业医疗保险等。

(一)企业补充医疗保险

企业补充医疗保险是企业在参加城镇基本医疗保险的基础上,国家给予政策鼓励,由企业自主举办或参加的一种补充性医疗保险形式。主要形式有商业医疗保险机构经办、社会医疗保险机构经办以及大集团、大企业自办。补充医疗保险基金用于企业按规定参加当地基本医疗保险,对城镇职工基本医疗保险制度支付的待遇以外,由职工个人负担的医药费用的适当补助,减轻参保职工的医疗费负担。企业补充医疗保险费在工资总额4%以内的部分,企业可直接从成本中列支,不再经同级财政部门审批。企业补充医疗保险资金由企业或行业集中使用和管理,单独建账,单独管理。

(二)国家公务员医疗补助

国家公务员医疗补助是在城镇职工基本医疗保险制度的基础上对国家公务员的补充医疗保障,是保持国家公务员队伍稳定、廉洁,保证政府高效运行的重要措施。医疗补助经费主要用于超过最高支付限额以上、符合基本医疗保险用药、诊疗范围和医疗服务设施标准,个人自付超过一定数额的医疗费用。

公务员医疗补助的范围包括:符合《国家公务员暂行条例》和《国家公务员制度实施方案》规定的国家行政机关工作人员和退休人员;经人事部或省、自治区、直辖市人民政府批准,依照公务员制度管理的事业单位的工作人员和退休人员;经中共中央组织部或省、自治区、直辖市党委批准,列入参照国家公务员制度管理的党群机关,人大、政协机关,各民主党派和工商联机关,以及列入参照国家公务员管理的其他单位机关工作人员和退休人员;审判机关、检察机关的工作人员和退休人员。确定这个范围主要是依据国家公务员管理制度的规定。

医疗补助的筹资标准,参照享受医疗补助人员当期的实际医疗消费水平、基本医疗保险保障水平和工资收入水平。

(三)大额医疗费用保险

大额医疗费用保险是在参加基本医疗保险的基础上,由用人单位(或职工个人)出资,按本单位职工和退休人员缴费基数的一定比例或定额缴纳大额医疗保险费。职工和退休人员缴纳了大额医疗保险费的即享受大额医疗保险待遇,发生超过基本医疗保险统筹基金最高支付限额的医疗费用时,由大额医疗保险基金补助其一定的医疗费用。由基本医疗保险经办机构内设大病保险基金,明确大病保险的给付范围和标准。该大病保险费用与基本医疗保险费用合并征收,专项管理,年终支付。

(四)职工医疗互助保险

职工医疗互助保险是工会组织主办,职工自愿参加,以职工筹资为主,在国家法定基本医疗保险待遇之外,对参加互助医疗的职工及家属发生疾病、非因工负伤等特殊困难时给予经济帮助的保险。

(五)医疗救助制度

医疗救助制度就是通过政府拨款和社会捐助等多渠道筹资建立基金,对患大病的农村五保户和贫困农民家庭、城市居民最低生活保障对象中未参加城镇职工基本医疗保险人员、已参加城镇职工基本医疗保险但个人负担仍然较重的人员,以及其他特殊困难群众给予医疗费用补助(农村医疗救助也可以资助救助对象参加当地新型农村合作医疗)的救助制度。

(六)商业医疗保险

商业医疗保险是医疗保障体系的组成部分,单位和个人自愿参加。国家鼓励用人单位和个人参加商业医疗保险,商业医疗保险是由保险公司经营的营利性的医疗保障。消费者依一定数额交纳保险金,当身患疾病时,可以从保险公司获得一定数额的医疗费用补偿。补充社会医疗保险也往往由社会保险机构主办,由商业保险公司经办。商业医疗保险分为人寿保险、健康保险、意外伤害保险等保险业务。

附录一

职工患病医疗期满企业能不能解除劳动合同?

一、案例情节

龙某于1997年7月与某公司签订了为期5年的劳动合同,工作岗位是施工员。2002年春节,龙某儿子在玩烟花时烧瞎了左眼,龙某既要上班,又要为儿子的医药费奔波,终因忧劳成疾,2002年4月,龙某被确诊为分裂性精神病。从2002年5月起,龙某不再上班,被送往精神病医院治疗。2003年5月10日,某公司以龙某6个月的医疗期满且劳动合同依顺延后也届满为由,向龙某开具退工单,并停止支付龙某的医疗待遇。龙某的妻子作为法定代理人,多次找某公司协商,强调龙某患的是特殊疾病,且龙某尚在住院,不能认定其劳动合同终止。请问以上哪种观点是正确的?

二、案例分析

本案其实是一起用人单位在职工患病后医疗期未满的情况下解除劳动合同的争议。劳动者在医疗期内享受国家规定的医疗保险待遇,这是法律赋予劳动者的基本权利。原劳动部于1995年颁布实施的《企业职工因患病或非因工伤医疗期规定》第3条规定,企业职工因患病或非因工负伤,需要停止工作医疗时,根据本人实际参加工作年限和在本单位的工作年限,给予3个月到24个月的医疗期。鉴于一些特殊疾病的医疗需要较长的时间,原劳动部在《关于贯彻执行中华人民共和国劳动法若干意见》第76条及关于《贯彻执行企业职工患病或非因工作医疗期规定的通知》第2条均规定,对某些患特殊病(癌症、精神病、瘫痪等)的职工,在24个月内尚不能痊愈的,经企业和劳动主管部门批准,可以适当延长医疗期。1995年《广州市劳动局转发劳动部关于患病或非因工负伤医疗期规定的通知》第6条也规定,职工因病或非因工负伤超过医疗期限仍在医院治疗的,单位不得解除劳动合同。因此,尽管龙某的6个月医疗期虽过,但因其是患特殊疾病,其医疗期应延顺,如果龙某的病一直未治好,其依法可获长达24个月的医疗期。如果经申请获得劳动保障部门和企业的同意,还可以在24个月的基础上顺延。所以,该公司在龙某患精神病13个月且未痊愈就解除其劳动合同,显然是违法的。

(资料来源:http://www.cnpension.net/sbal/ylbx/2008-10-11/597344.html)

 附录二

劳动者因患疾病需要治疗的医疗期是如何计算的?

根据我国《企业职工患病或非因工负伤医疗期规定》的规定,参加工作的不同年限的职工,一般享有从3个月到24个月不等的

医疗期,具体确定医疗期的方法如下:

(1)劳动者参加工作的实际年限在10年以下,在本用人单位工作的年限在5年以下的,其享有的医疗期为3个月;劳动者在本用人单位工作满5年以上的,其享有的医疗期为6个月。

(2)劳动者实际工作的年限在10年以上,在本用人单位工作的年限在5年以下的,其享有的医疗期为6个月;在本用人单位工作在5年以上10年以下的,医疗期为9个月;工作在10年以上15年以下的,医疗期为12个月;工作在15年以上20年以下的,医疗期为18个月;工作在20年以上的,医疗期为24个月。

(3)对患有某些特殊疾病的职工,如癌症、精神病、瘫痪,如果在24个月的医疗期内尚不能经治疗得到痊愈的,经企业和劳动主管部门的批准,可以为劳动者适当延长医疗期。

虽然法律法规规定了各种不同情形下的医疗期,但实际上医疗期还可以由用人单位与劳动者通过合同约定,当然,合同约定的医疗期期间只能长于或等于法律规定而不能短于法律规定的期间,否则,此约定不会产生法律效力。

医疗期与用人单位是否为员工办理医疗保险没有必然的联系,用人单位是否为员工办理社会医疗保险不会影响职工在生病需要治疗时获得法律规定的医疗期。

(资料来源:http://www.cnpension.net/sbal/ylbx/2008-10-11/597347.html)

思考题

1. 什么是医疗保险?什么是基本医疗保险?
2. 什么是传统的农村合作医疗?什么是新型农村合作医疗?
3. 医疗保险有哪些分类?
4. 我国的社会医疗保险有哪些特点?

5. 我国设立社会医疗保险的意义有哪些?

6. 我国城镇职工医疗保险改革经过了哪些阶段?目前我国城镇职工基本医疗保险制度的主要内容有哪些?

7. 传统农村合作医疗与新型农村合作医疗的主要区别有哪些?

8. 补充医疗保险的特征、意义和形式各有哪些?

第四章 失业保险

 学习目标

学完本章,应该了解失业保险制度产生、发展和运行的基本知识,熟悉我国失业保险制度的框架,掌握失业保险基金的筹集与支付原则、方法。

 基本概念

失业　失业保险　强制性失业保险　自愿性失业保险　失业救济　失业等待期

第一节　失业保险概述

失业保险是社会保障制度的重要组成部分,是国家和社会通过立法强制实施的,为由于非本人原因暂时失去职业又没有其他收入来源的职工提供资助,以保障其基本生活需要,并通过职业培训、职业介绍等手段帮助其实现再就业的社会保险制度。

一、失业及其类型

(一)失业的含义

失业是与就业相对的概念,要界定失业,首先应明确就业的概念。广义的就业是指劳动力要素和生产资料要素结合的状态,它是通过劳动过程中人和物的结合形成社会生产力,为社会创造财富。狭义的就业是指具有劳动能力并处在法定劳动年龄阶段的人,从事某一岗位的工作和合法的社会经济活动,以获取劳动报酬或经营收益的一种经营活动。

失业也有广义和狭义之分。广义的失业是指劳动者和生产资料相分离的一种状态。在这种分离的状态下,劳动者的主观能动性和潜能无法发挥,不仅是社会资源的浪费,还会对经济社会发展造成负面影响。因此,最大可能地缓解失业状况和降低失业率便成为各国宏观调控的目标之一。狭义的失业通常是指具有劳动能力的处在法定劳动年龄阶段并有就业愿望的劳动者失去或没有得到有报酬的工作岗位的境况。失业是现代市场经济运行的一种不可避免的经济现象,普遍存在于世界各国。在现代经济体制下,完全就业实际上也是不可能的,西方学者普遍认为,一个国家只要劳动力就业率在94%—97%就是充分就业了。失业必须同时具备下列三个条件:

1. 在法定劳动年龄范围内

处于法定劳动年龄的上限和下限之间的人,才构成失业。超过法定劳动年龄退出劳动领域的状况称之为退休,不能算作失业。没有达到法定劳动年龄而没有工作岗位的情况也不叫作失业。

2. 有劳动能力

有劳动能力是指社会成员具有正常的从事社会劳动的生理、

心理及行为能力。

3. 无业且要求就业

构成失业的另一个因素是劳动者有劳动愿望却没有工作岗位。在中国,失业者指的是在16周岁以上,有劳动能力,在调查期内未从事有收入的劳动,当前有就业愿望和可能并以某种方式正在寻找职业的人员。

(二) 失业的类型

按照不同的标准,可以将失业划分成不同的类型。一般按造成失业的原因,划分为自愿失业和非自愿失业。对于非自愿失业,可进一步分为以下五种:

1. 摩擦性失业

这种失业是劳动力供需矛盾造成的,在经济不景气或衰退的情况下,尤为突出。

2. 季节性失业

这种失业一般在农业、渔业、晒盐业、林业、航运业、矿产勘探、旅游等行业较为常见,是季节原因引发的。

3. 技术性失业

这种失业因技术进步而引发,如引进新的生产工艺和新材料,更新、使用先进的机器设备,采用科学的管理方法等,都可能引起这种失业。

4. 结构性失业

由于国民经济产业结构发生变化,劳动力结构也发生相应的变化,新行业、新服务领域代替老行业、老服务领域,就会造成原有部分劳动者陷入失业。

5. 周期性失业

这种失业是由于周期性的经济波动而引发的,当周期性经济危机爆发时,通常会带来大规模的失业现象。

在我国,为了更好地把握"失业"这一概念,还应当进一步了解一下待业和下岗的概念。

由于思想认识方面的原因,在新中国成立后相当长的时间内,我国一直没有使用"失业"的概念,而是使用"待业"的概念。国务院1986年颁布的《国营企业职工待业保险暂行条例》中引入了"待业"的概念,1993年,国务院颁布《国营企业职工待业保险规定》,使用的仍然是"待业"的概念。直到1999年国务院颁布《失业保险条例》时,才正式引入"失业"这一概念。"待业"与"失业"没有本质的区别,只是称谓不同而已[①]。当然,更深层次的是反映了我国改革及思想认识的渐进过程。

"下岗"这一概念是20世纪90年代才出现的,指的是在企业内部已经没有工作岗位,但尚未与企业解除劳动关系的状况,其实质是失业,但两者在形成原因、调整范围、保障制度等许多方面存在差异。可以说,"下岗"是在特定背景下由于特殊原因而出现的一种特殊形态的失业问题,是我国改革过程中的过渡现象,等到一定的时期之后,便可以结束其历史使命。

二、失业保险及其类型

(一)失业保险的含义

失业作为市场经济的必然产物,不可避免,其带来的对劳动者个人及家庭的不利后果以及可能导致的社会问题,促使各国政府均重视失业现象,并把就业岗位的增长与对失业率的控制列为政府最基本的宏观调控指标之一。与此同时,许多国家也把失业保

---

① 阮凤英等:《社会保障通论》,山东大学出版社2004年版,第152页。

险作为解除劳动者后顾之忧和化解失业带来的不利影响的一种重要的制度安排。

失业保险是指对非因本人意愿中断就业而失去工资收入的劳动者,由国家通过立法强制实行,由社会集中建立基金,提供一定时期的物质帮助,保证其基本生活需要,同时提供再就业服务的制度安排。失业保险制度是社会保障体系的重要组成部分。

(二)失业保险的类型

综观世界各国的失业保险制度,大体上可概括为以下几种基本类型:

1. 强制性失业保险制度

这是目前采用最多的失业保障模式。强制失业保险由政府直接管理或政府委托一个机构负责管理,凡属失业社会保险法覆盖范围的劳动者都必须依法参加,个人没有选择的自由。

2. 自愿性失业保险制度

这种模式允许雇主和劳动者自愿选择是否参加失业保险。失业保险由社会组织建立,政府给与资金支持,失业保险的管理一般由失业基金会负责。

3. 失业救济制度

失业救济制度的具体方式有多种:一是由政府或雇主向失业者支付一次性失业救济金;二是对不具备享受失业保险待遇条件的失业者提供较低标准的生活救济;三是不具备失业保险金领取资格的失业者可以申请失业救济,但要接受专门的家庭经济状况调查,符合救济条件者才可以享受。

4. 双重性失业保险制度

前述三种类型只是比较典型的、基本的失业保险类型,实际上,在现实生活中,一个国家的失业保险制度往往是两种或多种制度的混合,派生出以下几种模式,如自愿性失业保险制度与失业救济制度并行的模式;强制性失业保险制度和失业救济制度并行的模式;强制性失业保险制度和自愿性失业保险制度相结合的模式。

三、失业保险的特点和功能

(一)失业保险的特点

作为社会保险的子系统,失业保险除了具备社会保险所具有的强制性、互济性、社会性和福利性等特点外,还具有自身的特点。与其他社会保险项目相比,失业保险的主要特点有以下几个方面:

1. 针对的劳动风险不同

失业保险所针对的劳动风险是失业,是劳动者因为种种原因失去工作,而劳动者所具有的劳动力没有丧失;其他养老、疾病、工伤保险等针对的劳动风险为年老、疾病、工伤等,是劳动者劳动能力的暂时或永久丧失。

2. 造成风险的原因不同

其他社会保险项目中劳动危险事故的形成,均属自然原因,主要是身体健康的损害和工作中的疏忽大意或无法预料到的外界自然力打击所致;而失业保险中的失业对象是一种由于社会经济方面的原因所致的劳动危险事故。例如,人口、劳动力资源与经济增长的比例失调,产业结构的调整以及就业政策的变化等,都可能成为失业的原因。这和其他社会保险项目中的劳动危险事故的原因有着明显的区别。

3. 间接目的不同

失业保险同其他社会保险项目一样,其直接目的都是保障基本生活,而失业保险的间接目的是通过提高劳动者就业能力和提供工作机会,促进动者再就业;其他养老、疾病、工伤保险等不具备这一目的。

4. 享受的条件不同

与其他社会保险项目不同,失业保险的享受条件不仅和劳动者的工作年限、缴纳保险费情况有关,而且还决定于劳动者的就业意愿。按照惯例,无正当理由拒绝接受就业机构提供的适当工作者、拒绝接受职业训练者、直接参与劳资纠纷而罢工者、因过失而被革职者以及不在职业介绍所登记、寻找职业者,均不予支付失业保险金。

(二) 失业保险的功能

总的来说,失业保险具有保障失业人员失业期间的基本生活和促进就业两项基本职能。

1. 保障失业者的基本生活,维持劳动力的生产和再生产

失业保险的功能首先体现为对失业者的生活保障,即失业保险机构通过向符合条件的失业者提供一定期限的或多或少的失业保险金,保障失业者在失业期间的基本生活,维持劳动力的生产和再生产。同时,由于失业保险为失业者提供生活保障,不会使其因失业导致无法生存而铤而走险,或心理上严重失衡而危害社会。因此,失业保险成为社会的"安全阀"和"减震器"。

2. 促进失业者再就业,实现劳动力的合理配置

促进就业是失业保险的另一个重要功能,相对于保障失业者的基本生活来说,更是一项重要职能。促进就业主要体现为通过加大对失业者的职业培训力度、职业介绍力度、就业信息服务力度等,建立就业的导向机制,促进就业者实现再就业。由于得到了失业保险,可以在一定程度上免除失业者生活上的后顾之忧,失业者有条件寻找尽可能与自己的兴趣、能力相符合的工作,有利于劳动力资源的合理配置;同时,由于失业保险的存在,用人单位减轻了向外排斥冗员的经济与社会压力,有利于单位制定理性的、合理的

用人决策,从而也更有利于劳动力的合理配置。

四、失业保险制度的产生和发展

失业保险起源于工业化国家,现行西方国家实行的失业保险制度都是第二次世界大战前创建的。

从失业保险制度的历史背景看,早在19世纪以前,在欧洲某些特殊类型的手工业工人中,就出现过某种原始形式的失业救济。例如,在波西米亚的玻璃制品艺人中和瑞士巴塞尔的花边制品工人中,就有过这种尝试。当时,失业救济金全是通过地方盛行的行业工会向失业的会员提供的。不久,这种行会的慈善行为引起了工业化国家较大的雇主的兴趣。他们感到提供失业救济有助于稳定劳动力队伍和使劳动者获得职业技能,符合雇主利益。于是,一种建立在行会基础上经营的失业救济计划开始形成。雇主向联合基金会缴纳一笔保险费用,用以救济临时解雇的或部分失业的工人。

与此同时,一些地方政府也着手建立失业保险基金,向自愿入会的劳动者开放。1893年在瑞士柏恩建立的基金会就是其中之一。但是,当这些基金会潜移默化地将它的范围扩大到行业工会以外的会员时,由于基金会的自愿参与性质,基金会吸收的会员主要是那些传统上就业不稳定的劳动者。其他没有建立基金会的政府,则通过行会经营的失业保险基金会提供救济而间接地进入这一领域。在一些国家,这一制度的发展具有全国规模,并得到中央政府的资助。

早期自愿性失业救济计划的经验,对于现代化失业救济制度的建立有着启发性的作用。它的成就虽有局限性,却表明失业的解决非个别机构所能胜任,除非在更为广泛的受保人范围内将风险和救济费用摊开。因此,行会的失业救济计划在成功地达到它的顶峰的同时,也经常遇到财政困难,因为它仅仅依靠有限范围内征收的保险费来维持。在某一特殊行业受到经济衰退打击时,它是无力支付失业救济金的;失业救济计划也不可能将那些没有组织的、非熟练的劳动者包罗进去,而这些劳动者却是最容易受到失业威胁的对象。由市政经营的失业救济计划,范围只限于一定的地区,在遇到一般挫折时,就可能将全部有用的资金化为乌有。因此,建立全国性的制度就成为必然的逻辑。

第一个全国性的失业保险立法是20世纪前十年在挪威、丹麦建立起来的。立法部门根据自愿原则建立了失业保险基金,并由国家给予补贴。在第一次世界大战期间和以后,其他欧洲国家也先后采纳了类似的立法。

第一个建立在强制性基础上的失业保险立法是英国1911年颁布的《国民保险法》。此后,意大利、荷兰、芬兰、奥地利、德国等一些欧洲国家也相继建立了强制性失业保险制度。第一次世界大战结束后,失业保险逐步扩展到欧美各国。在1929—1933年的资本主义经济危机之后,凯恩斯主义成为主流经济学,政府由"守夜人"的角色转变为开始大规模干预经济生活。在大量失业的情况下,建立失业保险制度成为各国政府干预经济生活的重要措施之一。目前,大多数国家都建立了失业保险制度,其中,多数国家实行的是强制性的失业保险制度。

第二节 失业保险基金的筹集与支付

一、失业保险基金的筹集

为了获得稳定的资金来源,满足失业保险的需要,开展失业保险的国家大都设立了失业保险基金。基金的筹集是失业保险制度的重要内容。一般说来,失业保险基金的筹集主要包括资金来源、运作方式、征缴体制和管理体制。

(一)失业保险基金的资金来源

资金的分担办法即失业保险基金由谁负担的问题,取决于人们对失业风险的认识。起初,人们简单地认为就业和失业是个人的事情,失业风险应当由雇员单独承担,雇主和政府的责任是道义上的。随着生产社会化程度的提高,劳资关系日益密切,政府也逐渐担当起经济发展的管理者、组织者的角色,失业问题已经成为各方不容忽视的社会问题。人们认识到失业风险实际上是一种社会风险,无论是雇员、雇主还是政府都无法置身其外,都应当承担相应的责任。绝大多数开展失业保险的国家,失业保险基金都是由雇主、雇员和政府共同负担。不过,由于三者特别是政府的角色不同,承担责任的方式就不同。例如,除了少数福利国家由政府承担全部出资额外,大部分国家的政府是以税收优惠、弥补基金赤字、向经办机构提供管理费的方式承担责任,以政府财力甚至信誉为失业保险提供"再保险"。人们对失业风险和资金分担办法认识的变化,从一个侧面反映了社会文明的进步。

一般地,筹集失业保险所需资金有五种方式:(1)由雇主和雇员双方负担。如法国。(2)由雇主和政府双方负担。如意大利。(3)由政府全部负担。如澳大利亚、匈牙利、新西兰。(4)由政府、雇员和雇主三方负担。如加拿大、日本、德国和美国。(5)全部由雇主负担。如印度尼西亚。

(二)失业保险基金的运作方式

按照是否形成基金积累,失业保险基金的运行方式可分为现收现付制、基金积累制以及两者结合的部分积累制三种类型。由于失业保险具有明显的互济性,基金支出也主要是现时的支出,因此,大多数开展失业保险的国家采取的是现收现付的基金运行方式,即当期的保险费收入用于当期的保险给付。而费率调整的时间一般为1年、3年或5年不等。现收现付制的主要优点是无巨额积累基金,不受通货膨胀的影响,不会发生基金投资运营的问题。但这一运作方式也存在两个主要缺陷:一是必须经常重估财务结构,调整费率,操作困难;二是因管理上或政治上的影响,影响保险费率的及时调整,从而造成失业保险的财政困难。

为弥补上述缺陷,各国在法律上明文规定采用弹性费率制,授权失业保险的主管机构视失业保险财务收支的实际情况适当调整费率,以满足开支需要。

(三)失业保险基金的征缴体制

基金的征缴体制包括基金的征收形式、征收机构、征收程序等内容。共中,征收形式主要包括征收失业保险费和征收失业保险税(或在社会保障税中单列失业保险税种)两种做法,相应地就有由失业保险经办机构征收和由税务部门征收两种不同的选择。征收机构不同,其征收程序也就自然不同。

(四)失业保险基金的管理体制

综观世界各国的失业保险管理体制,主要有以下三种模式。

1. 政府专门机构直接管理模式

政府专门机构直接管理模式可以从宏观上对失业保险进行调控,实现保险、就业和职业培训三者的有机结合,有利于促进劳动力的合理流动和产业结构的调整。英国实行国家管理失业保险,由卫生和社会保障部负责失业保险基金和失业人员的档案管理,就业部下属的各地方办事处和职业介绍所负责失业保险金的收缴、发放事宜。日本等多数发达国家均采取这种管理模式,发展中国家为强化失业保险机制,基本上也是由政府专门机构进行管理。

2. 政府监督下的工会管理模式

政府监督下的工会管理模式实行的前提是工会运作的基础较好,工会唱主角,政府给予支持。这种模式更能反映劳动者的真正愿望,政府也相对减轻了负担。这种模式主要是在那些工会运动有较好基础的丹麦、瑞典、芬兰等北欧国家实行。

3. 政府监督下劳资双方联合管理

政府监督下劳资双方联合管理模式的最大优势是效率高,而且能得到各方的配合。例如,法国的卫生和社会保障部对失业保险进行监督,劳资双方组成共同理事会,负责失业保险的管理。除法国外,德国、意大利等国也实行这种管理模式。

二、失业保险基金的支付

(一)失业保险的支付范围

从理论上讲,在市场经济中,每一个可能面临失业风险、成为失业者的劳动者都应该被覆盖。但纵观失业保险的发展可以发现,失业保险的覆盖范围经历了一个从小到大、从严格到宽松的演变过程。几乎所有实行失业保险的国家开始时都仅限于"正规部门"的劳动者,而不把职业不稳定、不正规的季节工人、工业工人、临时工、家庭佣人等"非正规部门"的劳动者包括在内,也不包括职业相当稳定、无失业风险的国家公务员和有独立收入的个体劳动者以及中等以上学校毕业后就业的青年。随着经济社会的发展变化,各国对失业的理解和看法发生了变化,失业保险的范围也不断拓宽。根据美国社会保障署1995年的统计,在全球建立失业保险制度的 61 个国家中,有 16 个国家覆盖了全部劳动年龄人口,占所有建立失业保险制度国家的 26%。其他 45 个国家则将覆盖对象、从业人员范围加以限定,甚至限定雇员范围,占 74%。其中,有 9 个国家和地区的覆盖范围更小,仅包括了部分雇员[①]。

失业保险覆盖范围大小与一个国家或地区的经济发展水平、价值取向、历史传统有很大关系。因此,各国的失业保险覆盖范围也就不完全相同,例如,荷兰、瑞士的失业保险覆盖所有雇员,英国的失业保险覆盖的是周收入在 62 英镑以上的雇员,葡萄牙的失业保险甚至覆盖了初次求职者[②]。

(二)失业保险的支付条件

享受失业保险是一种权利,为了获得这种权利,必须具备一定的资格和条件。这是每个实行社会保险的国家在设计失业社会保险时必然考虑到的,并要求作出具体的规定。一般而言,下列条件的全部满足才构成享受失业保险的资格和条件:

1. 失业者处于法定劳动年龄与退休年龄之间

各国对劳动者的工作年龄从法律上作了明确规定。由于失业保险是一种在职保险,未达法定劳动年龄而参加劳动的童工属非法用工,不能享受失业保险待遇。超过法定劳动年龄而仍在工作的劳动者,失业后作退休处理而不享受失业社会保险待遇。

2. 失业者属于非自愿失业

享受失业保险待遇的失业者,必须是非本人原因引起的失业。由个人原因造成的自动离职而无充分理由的自愿失业应由个人负责,国家和社会没有义务提供失业保险。失业保险保障的失业风

[①] 任正臣:《社会保险学》,社会科学文献出版社 2001 年版,第 165 页。
[②] 郑功成:《社会保障学》,中国劳动社会保障出版社 2005 年版,第 347 页。

险不是由人的生理因素等自然因素引起的,而是由一定时期的社会和经济因素引起的,在一定程度上也是与国家在一定时期的宏观经济政策相关的。失业者中的非自愿失业,国家和社会有责任帮助他们,但不是所有的非自愿失业者都能享受失业保险;由于失业者违法或犯罪而被单位开除的,不能享受失业保险。

3. 失业者必须已参加失业保险

这是社会保险权利与义务对等的基本原则要求。不可设想,一个从未工作过的人,刚刚参加社会生产,就有权享受失业保险待遇,因为他(她)尚未向企业、社会、国家尽到任何劳动义务。因此,各国失业保险制度一般都规定失业者在失业前必须参加失业保险并交足一定期限、数额的失业保险费,或在失业援助的国家居住达到一定的期限,才具有享受失业保险待遇的资格。

4. 失业者必须有劳动能力和就业意愿

失业保险所保障的失业者必须具有劳动能力,否则,就不是失业。而是否具有劳动能力则由职业介绍机构或失业保险经办机构根据申请人的体检报告来确定。失业者是否有就业意愿的确定相对比较困难,因为就业意愿是人们的主观愿望,一般使用相对客观的指标来测定。为了检验失业者是否具有就业意愿,各国在法律中都作了规定,一般有以下几点:失业后必须在规定期限内到职业介绍机构或失业保险经办机构进行失业登记要求重新就业,或有明确表示要求工作的行为;失业期间必须定期与失业保险经办机构联系并报告个人情况;失业者必须接受职业培训和适当的工作安置等。

(三)失业保险的支付标准

关于失业保险金的支付标准,国际劳工组织提供了以下建议:失业保险金的制定,或以失业者在业期间的工资为依据,或以失业者的投保费为依据,视各国的情况而定。失业保险金应有上下限之分。失业保险金应不低于失业者原有工资的50%。1988年,第75届国际劳工大会又建议各国规定失业保险金至少不低于失业者原有工资的60%。

各国在确定失业社会保险支付标准时主要采用以下三种方法:

1. 薪资比例制

薪资比例制即按失业保险金额占被保险人在失业前一定时期平均工资收入的比率支付失业保险金的方式。这种支付通常依据工龄、受保期限、工资水平和缴费年限等因素确定。采用薪资比例制的国家有美国、德国、挪威等国。为了体现收入再分配的公平性,有些国家采用逆向相关的办法,给低收入者确定的比例高些或定额高些。

2. 均一制

均一制即对符合条件的失业者,一律按相同的绝对额支付失业保险金,不与失业前的工资收入相联系。例如,英国1975年规定,凡符合资格条件的失业者,可获下列标准的等额支付:单身者28.45英镑/周,受供养的妻子17.55英镑/周[①]。

3. 混合制

混合制即失业保险金采取比例制和均一制相结合的方式计发,一部分按失业前工资收入的一定比例支付,另一部分则按绝对额支付。例如,法国1979年的失业保险制度规定,失业者可领取失业前工资的42%,另外,再加上每天22法郎的固定数额。

(四)失业保险的支付期限

失业保险的支付期限包括等待期和最长支付期的规定。

[①] 任正臣:《社会保险学》,社会科学文献出版社2001年版,第170页。

1. 失业保险的支付等待期

支付等待期就是失业后不立即支付失业保险金,而必须等待一个时期,时间的长短取决于各国所实行的就业政策以及失业保险基金的规模和财政状况。设立等待期的目的,一是在于对失业者的情况进行核实,防止冒领失业保险金。规定一个等待期,可让社会保险机构有时间确认申请者的真实情况,有利于减少欺骗行为。二是为了取消一切期限很短的失业补偿,减轻管理上处理大量申请小额失业保险金的负担,简化行政手续,提高工作效率,节约管理费用。

20世纪50年代,西方工业国家规定的失业保险支付的等待期多为7天。但从20世纪70—90年代,大多数工业国家的失业保险等待期有缩短的趋势,甚至在许多国家的立法中被取消了。但在许多发展中国家,由于失业保险制度刚刚建立,失业保险基金积累不足,往往规定了较长的等待期。例如,1993年阿根廷规定领取失业保险金的等待期为120天,而厄瓜多尔是60天,加纳是30天。

2. 失业保险的最长支付期

失业保险是以非自愿原因暂时失去工作的劳动者为对象,失业保险金的支付不同于养老保险金的支付和因工完全丧失劳动能力的工伤保险金的支付,失业保险金的支付不是无限期的,所以,失业保险需要对失业保险金的支付期限作出明确规定。对失业保险金的支付期限的规定,不同的国家以不同的条件为依据。有的国家以失业前缴纳失业保险费的持续时间或受保时间为依据来确定领取失业保险金的连续时间;有的国家根据失业者的年龄以及重新调配老龄工人的困难程度来确定失业保险金的支付期限;有的国家则根据本国的失业严重程度对失业保险金的支付期限作出调整。目前,各国失业保险金的支付期限最短的为8周,较长的,如中国,是 24 个月,其他国家较长的一般是 26—36 周。

(五)失业保险待遇停止支付的各种情况

各国都规定了失业保险待遇停止支付的各种情况。除了因领取期限已满,失业保险金自动停止支付外,在另一些情况下,也有可能停止支付失业保险。例如,失业者不愿接受或故意失去职业介绍机构介绍的工作,或拒绝接受就业机构提供的再就业所必需的职业培训,已经或正企图骗取失业保险金的情况。中国在这方面的规定是,在下列情况之一就停止领取失业保险金,其他失业保险待遇也停止支付:重新就业的;应征服兵役的;移居境外的;享受基本养老保险待遇的;被判刑收监执行或被劳动教养的;无正当理由,拒不接受当地人民政府指定的部门或机构介绍的工作的;有法律、行政法规规定的其他情形的。

第三节 我国失业保险制度的框架

一、我国失业保险制度的历史沿革

从 1949 年中华人民共和国成立之日起,中国政府就开始在国有企业中逐步建立起项目比较齐全的社会保险制度,但唯独没有建立失业保险制度。这主要受传统的意识形态理论的影响。传统观点认为,失业是资本主义制度的必然产物,社会主义不可能也不应该存在失业。虽然建国初期,我国曾实行过短暂的失业救济制度,但在计划经济体制下,由于实行统包统配的劳动就业制度,失业救济制度被逐步取消。

20 世纪 80 年代中期,企业改革不断冲破计划体制的束缚,在劳动管理方面,迫切要求改变制约企业发展的统包统配的固定工制度,逐步推行劳动合同制度。为此,国务院决定对国营企业新招工人实行劳动合同制度。同时,一些企业因经营不善濒临破产,职工失业成为不可避免的现象。为适应经济体制改革和劳动用工制度改革的实际需要,实现企业竞争中劳动力的合理流动,也为解决旧体制中就业与保障合二为一的弊病,我国开始建立失业保险制度。1986年7月12日,国务院颁布《国营企业职工待业保险暂行规定》,这标志着我国失业保险制度的正式建立,也是我国首次从社会保险立法角度考虑暂时失去就业机会人员的保障问题。《国营企业职工待业保险暂行规定》虽然对失业保险制度的主要构成要素如对象(国营企业的四类职工)、资金来源(企业按全部职工标准工资总额1%缴纳)、支付标准(按其标准工资的50%—75%发放)等都作了说明,但正如它的名称一样,还带有计划经济的色彩,其实施范围狭窄,资金来源渠道单一,保障能力有限。

随着我国经济体制改革的不断深入、产业结构的调整、就业政策转轨以及现代企业制度的建立,国家加大了对失业社会保险制度改革的力度。1993年4月12日,国务院颁布《国有企业职工待业保险规定》(第110号令),这一规定对1986年公布的《国营企业职工待业保险暂行规定》作了适当修改:(1)扩大了失业保险的覆盖范围,保障对象由4类人改为7类9种人,并规定企业化管理的事业单位也依照执行;(2)对待业保险基金的筹集、管理和使用作了修改;(3)增加了罚则,对非法领取待业救济金,挪用基金等的处罚作了规定。

1999年1月22日,国务院发布《失业保险条例》(第258号令),与1986年和1993年的规定相比,该条例在以下方面有了突破:(1)将"待业保险"改为"失业保险",表明我国已接受在市场经济条件下失业是由经济发展规律决定的这一事实;(2)扩大了失业保险的范围,城镇企业事业单位的职工全部被纳入保险范围;(3) 新增个人缴费的义务,失业社会保险基金由国家、企业事业单位、职工个人三方共同负担;(4) 失业保险基金开支项目中增加了职业培训补贴和职业介绍补贴,对促进就业起到了积极作用。该条例吸收了我国失业保险制度建立和发展的实践经验,借鉴了国外的有益做法,对原有制度大胆突破,在许多方面作了重大调整,为形成有中国特色的失业保险制度打下了坚实的基础。

从2001年1月1日起,国有企业不再建立新的再就业服务中心,国家开始有步骤地完成下岗与失业并轨工作。到2006年,国有企业下岗职工的基本生活保障与失业保险并轨基本完成,这意味着我国失业保险制度由传统企业保障方式向社会保障方式推进了一大步。回顾我国失业保险制度发展的历程,我们知道,我国从最初否定失业到承认失业,并在短期内完善了我国的失业保险制度,这既是中国经济体制改革的要求,也是市场经济规律的内在要求,中国的失业保险制度已从消极型的失业保险制度发展到积极型的失业保险制度,即把纯粹的失业补贴发展成为失业补贴与再就业有机地结合起来,完成了与西方发达国家失业保障制度接轨的过程。

二、我国失业保险制度的主要内容

我国现行的失业保险制度是1999年1月20日国务院颁布的《失业保险条例》,这一条例的颁布标志着我国失业保险制度的基本确立。2010年10月颁布的《社会保险法》对失业保险涉及医疗待遇的内容有所改进。失业保险的具体内容是:

(一)失业保险的覆盖范围

现阶段,我国失业保险的参保对象主要是国有企业、集体企业、外商投资企业、私营企业等城镇各类企业职工和事业单位职工。

(二)享受失业保险待遇的条件

我国现阶段,失业人员享受失业保险必须同时具备三个条件:(1)按照规定参加失业保险,所在单位或个人已经按照规定履行缴费义务满一年;(2)非因本人意愿中断就业;(3)已办理失业登记,并有求职要求。

(三)失业保险待遇的终止条件

享受失业保险待遇的人员在发生下列情况时,保险待遇终止:(1)重新就业;(2)应征服兵役;(3)移居境外;(4)享受基本养老保险待遇;(5)被判刑收监执行或者被劳动教养;(6)无正当理由拒不接受当地人民政府指定的部门或者机构介绍的工作;(7)有法律、行政法规规定的其他理由的。

(四)失业保险待遇的项目和标准

失业保险待遇项目包括失业保险金、基本医疗保险待遇、丧葬补助金及配偶、直系亲属的抚恤金。(1)失业保险金。我国的失业保险金标准,按照低于当地最低工资标准、高于城市居民最低生活保障标准的水平,由省、自治区、直辖市人民政府自行规定。(2)失业人员领取失业保险金期间,参加职工基本医疗保险,享受基本医疗保险待遇。失业人员应当缴纳的基本医疗保险费从失业保险基金中支付,个人不缴纳基本医疗保险费。(3)丧葬补助金和抚恤金。失业人员在领取失业保险金期间死亡的,参照当地对在职职工的规定,对其家属一次性发给丧葬补助金,并在一定时期内领取抚恤金。丧葬补助金和抚恤金的标准,参照当地在职职工的有关规定。

(五)失业保险待遇的享受期限

在我国现阶段,领取失业保险金没有等待期。领取失业保险金的期限与失业人员缴纳失业保险费的年限挂钩:缴费1—5年的,领取期限最长为12个月;缴费5—10年的,领取期限为18个月;缴费10年以上的,领取期限最长为24个月。在计算缴费时间时,我国采用的是累计的方式,而不是连续缴费时间计算的方式。

(六)失业保险基金的筹集

失业保险基金的来源主要有四个方面:(1)企事业单位按照本单位工资总额的2%缴纳失业保险费,城镇企业事业单位按照本人工资1%缴纳保险费。(2)失业保险基金的利息收入。(3)政府提供的财政补贴。这是指只有遇到保险基金储备不够充足并出现入不敷出时,地方财政提供的补贴。(4)依法纳入失业保险基金的其他收入。如滞纳金、社会捐赠等。

(七)失业保险基金的管理

(1)失业保险基金实行统筹调剂使用。失业保险基金在直辖市和设区的市实行全市统筹;其他地区的统筹层次由省、自治区人民政府规定。省、自治区可以建立失业保险调剂金。(2)失业保险基金的管理。失业保险基金收支的预算、决算,由统筹地区社会经办机构编制,经同级劳动保障行政部门和财政部门审核,报同级人民政府批准,失业保险基金实行专款专用,不得挪作他用,不得用于平衡财政收支。失业保险基金必须存入财政部门在国有商业银行开设的社会保障基金财政专户,实行收支两条线管理,由财政部门依法进行监督。

三、我国失业保险制度的改革

(一)我国失业保险制度存在的主要问题

据人力资源和社会保障部的统计公报,2015年年末,全国参加失业保险的人数为17 326万人,比上年末增加283万人。其中,参加失业保险的农民工人数为4 219万人,比上年年末增加148万人。2015年年末,全国领取失业保险金的人数为227万人,比上年年末增加20万人。2015年共为456.8万人发放不同期限的失业保险金,比上年增加34.8万人。2015年共为71万名劳动合同期满未续订或提前解除劳动合同的农民合同制工人支付了一次性生活补助。2015年失业保险基金收入1 368亿元,支出736亿元。2015年年末,失业保险基金累计结存5 083亿元。我国现行的失业保险制度虽已初见成就,但与我国目前的经济体制改革的要求相比,仍然存在着不足之处,其存在的主要问题有:

1. 失业保险的覆盖面狭窄

我国失业保险制度覆盖范围存在的问题,一是只限于城镇。也就是说,我国失业保障制度只对以户籍划分为基础的城镇劳动者提供就业保障和失业保护,而对处于就业不足状态的大量农村剩余劳动力,目前还没有制定任何形式的失业保护措施。二是仍然不能很好地适应现阶段多种所有制并存的经济格局。对于乡镇企业,由于其经营状况不稳定,失业人员较多,考虑到如果纳入这部分人员,失业保险基金难以承受,因此,未将乡镇企业职工纳入失业保险的范围;对于农民合同工,由于考虑到其本身有土地作为一种基本的生活保障,所以,他们原则上不享受失业保险待遇,但由于目前企业按本单位职工工资总额一定比例缴纳的失业保险费中已经包括农民合同工,因此,在其回乡前,给予一次性生活补助。

对于社会团体和民办非企业单位是否纳入失业保险范围,由各省市自定。这在一定程度上,限制了劳动力在各经济成分之间的流动,使失业保险制度分散风险的功能难以正常发挥。三是没有覆盖我国失业人员中的一类特殊群体——国有企业的下岗职工。总的来说,现行的失业保险制度仍然存在着"局部覆盖"的问题,仅仅覆盖了一小部分劳动者。

2. 统筹层次偏低

社会保障基金的运行规律是:风险承受能力与基金的统筹层次成正比,统筹层次越高,社会保险的互济性就越有保证。我国的失业保险基金绝大部分是由市县统筹,保险层次明显偏低。其原因在于我国不同地区之间经济发展水平的巨大差距,使全国难以建立起统一的失业保险制度。由于统筹层次较低,基金的整体承受能力较弱,造成了一些地区失业保险基金严重不足,而另一些地区则存在大量滚存结余。

从表面上看,失业保险的地市级统筹适应了各地区经济发展水平存在差距的事实,但也在某种程度上形成了地区之间劳动力自由流动的"社会保障壁垒",不利于劳动力的合理流动和缩小地区差距。

3. 失业保险基金结余较多,已经降低费率

按照现行规定,失业保险基金的最主要来源是企业和个人缴纳的失业保险费。1999年《失业保险条例》颁布后,失业保险基金费率提高到3%,保险基金的规模有了较大幅度的增长。2015年与2016年各地区阶段性地降低了失业保险费率。

4. 促进就业的功能不足

《失业保险条例》取消了专业训练费和生产自救费两个支出项目,代之以职业培训和职业介绍补贴,并规定职业培训和职业介绍补贴只能据实在失业保险基金中列支,不能按比例预先提取,还强

调要将职业培训和职业介绍补贴直接发放给个人。由此可见,我国现行的失业保险制度重视对失业人员的生活救济,促进再就业的功能却相对弱化。

5. 失业保险基金的征缴和使用监督机制不健全

各地建立的失业保险基金委员会只有政府部门和工会参加,缺乏广泛的社会参与机制。同时,失业保险基金的管理不时受到地方政府领导不适当的干预,他们以地方财政有责任补贴失业保险基金的亏空为借口,擅自挪用失业保险基金,少数地区在利用部分基金结余进行投资中,由于工作不周,出现失误,造成大量的基金损失。在逢年过节时,失业保险基金又成为政府救济困难职工、政府送温暖的资金来源。这种拆东墙补西墙的做法,大大削弱了失业保险基金的经济基础和对失业职工进行补偿的承受能力。

(二)我国失业保险制度的改革方向

西方学者对失业保险改革提出两项原则:一是失业保险待遇应保障失业者及其家属享有基本生活需要的原则;二是促进再就业的原则。我国应在这两项原则的基础上,总结我国失业保险在实践中的经验,不断完善我国失业保险制度的主要思路,具体有以下几点:

1. 扩大失业保险的覆盖范围,规范基金征缴工作

按照国际劳动组织公布的《国际劳工条约》的约定,失业保险适用于所有工薪人员。社会保险制度成熟的国家,失业保险的覆盖面很广,几乎覆盖了全社会的所有劳动者。我国必须扩大失业保险的覆盖面,逐步建立覆盖全社会的失业保险制度。凡是有可能失业的劳动者,无论是国有企业的职工,还是集体企业的职工、外资企业的中方职工、私营企业的雇员、事业单位中订立了劳动合

同的职工,都应纳入失业保险制度的保障范围。

在做好扩面工作的同时,必须规范基金的征缴工作,不论企业所有制形式和用人形式如何,各类企业实行统一的缴费标准,缴纳的失业保险费供全社会统筹使用;实行权利与义务相统一的原则,所有企业职工只有缴纳一定期限的保险费之后,方能享受失业保险待遇。

2. 提高统筹层次

《社会保险法》规定,失业保险基金逐步实现省级统筹。考虑到中西部地区比较困难,尤其在目前基金不足的问题十分突出,有必要建立失业保险中央财政补助制度,主要应通过变现国有资产和增加中央财政预算补贴等措施筹集。

3. 根据失业保险收支情况,适时调整缴费比例

按照社会保险权利与义务对等的原则,社会保险应强调劳动者的责任。被保险人缴纳部分失业保险费,可以增加资金来源,增强个人的失业保险意识。根据国际劳工局的统计资料,在40多个建立失业保险制度的国家中,已有27个国家个人缴纳失业保险费。失业保险基金采取年度预算的,根据收支大体平衡的原则,动态调整费率。

4. 贯彻失业津贴与实施再就业工程相结合的原则,合理调整资金的使用结构

失业保险基金的使用包括两部分,即给失业者提供失业津贴和扶持就业服务。各地应根据《失业保险条例》制定地方性政策时,应进一步细化职业培训、职业介绍两项补贴的使用办法,用好用活这笔资金。把享受待遇与是否积极寻找工作、接受职业介绍和培训紧密联系起来。失业保险基金的使用结构确定为:以失业津贴为主,积极促进再就业,在保证及时足额发放各项失业津贴的同时,运用一定比例的基金积极扶助失业职工再就业,包括转岗培

训、生产自救、职业介绍等。在不同的时期内,根据失业状况和支付能力作适当调整。

5. 加强基础工作,提高管理和服务水平

随着失业人员数量的不断增加,管理和服务工作难度加大。因此,把基础工作放在重要位置十分必要。在工作手段上,应大力推进失业保险工作信息系统建设和计算机管理,提高工作效率。在劳动力市场科学化、规范化、现代化建设中,要把失业保险信息系统建设作为一项重要内容;开展社区服务,立足基层,是今后失业保险工作的又一项重要内容。

第四节 国外失业保险制度

一、国外失业保险制度概况

失业保险制度起源于欧洲。法国最早于1905年建立了失业保险制度。随即,挪威和丹麦也分别在1906年和1907年建立了类似于法国的失业保险制度。当时,这几个国家实行的是非完全强制性失业保险制度,即法律确定范围内的人员是否参加失业保险取决于个人意愿。如果要参加保险,就必须根据失业保险法律规定接受管理,包括承担一定的义务和享受相应的权利。1911年,英国颁布了《国民保险法》,开创了强制性失业保险制度的先河,后被一些国家效法,使强制性失业保险制度成为世界失业保险制度的主流。

目前,世界上已有70个国家和地区建立了失业保险制度,其中的大多数国家和地区实行强制性保险,自愿性保险的范围只限于工会已建立失业保险基金的产业。在基金来源上,一般与社会保险其他险种相同,通常由雇主和雇员分担,也有些国家规定全部保险费由雇主缴纳。政府对强制性和自愿性两种保险的补贴数额都很大。在享受待遇的条件上,一般都规定:非自愿性失业;缴纳一定期限的保险费或在受保职业工作一定年限;申请者具有工作能力并愿意寻找工作;另外,对无正当理由而自愿离职的,由于行为不端被解雇的,或参加劳资纠纷导致停产而使自己失业的,一般规定要取消其享受资格或降低给付标准,有的还要推迟给付时间。在失业补助金上,通常以周为单位支付,标准为其最近一段时期平均工资的一定百分比。大多数国家计算失业补助金的替代率,为平均收入的40%—75%。有些国家一律支付等额补助金。如果失业人员已成家,除发给基本补助金外,还要对其配偶及子女加发一定的补助金。在支付失业补助金前,通常有几天的等待期。大多数国家对连续领取失业补助金的时间有一定限制。一般情况下为8—36周,在某些情况下可适当延长。另外,有些国家根据缴费期限或参保时间决定享受期限。有些国家除正规的失业保险外,还提供失业援助或提供以失业人员家庭经济状况为条件的其他待遇作为补充。这样,失业人员领取补助金期满后,如果收入低于一定水平,还可以继续得到一些救助。在管理体制上,多数国家是由政府部门管理,有些是由自治机构管理,这种自治机构一般由受保人、雇主和政府三方代表组成。失业保险与就业服务之间经常保持紧密的行政联系。有些国家已将失业保险和就业服务合并管理,基层的管理工作尤其如此,目的是为了促进失业人员尽快地实现再就业。

在失业保险制度的发展过程中,国际劳工组织发挥了积极作用[①]。国际劳工组织通过制定公约和建议书的形式,为各国制定

---

① 王怡、王在勇、夏宁、尹金华:《社会保障概论》,山东人民出版社2000年版,第122页。

本国有关失业保险政策提供了基本原则和指导性意见,促进了失业保险制度的发展。因此,了解有关失业保险的国际公约和建议书的基本内容十分必要。

国际劳工组织制定的有关失业保险的公约和建议书主要有1934年的《失业补贴公约》和《失业补贴建议书》、1952年的《社会保障(最低标)公约》、1988年的《促进就业和失业保护公约》和《促进就业和失业保护建议书》。

1934年通过的《失业补贴公约》和《失业补贴建议书》针对当时工业化国家普遍存在的严重失业问题,要求各国建立一种对非自愿性失业者提供失业补贴的制度,这种制度可以采用强制保险的形式,也可以采取自愿保险的形式,或是采取强制与自愿两种方式混合的形式。《失业补贴公约》还对失业保险制度实施的范围、享受失业津贴的资格条件以及津贴标准的给付办法作了规定。1952年的《社会保障(最低标准)公约》主要是在失业津贴的标准和计算方法上充实了1934年的《失业补贴公约》的内容。20世纪70年代末、80年代初,工业化国家普遍进入了一个高通货膨胀和高失业率并存的经济滞胀时期,高福利政策受到批评。一方面,高标准的失业津贴打击了企业家的投资积极性;另一方面,造成一些失业者依赖津贴生活而不愿积极就业的弊端。正是在这种背景下,1988年国际劳工大会于1988年通过了《促进就业和失业保护公约》与《促进就业和失业保护建议书》。这可以被看作是在失业保险方面国际劳动立法的一个分水岭[①]。以前的标准侧重强调为失业者提供生活保障,调整后的制度则倡导把失业保护措施同促进就业结合起来。《促进就业和失业保护公约》要求采取适当的步骤使失业保护制度同就业政策相协调,确保失业保护制度,尤其要

---

① 毛健:《失业保险》,中国劳动社会保障出版社2001年版,第93页。

确保失业津贴的提供有利于促进充分的、生产性的和自由选择的就业。为实现这一目标,《促进就业和失业保护公约》对失业保护(也就是失业保险制度)的组织和管理作了如下规定:

一是保护的范围。失业保险制度应为有能力工作、可以工作并且确实在寻找工作的完全失业者提供保护,还应努力将保护范围扩大到因工作时间不充分而导致收入减少的半失业者。有条件的国家应使参加失业保险的人数达到劳动者工资的85%,其他国家不应低于50%。

二是资金来源。可以采取缴费基金制,也可以采取非缴费基金制,或是两种办法结合。

三是失业津贴的形式和标准。失业津贴一般不低于投保人以前收入的50%或最低工资的50%。

四是等待期和津贴支付期限。等待期一般为7天,最多不超过10天。关于津贴支付的期限,如果国家立法规定津贴的支付期应随资格时间的长短而变化,则该期限至少不低于26周,但在特定的国家也可缩短到13周。

五是取消或削减失业津贴。在下列情况下,可以拒付、取消、停发或削减本应支付的失业津贴:当事人不在国内期间;主管机关断定失业是当事人自愿离职造成的;在发生劳资纠纷期间,当事人停工参与纠纷,或直接由于劳资纠纷导致停工,当事人无法工作;当事人通过欺骗手段试图获得或已经获得失业津贴时;当事人无正当理由不利用职业安置、职业指导、职业培训、重新培训或重新安置合适工作的机会;当事人除家庭补助外得到了国家立法规定的其他收入补助,而且这种补助数额超过了失业津贴的数额。

六是争议的处理。在失业津贴被拒付、取消、停发、削减,或对津贴数额有争议时,当事人应向管理津贴的机构或其他有关机构提出上诉。

二、各国失业保险模式的比较

国外失业保险强调多重保障,特别是普遍重视复式保障结构。实行复式保障结构的目的一是扩大失业保障的覆盖面;二是提高失业者及其家庭的生活保障程度。德国式、美国式和加拿大式的三种复式结构值得我们特别关注。

(一)德国式的"失业保险+失业救济"的衔接型

德国实行强制性失业保险,几乎涵盖了所有就业人口(公务员和雇主除外),保险费由劳资折半担负,享受的给付标准为本人失业前三个月的平均工资的63%,领取期限根据工作年限1年以上和10年以上,分别为6个月和最多32个月。但是,如果失业者在规定的失业保险给付期间,仍未能找到工作而发生生活问题时,不是进入社会公共救济系统,而是改发失业救济金。当然,领取失业救济金者必须符合失业救济的某些条件,并接受劳工局对其家庭进行调查确认,在经过半年的过渡期后才能领取失业救济金。由于失业救济金的财源来自国家财政,因此,失业者不承担缴费义务,而且待遇水平也要比失业保险给付低(约低10%),期限也短(为1年)。这既体现了失业救济与失业保险在性质和权益上的不同,又考虑被救济的对象是失业者(而非社会的贫困者),待遇水平要比社会救济高些,其目标仍是再就业。由于失业保险与失业救济的衔接为失业人员又提供了一个新层次的保障,避免了部分失业者因未能就业而陷入社会贫困从而导致就业更加困难的境地。

(二)美国式的"失业保险+企业补充失业津贴"的补充型

美国实行强制性失业保险,虽会因各州有别而有所不同,但根据联邦政府颁布的《社会保险法》,其失业保险的覆盖面还是很广的,除一般雇员外,公务员和家佣也在其中。失业保险所需费用主要由雇主承担,给付标准较低,各州通常都将保险给付金控制在原工资的50%以下。为了不使失业者及其家庭在失业后的基本生活受到严重影响,从1955年起,美国福特汽车公司率先在企业内实施补充失业津贴制度,并逐渐扩大到行业内其他企业乃至其他行业。享受企业补充失业津贴的条件是:(1)获得领取法定失业保险金的资格;(2)企业工龄1年以上。企业补充失业津贴的费用由雇主和工会共同承担,津贴标准约为本人失业前工资收入的20%左右,领取期限为1年。企业补充失业津贴制度的建立,无疑是对法定失业保险的较好补充,减缓了失业对失业者及其家庭的冲击,也为降低法定失业保险的给付水平创造了条件。目前,这种企业补充失业津贴在大企业比较普及,企业效益仍是实行这种补充手段的前提。

(三)加拿大式的"失业保险+特殊失业补助"的授助型

加拿大实行强制性失业保险,它是加拿大社会安全保障体系中的重要支柱,其费用由雇主、工人和政府三方共同承担,失业保险给付可达本人失业前工资的57%,期限最长为50周。加拿大被联合国定为世界上最适宜居住的国家,社会福利发达,在失业保障领域也表现得十分明显,即在普遍实施失业保险的同时,对失业者中一些有特殊困难的弱者,还给予社会援助,这就是特殊失业补助。其对象为有特殊困难的伤病失业者,也有老年失业者和孕期女性失业者。这种特殊失业补助的职能,主要是对失业保险对象中的特殊困难者提供1—15周的补助。但对老年失业者即使未能取得失业保险的资格,也能取得一次性相当于3周失业保险金的补助。当然,取得特殊失业补助也是有条件的,一般应是失业保险的受给者,伤病和孕妇失业者需在过去52周内必须要有超过20周的就业经历,并且具备医生的病情证明。由于加拿大的特殊失业补助的财源来自国家财政,因此,它的性质应是一种国家援助,它不同于失业救济,是专门针对法定失业保险受给者中特殊困难者的,是国家保护失业人员的一项政策措施。

总之,西方发达国家的失业保险模式主要有"失业保险+失业救济"的衔接型、"失业保险+企业补充失业津贴"的补充型和"失业保险+特殊失业补助"的授助型三种[1]。这种复合型失业保险制度优于单一的失业保险制度。我国的社会保险体系也可采用这种方式。

三、失业保险制度的发展趋势

(一)失业保险的覆盖范围扩大

随着经济和社会的发展,对失业概念的解释和理解发生了变化,从极狭窄的界定转变成为比较宽泛的定义。国际劳工组织在1988年举行的第75届劳工大会上对失业作出了新的界定,认为举凡有能力参加经济活动,可以工作,并且确实在寻找职业而未能得到适当工作,以致没有任何工资收入,生活无着落的劳动者,都属于失业者,都理应受到失业保险制度的覆盖。于是,在不少国家,不仅所有挣工资的劳动者,而且以前未被覆盖在失业保险范围的季节工、临时工、家庭佣人、学徒和公务员也被列为应该享受失业保险待遇的对象了。除了这些人员外,还有八种寻找职业的人也被一些国家覆盖在失业社会保险范围之内。这八种对象是:结束了学业并且成长为劳动力的青年;完成了国家规定的服兵役义

---

[1] 宫春子、秦悦:《国外失业保险的启示与思考》,《辽东学院学报》(社科版) 2008年第1期。

务的青年;完成了职业培训的青年;无权享受遗属社会保险待遇的丧偶者;刑满释放的犯人;结束职业康复的残疾者;回归祖国的劳动者;结束抚育子女义务的父亲和母亲。所以,失业保险发展到今天,失业保险法所界定的保护对象大大增加了。

(二)失业保险向就业促进与失业补救相结合转变

失业社会保险制度的产生,最初是为了帮助失业者维持正常生活,给予他们适当的津贴补偿,以暂时代替其收入来源。但是,随着时代的发展进步,这种经济补偿所起的作用越来越小,因为科学技术的飞速发展带来了日益频繁的改行、换岗现象,有限的补贴对人们的技术培训和技能革新几乎无任何帮助。因此,失业保险制度不仅要帮助失业者度日,更重要的还在于使失业者尽快地掌握新技术、新工艺,实现再就业。法国在1967年就提出对失业保护制进行改革,强调从"适应技术变革的基础结构"方面进行失业补偿。随后,一些发达国家将失业保险改为就业保险,旨在通过政府行为,为失业者提供种种机会,让他们得到政府提供的免费职业培训和技术指导,尽快重新上岗。也就是说,近些年来,各国在失业保险方面一个突出的改革方向,就是变消极的、被动的生活保障为积极的、主动的就业保障。许多国家不仅将失业保险工作的重心逐步向就业促进方面转移,而且在失业保险基金的支出上也开始向失业保险制度促进就业方面倾斜。

 附录

主动辞职能享受失业保险待遇吗?

一、案例情节

张强是一家机械公司的技术员,与公司签订为期10年的劳动合同。自进入公司工作起,公司按照劳动和社会保障部门的有关规定,一直为张强缴纳养老、失业等社会保险费。

5年后,公司开始实行部门经理竞聘上岗制度时,张强参加了竞选所在技术开发部经理职务的活动,由于张强的人际关系不如竞争对手好,致使其在竞选中败下阵来,张强的竞争对手最终当上了技术开发部经理。张强一方面不服气,一方面又怕将来竞争对手成为自己的直接领导后,给自己穿"小鞋",便在竞争对手上任前,向公司递交了辞职报告,并很快与公司解除了劳动关系。

离开公司后,张强本来以为自己很快就能找到新工作,可谁知连续失业几个月,仍然没有一个单位愿意录用他。长期没有收入,使张强的生活变得十分困难。一天,张强在报纸上看到有关失业保险的文章,得知参加了失业保险的人员在失业后可以领到失业保险金,想到原单位给自己上过失业保险,就到当地的社会保险经办机构要求享受失业保险金。但是,社会保险经办机构拒绝了张强提出的关于其享受失业保险金的请求。

二、案例分析

根据《失业保险条例》的规定,参加失业保险的人员失业后,申领失业保险金必须符合下列条件:(1)按规定参加失业保险,所在单位及本人已按规定履行缴费义务满1年的;(2)非因本人意愿而被迫中断就业的;(3)已办理失业登记,并有求职要求的。

上述案例中,张强的失业是因为其在原单位赌气没当上领导,且担心竞争对手成为自己的直接领导后给自己穿"小鞋"而写下辞职报告,最终单方与企业解除劳动合同。这种行为应该认定为因张强本人意愿中断就业。所以,张强不符合享受失业保险金的条件,不能领取失业保险金。国家之所以规定必须是非本人意愿中断就业才能享受失业保险待遇,主要是为了杜绝劳动者因故意失业而获取失业保险金的弊端。国家不能鼓励那些懒惰的、随意让自己失业的、不向社会提供任何劳动便躺在失业保险金上生活的个别劳动者。国家只有堵住了这些人想钻的政策空子,才能引导广大劳动者认真地、安心地从事劳动,减少劳动者人为因素造成的失业现象,使现有的失业保险经费真正使用到那些非本人意愿造成的失业者身上,切实保障失业人员的基本生活。因此,社会保险经办机构拒绝向张强支付失业保险金的做法符合《失业保险条例》的精神,是正确的①。

思考题

1. 什么是失业和失业保险?失业保险相比其他的社会保险项目有哪些自己的特点?

2. 纵观各国规定的失业保险,其保险待遇享受的必备条件着重强调哪些内容?

3. 失业保险制度主要有哪几种类型?失业保险模式有哪些?各有什么特点?

4. 与其他国家的失业保险制度相比,我国失业保险制度的主要内容有哪些相同和不同之处?

5. 国外失业保险制度的发展趋势如何?如何看待我国失业保险存在的问题与发展方向?

---

① 杨子林:《社会保险》,中国劳动社会保障出版社2003年版,第89—91页。

第五章　工伤保险

 学习目标

　　学完本章,应该了解工业伤害及其特征、工伤劳动能力的鉴定、国外工伤保险制度,熟悉工伤保险的补偿原则,掌握工伤保险基金筹集的原则和享受待遇的资格条件。

 基本概念

　　工业伤害　补偿不究过失原则　工伤保险基金　职业病

第一节　工业伤害及其特征

一、工业伤害的概念

　　工业革命以后,机器作为生产工具大大拓展了人类劳动的范围,丰富了人类劳动的内容,人类通过机器作用于自然的能力大大提高。工业社会所创造的社会财富是工业社会前所无法企及的。工业社会孕育了工业文明,同时,也为工业文明付出了高昂的代价。在工业社会,劳动者群聚在一起,同时使用工具,增大了造成职业侵害的可能性;机器作为生产工具及其智能因素的增加,增大了机器本身的侵害,加大了职业侵害的可能性。工业社会演进和科技进步使人们不仅要承受越来越多的物理侵害,相应的化学侵害也与日俱增。

工伤也称职业伤害,是指劳动者从事职业活动或者职业责任有关的活动时所遭受到的事故和职业病伤害。工伤的概念有两个主要部分:一是工作事故伤害;二是职业病。工作事故伤害是在职业活动(如企业生产活动)所涉及的区域内,由于突发性致害因素使劳动者人体组织受到的损伤。如果按照造成工伤最主要、最直接的原因进行分类,可分为做工伤害和交通事故伤害。职业病是指劳动者在职业活动中,因接触职业性有毒环境(如粉尘、噪声、高温、放射源、有毒有害化学物质、致病微生物等因素)而引起的所有疾病。在法律上,职业病通常指国家根据生产力发展水平、经济状况、医疗水平等综合因素,由主管部门明文规定的职业病,即法定职业病。根据国家人社部统计公报,2015 年年末,全国参加工伤保险的人数为 21 432 万人,比上年年末增加 793 万人。其中,参加工伤保险的农民工人数为 7 489 万人,比上年年末增加 127 万人。2015 年认定(视同)工伤 107.6 万人,比上年减少 7.1 万人。2015 年评定伤残等级人数为 54.2 万人,比上年减少 1.6 万人。2015 年享受工伤保险待遇人数为 202 万人,比上年增加 4 万人。2015 年工伤保险基金收入 754 亿元,支出 599 亿元,分别比上年增长 8.6% 和 6.8%。2015 年年末工伤保险基金累计结存 1 285 亿元(含储备金 209 亿元)。

二、工业事故和职业危害导致的人身伤害的特征[①]

(一)"加害行为"的间接性

传统侵权损害是以当事人加害行为的存在为前提的,一般情况

---

① 郑尚元:《工伤保险法律制度研究》,北京大学出版社 2008 年版,第 8—9 页。

下,加害人应当具有积极的加害行为(故意与过失)和消极的加害行为(负有职责的当事人应当履行某行为而未履行其行为),客观损害存在以及加害行为与当事人受害有因果关系。工业事故和职业危害由机器或科技因素所导致,加害行为具有客观性和间接性。

(二)"加害行为"多具有高科技性和行为构成的复杂性

工业事故或职业危害的发生,越来越体现为"高科技致害",每一次事故的发生都与科技致害、科技预防的矛盾没有克服有关。"加害行为"更加复杂,"加害行为"既包括主观因素,也包括客观意外因素。

(三)损害程度的深刻性和广泛性

工业文明的演进,使生产更加社会化。通过人类延伸出来的"高科技之手",损害程度加深。在人类没有发明飞机之前,很难想象人从天空中坠落并形成大范围的人身伤害。工业事故与职业危害导致的损害程度逐步加深,损害从生理伤害发展到心理伤害。

(四)"加害"危险的扩散性和社会性

工业发展与高科技结合越来越紧密的事实,使不少传统工业逐步改善了生产条件,工业事故和职业危害可能降低,但是,传统工业在社会中的作用不再突出,而高科技工业和传统工业改造后的工业,因其科技含量增大,存在的加害危险也随之增大。加害一旦发生,就极具扩散性,无辜受害者增多。加害危险具有扩散性、市民化和社会化的特征。

(五)"加害行为"主体的多元性和虚拟性

在传统社会中,"加害行为"的发生主体一般为自然人,可以是一人或多人,"加害行为"主体较为单一。工业事故和职业危害的发生,"加害行为"主体逐步多元化,"加害行为"主体不再单一。在一家企业中发生的事故,直接的"加害行为"可能是具体工作人员的疏忽,也可能是管理人员的大意,也可能是间接加害与意外的结合。法人以及其他责任主体的创建,使这类虚拟主体成为加害人。当代工业事故和职业危害的发生,"加害行为"主体一般被确定为上述虚拟主体。

第二节 工伤保险的补偿原则

1884年德国颁布的《劳工伤害赔偿法》是世界上第一部工伤保险法,这部法律的颁布拉开了工伤保险立法的序幕。之后,工伤保险法律制度逐渐从传统的私法领域跨越到社会法领域。工业发达国家相继颁布了有关工伤保险的法律。例如,英国于1897年颁布了《不列颠雇工赔偿法》,法国于1898年颁布了《雇主对因公负伤丧失劳动能力和死亡的赔偿责任的法律》。据有关资料统计,截至1995年,全球共有159个国家和地区实行了各类工伤保险,其中,采取社会保险方式的国家和地区有98个,采取雇主责任制方式的国家和地区有25个,采取强制性公营或私营保险方式的国家和地区有22个,采取普遍保障与社会保险或社会保险与其他私人强制性保险双重制度方式的国家和地区有14个。国际劳工组织颁布的若干公约,如1921年国际劳工大会通过的《(农业)工人赔偿公约》(第12号公约),1925年通过的《工人(事故)赔偿公约》(第17号公约)、《工人(职业病)赔偿公约》(第18号公约),在推广和实施工伤保险制度方面起了很大的作用。1964年,国际劳工组织通过《工伤事故和职业病津贴公约》(第121号公约),标志着工伤赔偿制度正式发展成为工伤补偿制度①。

一、工伤补偿不究过失的原则

工伤保险也称职业伤害保险、工业伤害保险、工人伤害补偿保险或因工伤害保险。它是指通过立法建立的,由社会集中筹集资金,对在经济活动中因工负伤致残,或因从事有损害健康的工作患职业病导致完全或部分丧失劳动能力者,以及对职工因工死亡后无生活来源的遗属提供物质帮助的制度。工伤补偿经历了一个演变过程。

第一阶段,强调受害工人个人负责。18世纪,资本主义处于上升时期,英国经济学家亚当·斯密关于工伤及其后果有这样一种论述:给工人发放规定的工资标准,包含了对工作岗位危险性的补偿,因此,既然工人具有自愿与雇主签订合同的自由,也就意味他们不是被迫接受危险工作岗位的,换句话说,他们在接受了补偿这种危险的收入的同时也接受了危险。亚当·斯密得出结论:工人理应负担他们在工作过程中因发生工作事故而蒙受的一切损失。这种强调工伤带来的收入损失由工人个人负担的理论,盛行于资本主义自由竞争时代,成为雇主推卸责任的科学依据②。

第二阶段,强调雇主有过失才赔偿。职业伤害是典型的人身伤害,即对人体正常的生理机能的损害。具体可表现为对人的肢体、内脏、五官、大脑及其他部位或人体组成部分的侵害,也可分为经治疗能够恢复的损害和不能恢复健康的损害,以及职业伤害死亡。资本主义国家的物质生产日益发展,工伤事故也日益增多,工

---

① 邓大松:《社会保险》,中国劳动社会保障出版社2009年版,第262页。
② 侯若文、孔泾源:《社会保险》,中国人民大学出版社2008年版,第182页。

人不堪其苦,纷纷起来斗争,斗争取得了初步的胜利,欧洲各国改行"雇主过失赔偿"原则。这个原则好像更加符合法律的精神。侵权损害赔偿的理论依据:其一,侵权行为的客观性,损害赔偿必须以侵权行为的存在为前提,没有侵权行为,就谈不上损害赔偿。其二,损害不同于损失。侵犯财产权的侵权行为可以通过损失确定赔偿额度,侵犯人身权的侵权行为无法确定损失。其三,财产权受到侵害能够确定损失,而人身权侵害很难判定损失,认为应拟制损失后确定赔偿额。其四,赔偿是基于侵权和损害两个要件,只有损害没有侵权,赔偿便没有依据①。雇主有过失才赔偿原则,表面上很有道理,但受害人要想在工伤发生后举证说明自己没有任何过失是很难的。如果工人因工负伤纯系个人造成,过失在工人身上,雇主便不给予任何收入赔偿,这种对工人毫无怜悯、爱护之心的赔偿原则,自然会遭到工人阶级的极力反对。

第三阶段,实行工伤"补偿不究过失"原则。在正常的情况下,没有一个劳动者认为负伤对自己有利,因工遭受伤害,自身以及亲属已经十分痛苦,如果严重致残,更是痛苦万分。在这种情况下,如抓住追究责任不放,克扣乃至完全中断其经济收入,只会酿成不良的社会后果,不利于增强社会凝聚力。

职业危害所导致的受雇者的人身伤害实质上属于社会风险,在工业事故中受伤或患职业病使一个健康的劳动力不能继续为社会创造财富,社会因此遭受损失;受到伤害的受害者绝不仅仅是本人的受害,其家庭成员作为社会中的成员,必然受到受害者人身伤害的影响,进而影响受害者家庭成员的工作效率。社会法以社会为本位,以社会整体抵御社会风险,能够及时有力地化解风险,而不致使个人因社会风险的降临而陷入困境。

---

① 郑尚元:《工伤保险法律制度研究》,北京大学出版社2008年版,第39页。

"补偿不究过失"原则,即工人因工业伤害而负伤、致残、死亡的,不管过失出自哪一方,雇主均有义务赔偿工人的经济损失。该原则有两重含义:劳动者在生产过程中遭受到工伤事故,无论事故责任属于本人、企业(或雇主)或是相关第三者,均应依法按照规定的标准给付工伤保险待遇;劳动者不分国籍,也不论所在企业是否参加了工伤保险基金统筹并缴费,只要劳动者与企业存在劳动关系,就有权享受工伤保险待遇。

在突破传统法律逻辑和传统道德伦理规则之后,作为社会法的组成部分的工伤保险制度充满了人文关怀和社会温情,使受害者所感受到的是受害威胁和社会补偿安全的有机统一,通过社会保障使受害者获得了生存和发展的权利。

二、工伤保险补偿向受害人倾斜的原则

工伤保险补偿在执行的过程中必然遇到该补偿或不该补偿的临界状态,也经常遇到补多或补少的问题。在上述情况下,受害人申领工伤保险待遇时,社会保险机构应当采取就高不就低、就有不就无的原则补偿工伤受害人。

三、工伤保险补偿与社会救济相结合的原则

工伤保险补偿是从传统侵权行为法的人身伤害赔偿演绎而来的,人身伤害赔偿的理念是将劳动者的人格、身体健康甚至生命视同财产一样,发生损害即予赔偿,不同当事人获得的赔偿可能大相径庭。当事人按照侵权行为法所得到的经济补偿可能远远高于工伤保险补偿,但是,这种赔偿是建立在"平等、等价有偿"的规则之下的,当事人从侵权诉讼中获得赔偿后与侵权人再无干系。而工

伤保险补偿不以受害人的人身为对价,实施全面补偿,宗旨在于维持受害人及其家属的基本生活不受影响。除工伤保险一次性经济补偿之外,工伤长期待遇更加体现人文关怀,是将经济补偿和社会救助有机结合的法律救济机制。

四、工伤补偿与工伤预防、工伤康复相结合的原则

工伤保险补偿不仅仅是对受害人给予经济补偿,更为重要的是职业康复,利用工伤保险基金兴办职业康复事业,使受害人的劳动能力能够最大限度地恢复;工伤保险待遇包括受害人的救治费用,受害人不仅能够使身心受损得到及时救治,同时,专门性的职业康复医疗帮助受害人尽最大努力重返劳动岗位,重新回归组织性社会。工伤保险制度除经济补偿和职业康复之外,还从源头上尽力阻断受害人受害的可能性,即采取有力的措施预防工业事故和职业病的发生,通过工伤保险缴费的浮动费率和差别费率的调节机制,抑制工业事故和职业病的发生。

五、工伤保险社会化原则

工伤保险制度的构建是国家公共权力干预职业危害的结果,是社会发展到一定历史阶段的产物。从雇主责任发展到社会补偿的历程中可以得到启示:工伤保险之所以取代雇主责任在于补偿的社会化,这是工伤保险制度存在的社会基础。工伤保险制度的社会化体现在以下几个方面:第一,工伤补偿的社会化,由社会保险经办机构补偿受害人,也就是待遇享受的社会化;第二,工伤保险基金筹集与管理、监督的社会化,用人单位缴费和其他渠道筹集来的工伤保险基金是工伤保险补偿的基础,其管理由政府委托社

会保险经办机构执行,其监督实行开放的社会化的监督模式;第三,工伤认定和评残委员会委托社会化的劳动能力鉴定委员会执行①。

第三节　工伤保险基金

一、工伤保险的意义

（一）利用工伤保险基金救治工伤职工,保障其经济补偿权益

工伤职工在遭受事故伤害或者患职业病以后,第一位的权利是主张要得到及时、有效的抢救。首先,在这方面所发生的运输、住院、检查诊断、治疗等费用,都要得到足额的保障,使受伤职工的伤害程度得到有效控制。其次,等到职工的病情稳定以后,便要按照法定的程序进行评残,确定伤残等级,以便安排相应的一次性或长期性的经济补偿。给工伤职工以救治和补偿,是工伤保险制度的最初目的,在目前仍然是工伤保险制度的核心。

（二）防工伤于未然,做好工伤预防与康复

以往的工伤保险制度一般只侧重对工伤职工的救治与赔偿,对工伤的预防与职业的康复重视不够。经过一百多年的发展,各国的工伤保险制度已经慢慢地形成了预防、治疗、康复三合一或者三结合的结构模式,对工伤的预防以及工伤职工的职业、生活、社会、心理等康复的关注程度在不断提高。在工伤保险费率的确定

---

① 郑尚元:《工伤保险法律制度研究》,北京大学出版社 2008 年版,第 49—51 页。

上,通过行业差别费率,特别是实行单位的费率浮动,可以促使单位搞好工伤事故的预防,以降低生产成本。对工伤职工的救济,也不光停留在医疗上,而是将更多的精力放在职业能力康复上,使社会资源获得最大的效益。

(三)扩大工伤保险覆盖范围,分散用人单位的工伤风险

尽管随着科学技术的进步,对工伤的预防水平越来越高,但工伤事故的发生仍在所难免。工伤保险制度建立初期,由于很多单位在工伤事故发生以后往往元气大伤,根本无法赔偿每一个工伤职工,更谈不上进一步的发展,为了分散各雇主的风险,有必要由各个雇主提前凑钱形成一个互助式的基金,以增强每一个雇主的抗工伤风险的能力。现代的工伤保险制度,仍然具有分散雇主责任的功能[①]。

二、工伤保险基金的形成

我国的《社会保险法》规定:"工伤保险基金由用人单位缴纳的工伤保险费、工伤保险基金的利息和依法纳入工伤保险基金的其他资金构成。"目前,世界上各国实行的工伤保险大体可分为两种类型:一种是社会保险类;另一种是雇主责任类。实行雇主责任类型的是少数国家。雇主责任制有两种方式:一是受伤工人或遗属直接向雇主提出索赔;二是雇主为其雇员的工伤保险购买商业保险。实行社会保险类型的约占工伤保险制度国家的2/3。在这些国家,凡是参加工伤保险的雇主,都必须向社会保险机构缴纳工

---

① 工伤保险条例起草人:《工伤保险条例解读》,法律出版社2011年版,第11—12页。

伤保险费。

我国实行的是社会保险制,规定雇主缴费,职工个人不缴纳工伤保险费。用人单位不得采取任何手段,将工伤保险费分摊到职工个人。

用人单位缴纳工伤保险费的费基为本单位职工的工资总额。本单位职工工资总额是指在一定时期内直接支付给本单位全部职工的劳动报酬总额,包括计时工资、计件工资、奖金、津贴和补贴、加班加点工资以及特殊情况下支付的工资。劳动者的以下收入不属于工资范围:单位支付给劳动者个人的社会保险福利费用,丧葬抚恤费、生活困难补助费、计划生育补贴等;劳动保护方面的费用,如用人单位支付给劳动者的工作服、解毒剂、清凉饮料费用等;按规定未列入工资总额的各种劳动报酬及其他劳动收入,如根据国家规定发放的创造发明奖、国家星火奖、自然科学奖、科学进步奖、合理化建议和技术改进奖、中华技能大奖,以及稿费、讲课费、翻译费等。

费率是按照规定的行业差别费率以及行业内的费率档次所确定的每一个用人单位应当缴纳的实际费率。目前,全国工伤保险的费率幅度为工资总额的 0.2%—2%,平均为 1%,即工伤风险低的用人单位费率可以是 0.2%,而工伤风险高的用人单位的费率可以达到 2%。

三、工伤保险基金的统筹层次

目前,工伤保险基金的统筹层次可以分为两种情况:一是在四个直辖市已经实行全市统筹;二是在省、自治区实行设区的市级统筹,也就是实行市级统筹。社会保险法规定,基本养老保险逐步实行全国统筹,其他社会保险基金逐步实行省级统筹,具体时间、步骤由国务院规定。这说明工伤保险基金逐步实行省级统筹,明确了工伤保险基金实行省级统筹的方向。

铁路、远洋运输、石油、煤炭、建筑等行业,一般都跨地区,生产流动性较大。如果将这些单位分散到不同的地区参加工伤保险,从管理能力到待遇水平都会出现一些问题,也不利于工伤预防机制的建立。对于这些行业,可以采取相对灵活的方式,集中参加层次相对高的工伤保险社会统筹的管理。同时,由于这些行业之间的差异较大,因此,规定由社会保险行政部门会同这些不同行业的主管部门制定参加异地统筹的办法。

四、工伤保险基金的管理

工伤保险基金存入财政专户,专款专用,实行收支两条线管理。在实际操作中,负责社会保险费征缴的机构、财政部门和社会保险经办机构在国有商业银行分别开设"社会保险基金收入户""社会保障基金财政专户"和"工伤保险基金支出户"。收入户用于暂存收缴的各项基金收入,除按规定向社会保障基金财政专户划拨资金外,一般只收不支;支出户主要用于支付基金开支项目,除按规定接受财政专户拨入的资金外,一般只支不收;财政专户用于存储基金,其作用是接受从收入账户划入的资金,并向支出户拨付资金。工伤保险基金不得用于投资运营、兴建或者改建办公场所、发放奖金,或者挪作其他用途,也不可以挪作其他社会保险项目的支付。

工伤保险基金实行收支两条线管理,是为了加强对工伤保险基金的管理,维护工伤职工的合法权益,保证基金的完整与安全。因此,在实际操作中,各相关主体应严格按照规定执行,不得违规操作,否则,将受到行政处分甚至是刑事处罚。

工伤保险基金应当留有一定比例的储备金,用于统筹地区重大事故的工伤保险待遇支付。当储备金不足以支付时,由统筹地区的人民政府垫付。

第四节 我国享受工伤保险待遇的资格条件

一、应当认定为工伤的情形[①]

(1) 在工作时间和工作场所内,因工作原因受到事故伤害的。

职工在工作时间和工作场所内,因工作原因受到事故伤害,是最为普遍的工伤情形。工作时间是指法律规定的或者单位要求职工工作的时间。《劳动法》规定,劳动者每日工作时间不超过 8 小时,平均每周工作时间不超过 40 小时。据此,单位规定上下班的具体时间,例如,周一至周五的每天上午 8 点到下午 5 点为工作时间(中午 12 点至下午 1 点为中餐休息时间),这段期间就属于职工的工作时间。实行不定时工作制的单位,单位确定的工作时间为职工的工作时间。工作场所是指职工日常工作所在的场所,以及领导临时指派从事工作的场所。

(2) 工作时间前后在工作场所内,从事与工作有关的预备性或者收尾性工作受到事故伤害的。

职工为完成工作,在工作时间前后,有时需要做一些与工作有关的预备性或者收尾性工作。这段时间虽然不是职工的工作时间,但是,在这段时间内从事的预备性或者收尾性工作与工作有直

[①] 郑尚元:《工伤保险法律制度研究》,北京大学出版社 2008 年版,第 11—12 页。

接的关系。预备性工作是指在工作前的一段合理时间内,从事与工作有关的准备工作,如运输、备料、准备工具等。收尾性工作是指在工作后的一段合理时间内,从事与工作有关的收尾工作,如清理、安全贮存、收拾工具和衣物等。

(3) 在工作时间和工作场所内,因履行工作职责受到暴力等以外伤害的。

因履行工作职责受到暴力等意外伤害的含义是指职工因履行工作职责,使某些人的不合理的或违法的目的没有达到,这些人出于报复而对该职工进行的暴力人身伤害。例如,某大型商场内,保安制止盗劫行为。窃贼扭恼成怒,拨出刀子刺向保安,保安因此受到重伤,应认定为工伤。

(4) 患职业病的。

根据《职业病防治法》的规定,职业病是指企业、事业单位和个体经济组织的劳动者在职业活动中,因接触粉尘、放射性物质和其他有毒有害物质等因素而引起的疾病。按照《职业病目录》(卫发监发[2002]108号)规定,职业病包括如下十类:尘肺、职业性放射性疾病、职业中毒、物理因素所致职业病、生物因素所致职业病、职业性皮肤病、职业性眼病、职业性耳鼻喉口腔疾病、职业性肿瘤和其他职业病。

(5) 因工外出期间由于工作原因受到伤害或者发生事故下落不明的。

实际工作中,职工除了在本单位内工作外,由于工作需要,有时还必须到本单位以外去工作,这时,如果职工由于工作原因受到伤害,按照工伤保险的基本精神,也应该认定为工伤。同时,考虑到职工因工外出期间,如果遇到事故下落不明的,难以确定职工是在事故中死亡了,还是由于事故暂时无法与单位取得联系,本着尽量维护职工合法权益的基本精神,应该认定为工伤。

(6) 在上下班途中,受到非本人主要责任的交通事故或者城市轨道交通、客运轮渡、火车事故伤害的。

上下班途中包括职工按正常工作时间上下班的途中,以及职工加班加点后上下班的途中。受到非本人主要责任的交通事故或者城市轨道交通、客运轮渡、火车事故伤害应当从两方面理解:一方面,职工在上下班途中,无论是驾驶机动车、非机动车发生事故造成自身伤害的,还是没有驾驶机动车、非机动车而被机动车、非机动车或者城市轨道交通、客运轮渡、火车撞伤的,都应该认定为工伤;另一方面,不管这种事故发生在城市街道还是发生在其他道路上,不管是发生在陆路还是在水路上,只要受到伤害的职工在事故中不承担主要责任,职工是在上下班途中受到事故伤害的,都应当认定为工伤。相关责任应当由道路交通等有关部门认定。例如,无证驾驶、驾驶无证车辆、饮酒后驾驶车辆、闯红灯、逆行等严重交通违法行为造成自己伤害的,均属于本人主要责任,均不得认定为工伤。

(7) 法律、行政法规规定应当认定为工伤的其他情形。

现实生活是丰富多彩的,随着社会的发展,会出现新的应该认定为工伤的情形。为了保证工伤保险制度的统一性、严肃性,避免地方随意扩大工伤范围,造成基金的不合理支出,条例没有将规定工伤范围的权力赋予地方性法规,而是限于法律和行政法规。

二、视同工伤的情形

(1) 职工在工作时间和工作岗位突发疾病当场死亡的,以及职工在工作时间和工作岗位突发疾病后没有当时死亡,但在 48 小时之内经抢救无效死亡的。

职工虽然在工作时间和工作岗位突发疾病,经过 48 小时抢救后才死亡的,不属于视同工伤的情形。

(2) 在维护国家利益、公共利益活动中受到伤害的。

维护国家利益是指为了减少或者避免国家利益遭受损失,职工挺身而出;维护公共利益是指为了减少或者避免公共利益遭受损失、职工挺身而出。凡是与抢险救灾性质类似的行为,都应当认定属于维护国家利益和公共利益的行为。需要强调的是,在这种情形下,没有工作时间、工作地点、工作原因等要素要求。

(3) 职工原在军队服役,因战、因公负伤致残,已经取得革命伤残军人证,到用人单位后旧伤复发的。

按照工伤的基本精神,这种情形不宜认定为工伤。但是,在这种情况下,职工是为了国家的利益而受到伤害的,其后果不应由职工个人而应由国家来承担。为了保护这部分人的合法权益,工伤保险制度把其规定为视同工伤的情形。

三、不属于工伤的情形

(1) 故意犯罪的。
(2) 醉酒或者吸毒的。
(3) 自残或者自杀的。

第五节 我国的劳动能力鉴定与工伤保险待遇

一、劳动能力鉴定

(1) 职工进行劳动能力鉴定的条件。

工伤职工进行劳动能力鉴定,应该在经过治疗,伤情处于相对稳定状态后进行。这样规定是因为职工发生工伤后,只有经过一段时间的治疗,使伤情处于相对稳定的状态,才便于劳动能力鉴定机构聘请医疗专家对其伤情进行鉴定。

工伤职工必须存在残疾,主要表现在身体上的残疾。

工伤职工的残疾需对工作、生活产生了直接的影响,伤残程度已经影响到职工本人的劳动能力。伤残已经使其工资收入减少,甚至不得不退出生产、工作岗位。

(2)劳动能力鉴定等级。

劳动能力鉴定是指劳动者因工负伤或患职业病,导致本人劳动与生活能力下降,由劳动能力鉴定机构根据职工本人或其近亲属的申请,组织劳动能力鉴定专家,根据国家制定的评残标准和社会保险的有关政策,运用医学科学技术的方法和手段,确定劳动者伤残程度和丧失劳动能力程度的一种综合评定制度。劳动能力鉴定分为劳动功能障碍程度等级鉴定和生活自理障碍程度等级鉴定两部分。

劳动功能障碍程度分为十级:

伤残等级	伤害器官程度	器官功能状况	医疗依赖或护理依赖情况
一级	器官缺失或功能完全丧失	其他器官不能代偿	存在特殊医疗依赖或完全或大部分护理依赖
二级	器官严重缺损或畸形	有严重的功能障碍或并发症	存在特殊医疗依赖或大部分护理依赖
三级	器官严重缺损或畸形	有严重的功能障碍或并发症	存在特殊医疗依赖或部分护理依赖
四级	器官严重缺损或畸形	有严重的功能障碍或并发症	存在特殊医疗依赖或部分护理依赖或无护理依赖
五级	器官大部分缺损或明显畸形	有较严重的功能障碍或并发症	存在一般医疗依赖,无护理依赖

续 表

伤残等级	伤害器官程度	器官功能状况	医疗依赖或护理依赖情况
六级	器官大部分缺损或明显畸形	有中度功能障碍或并发症	存在一般医疗依赖,无护理依赖
七级	器官大部分缺损或畸形	有轻度功能障碍或并发症	存在一般医疗依赖,无护理依赖
八级	器官部分缺损形态异常	轻度功能障碍	存在一般医疗依赖,无护理依赖
九级	器官部分缺损形态异常	轻度功能障碍	无医疗依赖或者存在一般医疗依赖,无护理依赖
十级	器官部分缺损形态异常	无功能障碍	无医疗依赖或者存在一般医疗依赖,无护理依赖

二、工伤保险待遇

（1）职工因工作遭受事故伤害或者患职业病进行治疗,享受工伤医疗待遇。职工治疗工伤应当在签订服务协议的医疗机构就医,情况紧急时,可以先到就近的医疗机构急救。治疗工伤所需费用符合工伤保险诊疗项目目录、工伤保险药品目录、工伤保险住院服务标准的,从工伤保险基金支付。工伤保险诊疗项目目录、工伤保险药品目录和工伤保险住院服务标准,由国务院社会保险行政部门会同国务院卫生行政部门、食品药品监督管理部门等部门规定。职工住院治疗工伤的伙食补助费以及经医疗机构出具证明,报经办机构同意,工伤职工到统筹地区以外就医所需的交通、食宿费用从工伤保险基金支付,基金支付的具体标准由统筹地区人民政府规定。工伤职工治疗非工伤引发的疾病,不享受工伤医疗待遇,按照基本医疗保险办法处理。工伤职工到签订服务协议的医疗机构进行工伤康复的费用,符合规定的,从工伤保险基金支付。

(2) 社会保险行政部门作出认定为工伤的决定后发生行政复议、行政诉讼的,行政复议和行政诉讼期间不停止支付工伤职工治疗工伤的医疗费用。

(3) 工伤职工因日常生活或者就业需要,经劳动能力鉴定委员会确认,可以安装假肢、矫形器、假眼、假牙和配置轮椅等辅助器具,所需费用按照国家规定的标准从工伤保险基金支付。

(4) 职工因工作遭受事故伤害或者患职业病需要暂停工作接受工伤医疗的,在停工留薪期内,原工资福利待遇不变,由所在单位按月支付。停工留薪期一般不超过 12 个月。伤情严重或者情况特殊,经设区的市级劳动能力鉴定委员会确认,可以适当延长,但延长不得超过 12 个月。工伤职工评定伤残等级后,停发原待遇,按照有关规定享受伤残待遇。工伤职工在停工留薪期满后仍需治疗的,继续享受工伤医疗待遇。生活不能自理的工伤职工在停工留薪期需要护理的,由所在单位负责。

(5) 工伤职工已经评定伤残等级并经劳动能力鉴定委员会确认需要生活护理的,从工伤保险基金按月支付生活护理费。

生活护理费按照生活完全不能自理、生活大部分不能自理或者生活部分不能自理三个不同等级支付,其标准分别为统筹地区上年度职工月平均工资的 50%、40% 或者 30%。

(6) 职工因工致残被鉴定为一级至四级伤残的,保留劳动关系,退出工作岗位,享受以下待遇:

① 从工伤保险基金按伤残等级支付一次性伤残补助金,标准为:一级伤残为 27 个月的本人工资,二级伤残为 25 个月的本人工资,三级伤残为 23 个月的本人工资,四级伤残为 21 个月的本人工资。

② 从工伤保险基金按月支付伤残津贴,标准为:一级伤残为

本人工资的90%,二级伤残为本人工资的85%,三级伤残为本人工资的80%,四级伤残为本人工资的75%。伤残津贴实际金额低于当地最低工资标准的,由工伤保险基金补足差额。

③ 工伤职工达到退休年龄并办理退休手续后,停发伤残津贴,按照国家有关规定享受基本养老保险待遇。基本养老保险待遇低于伤残津贴的,由工伤保险基金补足差额。

职工因工致残被鉴定为一级至四级伤残的,由用人单位和职工个人以伤残津贴为基数,缴纳基本医疗保险费。

(6) 职工因工致残被鉴定为五级、六级伤残的,享受以下待遇:

① 从工伤保险基金按伤残等级支付一次性伤残补助金,标准为:五级伤残为18个月的本人工资,六级伤残为16个月的本人工资。

② 保留与用人单位的劳动关系,由用人单位安排适当工作。难以安排工作的,由用人单位按月发给伤残津贴,标准为:五级伤残为本人工资的70%,六级伤残为本人工资的60%,并由用人单位按照规定为其缴纳应缴纳的各项社会保险费。伤残津贴实际金额低于当地最低工资标准的,由用人单位补足差额。经工伤职工本人提出,该职工可以与用人单位解除或者终止劳动关系,由工伤保险基金支付一次性工伤医疗补助金,由用人单位支付一次性伤残就业补助金。一次性工伤医疗补助金和一次性伤残就业补助金的具体标准由省、自治区、直辖市人民政府规定。

(7) 职工因工致残被鉴定为七级至十级伤残的,享受以下待遇:

① 从工伤保险基金按伤残等级支付一次性伤残补助金,标准为:七级伤残为13个月的本人工资,八级伤残为11个月的本人工资,九级伤残为9个月的本人工资,十级伤残为7个月的本人

工资。

② 劳动、聘用合同期满终止,或者职工本人提出解除劳动、聘用合同的,由工伤保险基金支付一次性工伤医疗补助金,由用人单位支付一次性伤残就业补助金。一次性工伤医疗补助金和一次性伤残就业补助金的具体标准由省、自治区、直辖市人民政府规定。

(9) 工伤职工工伤复发,确认需要治疗的,享受本节第(2)(3)(4)条规定的工伤待遇。

(10) 职工因工死亡,其近亲属按照下列规定从工伤保险基金领取丧葬补助金、供养亲属抚恤金和一次性工亡补助金:

① 丧葬补助金为6个月的统筹地区上年度职工月平均工资。

② 供养亲属抚恤金按照职工本人工资的一定比例发给由因工死亡职工生前提供主要生活来源、无劳动能力的亲属。标准为:配偶每月40%,其他亲属每人每月30%,孤寡老人或者孤儿每人每月在上述标准的基础上增加10%。核定的各供养亲属的抚恤金之和不应高于因工死亡职工生前的工资。供养亲属的具体范围由国务院社会保险行政部门规定。

③ 一次性工亡补助金标准为上一年度全国城镇居民人均可支配收入的20倍。

伤残职工在停工留薪期内因工伤导致死亡的,其近亲属享受本条第一款规定的待遇。一级至四级伤残职工在停工留薪期满后死亡的,其近亲属可以享受本条第①项、第②项规定的待遇。

(11) 伤残津贴、供养亲属抚恤金、生活护理费由统筹地区社会保险行政部门根据职工平均工资和生活费用变化等情况适时调整。调整办法由省、自治区、直辖市人民政府规定。

(12) 职工因工外出期间发生事故或者在抢险救灾中下落不明的,从事故发生当月起3个月内照发工资,从第4个月起停发工资,由工伤保险基金向其供养亲属按月支付供养亲属抚恤金。生活有困难的,可以预支一次性工亡补助金的50%。职工被人民法院宣告死亡的,按照本节第(10)条职工因工死亡的规定处理。

(13) 工伤职工有下列情形之一的,停止享受工伤保险待遇:
① 丧失享受待遇条件的。
② 拒不接受劳动能力鉴定的。
③ 拒绝治疗的。

(14) 用人单位分立、合并、转让的,承继单位应当承担原用人单位的工伤保险责任;原用人单位已经参加工伤保险的,承继单位应当到当地经办机构办理工伤保险变更登记。用人单位实行承包经营的,工伤保险责任由职工劳动关系所在单位承担。职工被借调期间受到工伤事故伤害的,由原用人单位承担工伤保险责任,但原用人单位与借调单位可以约定补偿办法。企业破产的,在破产清算时依法拨付应当由单位支付的工伤保险待遇费用。

(15) 职工被派遣出境工作,依据前往国家或者地区的法律应当参加当地工伤保险的,参加当地工伤保险,其国内工伤保险关系中止;不能参加当地工伤保险的,其国内工伤保险关系不中止。

(16) 职工再次发生工伤,根据规定应当享受伤残津贴的,按照新认定的伤残等级享受伤残津贴待遇。

第六节 日本和美国的工伤保险制度[1]

一、日本的工伤保险制度

日本拥有38万平方公里的国土面积和1.2亿的人口,是当今

---

[1] 石孝军:《日本工伤保险的经验与借鉴》,《中国劳动保障》2006年第6期。

工业化水平很高的发达资本主义国家之一。日本有6 000多万就业人口,工伤发生率却很低。2004年,全国因劳动工伤(含交通事故)死伤(包括受伤休息4天以上者)仅12.28万人,工伤发生率约为2.05%。其中,重大事故(一次死亡3人以上)仅274件,工伤死亡人数为1 620人。

(一)工伤保险制度基本概况

工伤保险在日本称劳灾保险,是一种为受到业务灾害或上下班灾害的劳工或其遗属发放必要的保险给付的制度。日本实行强制性的工伤保险制度,由政府机构进行管理。日本的工伤保险并不包括所有的雇员,雇员不足5人的农业、林业和渔业企业的雇员不包括在工伤保险的范围之内,但可以进行自愿的保险。海关和公共雇员实行特别的制度。在日本还有私营保险机构提供的工伤保险项目,分为雇主责任保险和补充赔偿保险两类。

1. 工伤保险基金的征集

日本的工伤保险费(即劳灾保险费)全部由企业雇主缴纳,国库在财政预算范围内可以进行补贴,雇员一般不缴纳工伤保险费。雇主缴纳的工伤保险费,根据社会保险机构规定的保险费率和企业工资总额进行核算。具体到单个企业的缴费,还需根据前三年的费率,算出后三年的费率,劳动者个人不缴费,不搞实名制。日本已多年未出现工伤保险基金入不敷出的现象,而且储备相当丰厚。另外,日本政府每年还专门注入资金13亿日元。但也有一个例外,即若因通勤(出勤)伤害而导致的工伤,雇员在领取疗养补贴时也要缴一部分费,从雇员领取的修歇工补贴中扣除缴纳。

2. 行业费率和费率浮动制度

(1)工伤保险实行差别费率,以支定收,全国统筹。日本的工伤保险行业费率划分细密,共分8大产业51个行业,最高行业费率为12.9%(如水电建设),最低行业费率为0.5%(如供水等)。另外,在雇主缴纳的职业伤害保险费率中,有0.1%日后要用于通勤事故的费用。行业费率是依据各行业工伤事故状况由厚生劳动省确定,并且根据情况变化,每3年调整一次。在行业费率的基础上,对各企业确定缴费的方法有两种:一是对连续事业(工厂、商店等)确定按工资总额的一定百分比缴费;二是对有期限事业(土建工程等)确定缴费的绝对额。

(2)为促使企业注意安全、减少工伤事故,日本实行费率浮动制度。政府根据企业前3年实际支取工伤保险金占所缴纳工伤保险费总额的比例划档,75%以下的降低费率,75%—85%之间的不变,85%以上的提高费率。降低和提高费率的最大幅度为40%。有期限事业按30%的幅度调整其缴费绝对额。

3. 工伤认定的条件

(1)在规定的劳动时间或加班时间内,在业务场地从事业务时受伤可认定为工伤;但劳工在就业中因私事(私人行为)或因逃脱业务的故意行为而受到灾害时,劳工故意引起灾害时,劳工因个人私怨受到第三者的暴行而受到伤害、因地震、台风引起灾害时发生的伤亡不能认定为工伤。

(2)因事业场所的设施、设备或管理状态等引起的灾害可认定为工伤。

(3)因公司需要外出从事相关的业务,由于是根据劳动契约做事,所以,不管做事的场所在何处,只要不是行使私人行为,而是从事一般性业务,在不能否定其为业务灾害的情形下,一般都认定为工伤。

(4)如能满足下列三个条件,原则上可认定为职业病:劳动场所存在有害因素;暴露于可以引起健康伤害的有害因素中;发病的经过及病态与有害因素有关。

(5) 通勤伤害,是指工人上下班按合理路径(无脱逸或中断)往返于住宅和工作地,发生的伤病、伤残、死亡事故。

4. 工伤保险基金的支付

参加了工伤保险的企业,一旦员工发生工伤,费用一般全部由基金支付,雇主不再承担费用;但因雇主故意行为或重大过失而导致的工伤、雇主未缴保险费期间发生的工伤,需要由雇主承担部分或全部费用。受伤者既可以请求工伤补偿,又可以提起诉讼。因工致伤者可以自由选择医院就医,然后要求补偿医疗费。工伤保险的费用给付主要体现在保险给予和劳动福利事业的给付两个方面:保险的给付包括疗养(治疗)补偿给付、休业补偿、年老、遗属补助等;劳动福利事业的支付更为广泛,包括康复治疗、遗属生活、劳动规章的更改、劳动条件的改善等。日本工伤保险的给付制度审理比较严格。大阪南劳动基准署2004年脑、心脏疾病工伤审核合格成功率仅为36%。法律规定伤残等级为14个,1—7级是部分或全部丧失劳动能力的,这样就必须按时发给工伤保险年金;8—14级是不影响劳动能力的,只发给一次性赔付。伤残等级认定要待治疗终了和症状固定后才能认定。

(二) 日本的工伤保险制度的特点

1. 以完备的法律制度为支撑

日本的工伤保险制度起源于1947年。第二次世界大战结束后,日本先后制定颁布了《劳动者事故补偿保险法》《劳动者事故保险法实施规则》和《劳动者事故补偿保险特别给付金支付规则》,建立了工伤保险的法律框架,使事故补偿有了法律保障。随后颁布的《雇用保险法》《劳动者安全卫生法》《劳动保险审查官及劳动保险审查会法》《独立行政法人劳动者健康福利法》和劳动保险费征收的法律,进一步完善了预防和补偿的法律保障体系。

2. 以政府的强力推进为动力

从1958—2003年,工伤保险的主管部门厚生劳动省共制定了如何减少工伤的10个五年计划,该计划的基本方针是"最大限度地减少死亡事故,确保中小企业安全卫生工作落实,减少劳动者的精神负担,减少事故受害人群等"。此外,政府还针对不同行业事故发生率的差异,对事故高发的建筑业、路上货物运输业和第三产业制定了专门计划,进行重点预防。政府还发布了《劳动卫生政策实施纲要》,明文规定"必须杜绝没有充足睡眠的超负荷劳动""一个月超过法定工作时间100小时工作的,必须由产业医生进行定期检查"等保护劳动者健康的办法。

3. 以良好的安全卫生预防体系为基础

日本为减少工伤事故,成立了一个全国性的组织——中央劳灾预防协会,简称"中灾防"。其主要任务是接受厚生劳动省的领导,定期汇报工作;与其下属机构形成企业安全卫生的防护网;改善劳动者的健康环境;为职工创造安全舒适的工作环境。

4. 以健全的工伤保险制度为保障

日本的工伤保险归属于厚生劳动省劳动基准局工伤补偿部管辖,而劳动基准局在各都道府县设有派出机构,即各都道府县的劳动基准局。各基准局在管辖的区域再设若干个劳动基准署,以确保工伤保险各项业务活动的开展。同时,工伤保险管理实行全国联网,每一项业务都可在当地通过网络查询。

5. 以劳动福利的系统工程为依托。

独立行政法人——劳动者健康福利机构主要是开展工伤预防、工伤疾病的专门研究、产品的开发、治疗和伤残人员回归就业岗位和社会的工作。对日本派遣海外人员也有专门的海外勤务管理。

二、美国的工伤保险制度[①]

工伤保险是美国最早确立的社会保险。各个州都有自己的工伤保险,联邦政府没有在各州工伤保险中投入资金和管理成本。除各州工伤保险外,联邦政府还针对一些特殊人群提供特别的工伤保险。这些特殊群体包括联邦雇员、海岸和港口码头雇员、患黑肺病的煤矿工人、暴露于辐射下的雇员、能源雇员、退伍军人、铁路雇员和商船队雇员。因此,美国的工伤保险制度由各个州工伤保险和联邦工伤保险组成。

美国工伤保险是雇主和雇员阶层相互妥协的结果。在早期采取的雇主有过失赔偿原则,往往是雇员败诉,雇主付出的成本也巨大。随着工伤事故增多和工会力量的日益强大,1900 年以后,美国采取补偿不究过失原则。

美国于 1908 年制定了第一部工伤保险法,覆盖一些联邦雇员,但未涉及州工伤保险。到 1921 年,除阿肯色州、佛罗里达州、密西西比州、密苏里州、北卡罗来纳州和南卡罗来纳州 6 个州外,其他州都颁布了工伤保险法。现在,美国 50 个州和哥伦比亚特区都有工伤保险法。

(一)美国的工伤保险模式

美国的工伤保险法可以是强制的,也可以是选择的。美国有 48 个州的工伤保险是强制性的,新泽西州和德克萨斯州工伤保险是选择性的。美国的工伤保险分为三种方式:购买私人保险公司工伤保险、购买州基金工伤保险和企业自我保险。自我保险不通

[①] 于欣华:《美国工伤保险制度》,《思考发现》2010 年第 7 期。

过保险公司和其他机构,而是企业自己预留一笔钱专门用于工伤保险事故等情况。2001年,有26个州通过州基金提供工伤保险,除5个必须由州基金提供工伤保险外,其余21个州允许州保险基金与私人保险公司在工伤业务上竞争。除北达科州和怀俄明州外,其余各州还允许企业自我保险。

在美国,由私人保险公司提供的工伤保险占大多数。2001年,私人保险公司提供的工伤保险补偿占工伤保险支付补偿总额的54.8%。工伤保险的第二大方式是自我保险,占工伤保险支付补偿总额的22.9%。

(二) 美国工伤保险的覆盖范围

美国各州工伤保险的覆盖范围不同,但包含大多数企业雇员。在有些州,某些种类的雇员被排除在外,如家务劳动者、慈善或宗教组织的雇员、州和地方政府某些单位的雇员。对于农业雇员,各州的规定有所不同,在一些州,少于特定雇员人数(通常是3—5人)的企业也被排除在工伤保险范围之外。

(三) 美国的工伤保险费率

美国工伤保险费率分为手册费率、经验费率和优惠费率三个层次。手册费率是根据雇员所从事的工作而定的。在美国,基于工作性质所形成的风险分类构成美国工伤保险费率分类制度的基础。雇员都能被恰当地划分在最能揭示其工作性质的类别中。一般一个企业只能有一个标准行业代码,但却有不同分类的雇员。保险公司根据工作风险性质和管理成本、正常利润等因素综合确定每一个分类中的保险费率。保险费率还与市场上保险产品供求关系的变化有密切的关系。手册费率没有考虑各个企业的实际差别。经验费率根据企业过去的工伤保险事故(通常是3年内的工伤保险事故)确定。经验费率可以激励雇主积极改善工作条件。当手册费率被计算出,通过经验费率被调整后,最后使用优惠费率作进一步调整,也就是在测算保险费率的基础上打折。打折的判断标准比较主观。例如,宾夕法尼亚州法律规定,如果雇主实施合格的工作场所安全计划,就给这些雇主提供5%的保险费打折。其他州也有类似的规定。

(四)美国工伤保险补偿

工伤保险补偿一般包含即时医疗护理和因工资损失的现金补偿。享受现金补偿必须超过3—7天的等待期。现金补偿除了依据伤残持续时间外,还要依据伤残严重程度来确定。美国各州工伤保险伤残程度分为四级:临时完全伤残、临时部分伤残、永久完全伤残和永久部分伤残。如果雇员因工死亡,将向其家属提供死亡给付。死亡给付分为两种方式:一种是有最高限额的丧葬补贴;另一种是对符合条件的家属给予现金支付。

三、日本和美国工伤保险发展的启示

(一)将工伤预防列为工伤保险制度的首要任务

事故伤害的数量在迅速增长,在检讨政府安全监管执行不力的同时,工伤保险制度也不能再仅仅局限于传统的"灭火器"的作用,而是要从根本上来重视和保护人的生命和健康。职业危害是不可避免的,但充分的预防措施却可以在很大程度上降低事故发生的几率,从源头上减少职业伤害。1922年,美国马萨诸塞州的工伤补偿立法中规定把部分工伤补偿基金用于工伤预防。实践证明,"预防优先"在从根本上控制事故率、减少职业病和职业伤害方面发挥着无可替代的作用。

(二)执行差别化的工伤保险费率政策

根据行业、工种、工伤事故发生率和安全生产措施的执行情况执行差别化的工伤保险费率政策,有利于激励企业改善工作条件。

(三)加强安全卫生培训

任何一项安全措施或安全卫生规范,最终都要通过用人单位和职工的行为来实现。用人单位要开展各类安全生产的培训。例如:对新上岗的工人实行入厂教育、车间教育、班组教育的所谓三级安全教育;对特殊工作岗位人员的专业安全技术培训教育;对管理员和安全检查人员的安全卫生知识、专业基础知识及其责任的教育;对新工艺、新机器、新原料等的使用,实行安全卫生性能方面的教育;对新职工进行岗位责任制和操作规范的教育等。

(四)加强安全生产监督检查

劳动安全卫生的检查与监察是劳动安全卫生法律制度中一个非常重要的环节。通过对劳动安全卫生的检查和监察,保证其他制度的作用得以发挥。同时,劳动安全卫生制度的检查与监察相互之间又密切配合,既通过检查制度贯彻了"预防为主"的指导思想,又通过监察对违纪行为和违法行为事件进行处理,实现了教育与处罚相结合的目的,以便遏止事故和职业病高发势头,减少重、特大事故的发生。

(五)重视康复事业的发展

从实际出发,将现代康复技术和我国传统康复技术相结合,以康复机构为骨干、社区康复为基础、残疾人家庭康复为依托,以实用、易行、受益广的康复内容为重点,开展康复技术的研究、开发和应用,为残疾人提供有效的服务。

 附录

职业病能一次性了断吗?

一、案例情节

江苏省泰州市某企业职工林立在患上职业病后,未经工伤鉴定便被其所在企业在改制期间一次性赔偿了断。为了享受工伤待遇,经受三期矽肺病煎熬的林立走上了艰难漫长的诉讼道路。

泰州市中级人民法院终审判决支持了林立要求给予工伤待遇的要求。法院判决该企业全额报销林立治疗工伤所需的挂号费、住院费、医疗费、药费、就医路费等,并向林立按月发放相当于其本人受伤前月工资的工伤津贴,以及在2002年7月林立工伤伤残等级确定后按照当地职工月平均工资的40%按月向林立发放护理费,按其月工资的80%按月发放伤残抚恤金,按其月工资20个月的标准给予一次性伤残补助金。

林立原系泰州市某化工设备衬里厂职工,后因改制该厂并入某公司。林立于1991年7月至1997年6月间在化工设备衬里厂从事喷沙工作。1999年12月,林立患上三期矽肺病,遂停止工作治疗休息。期间,公司按月发给林立部分工资,并报销其全部的医疗费用。林立的工资领取和医疗费报销均由其妻郑某办理。

2000年8月31日,林所在的公司拟订了《改制企业职工工伤补助安置协议》和《改制企业职工安置协议》,协议明确向林立支付一次性工伤补助70 000元和退职补助金2 250元,林立之妻郑某在上述协议上作为乙方签名,林立之弟也一同签名,当日,郑某即取走工伤补助金及退职补助金合计72 250元。同年9月21日,郑某又在另一份《改制企业职工安置协议》上代表林立签名并取走一次性退职补助金3 330元。从2000年9月起,公司停止支付部分工资,不再报销医药费用。林立向医生了解后得知,职业病往往是难治愈的疾病,伤者后期维持治疗费用相当高,如果不能享受工伤待遇,其一次性领取的补助金很快就会用完,将来的生活和治疗都无法保障。

二、案例分析

2001年12月25日,林立向所在市劳动争议仲裁委员会提起劳动仲裁,要求认定工伤,享受工伤待遇。劳动仲裁期间,该市劳动鉴定委员会受劳动仲裁委员会的委托,鉴定林立的伤残等级为三级,鉴定护理等级为大部分护理依赖。

该市劳动仲裁委员会经过审理认为,林立提出的劳动仲裁申请已经超过规定时效,故裁决驳回林立的工伤待遇申请。

林立不服,向当地法院提起诉讼,要求享受工伤待遇。一审法院经审理认为郑某以林立的名义已经与单位签订了工伤补助协议,并领取了一次性工伤补助包括今后的医疗费用,无权再要求享受工伤待遇。判决驳回了林立要求继续享受工伤待遇的诉讼请求。林立不服一审判决,向泰州市中级人民法院提出上诉。

泰州市中级人民法院经审理认为,企业职工在生产、工作中因患职业病使身体健康受到伤害后有获得医疗救治、经济补偿和职业康复的权利。根据《工会法》和《企业职工工伤保险试行办法》的规定,职工因工受伤后,应当先行治疗,待治愈或病情稳定后作出职工工伤伤残等级鉴定,在工伤职工自愿的情况下,可与企业达成一次性领取工伤待遇的相关协议。本案中虽然公司与林立之妻郑某就林立工伤待遇签订了一次性工伤补助的协议,但因协议签订之时尚未对林立的工伤伤残等级作出鉴定,因此,双方并无签订一次性工伤补助协议的客观事实基础。而且,郑某对林立的工伤性质、伤情严重程度缺乏充分的认识,无法对林立的伤情发展作出正确预测,故公司与郑某签订的协议并非严格法律意义上的一次性工伤补助协议。

因此,法院最终判决支持了林立要求给予工伤待遇的要求。

(资源来源:http://www.cnpension.net/sbal/ylbx/2010-08-19/1168519.html)

思考题

1. 什么是工业伤害?工业伤害的特征有哪些?
2. 工伤保险有哪些补偿原则?
3. 建立工伤保险基金的意义有哪些?
4. 应该认定为工伤的情形有哪些?
5. 视同工伤的情形有哪些?
6. 伤残分为哪些等级?
7. 美国和日本的工伤保险发展对中国有哪些启示?

第六章 生育保险

学习目标

学完本章,应该了解世界生育保险的建立和发展过程、了解生育社会保险的意义、原则,熟悉生育社会保险的特点,掌握我国生育保险待遇的主要内容。

基本概念

生育保险 产假 生育津贴 生育医疗服务 育儿假

第一节 生育社会保险的意义和特点

生育是指妇女从怀孕期开始到胎儿娩出母体的整个过程,分为产前、产中、产后三个阶段。生育保险是指职业妇女因生育而暂时中断劳动,由国家或单位为其提供生活保障和物质帮助的一项社会制度。其宗旨在于通过向生育职工提供生育津贴、医疗服务和产假等方面的待遇,保障她们因生育而暂时中断劳动时的基本经济收入和医疗需求,帮助妇女安全渡过生育期,并使婴儿得到必要的照顾和哺育。一些发达国家除了提供上述待遇外,还为孕妇、婴儿提供生活用品等。各国生育保险的项目、条件和标准主要根据本国经济状况而确定。

一、生育社会保险的意义

（一）保护孕产妇和婴儿的身体健康

怀孕的女性在临产前的一段时间内，由于行动不便，已经不能或不宜工作；分娩后，需要一段时间休息和足够的营养，以恢复身体和照顾婴儿。国家通过制定社会保险、劳动保护及妇幼保健等一系列社会政策，有效地保护了妇女及婴儿的身体健康。通过对女职工孕期、分娩期、哺乳期过程的医疗保健措施，保护了妇女及婴儿的身体健康，减少了她们在特殊时期所受到的危害。据有关部门提供的资料显示，我国建国初期孕产妇的死亡率为1500/10万（监测地区）；1989年下降为94.7/10万；1995年为61.9/10万；1998年为56.2/10万；2001年为53/10万。2015年，孕产妇死亡率为20.1/10万，其中，城市为19.8/10万，农村为20.2/10万。解放初期的婴儿死亡率为200‰，1954年下降为138.5‰；1990年为32.9‰。2015年，5岁以下儿童的死亡率为10.7‰，其中，城市为5.8‰，农村为12.9‰；婴儿死亡率为8.1‰，其中，城市为4.7‰，农村为9.6‰。

这充分说明我国实行的生育保险、卫生服务、妇幼保健及劳动保护等政策在一定程度上保护了妇女及新生儿的身体健康，降低了妇女生育期间的风险，为国家劳动力后备资源打下了良好的基础，起到了提高民族素质的作用。

（二）保护妇女的平等就业权

在市场经济条件下，企业把追求经济效益作为自身生存和发展的重要目标。实行生育保险费用企业统筹，由于生育保险费在企业成本中列支，是企业成本的一个组成要素，又使企业负担的生育保险费在与本企业育龄女职工数量成正相关关系的同时，与本企业经济效益却成逆向关系，进而导致企业为获得最佳经济效益而回避使用育龄女职工。生育费用无形中加大了使用女职工的人工成本。所以，有些企业不愿意招用女职工，甚至连大、中专毕业生也被拒之于企业招工的大门之外。生育保险费用企业统筹——完全由企业负担不合理，从另一方面看，增加了妇女就业的难度。据资料显示，在女性就业机会紧张、就业压力大的情况下，当个人事业发展与生育孩子产生矛盾时，61.8％的女性选择事业，39.2％的女性选择孩子，尤其是高学历、高职位的女性更是选择了事业而不要孩子，这不仅损害了女性的生育权，也必将影响家庭的稳定。

我国劳动法明确规定：妇女享有与男子平等的就业权利。生育保险是维护妇女平等就业的具体表现形式。实行生育保险社会统筹，可以均衡各行业、企业的生育费用负担；缓解用人单位对妇女就业的歧视，同时可以化解女职工因生育导致失业或减少工资收入的矛盾。用人单位不必担忧职工生育造成人工成本的提高以及经济上带来的损失。在实施生育保险的条件下，用人单位对男女雇员劳动能力的评价和用人标准更为客观，更趋于合理。因此，生育保险是劳动力市场上男女公平竞争的一座平台。

（三）缓解企业之间生育费用负担不均衡的矛盾，为企业平等竞争与市场竞争创造条件

过去，由于女职工生育期间的费用均由所在企业负担，致使一些女职工多的企业在人工成本上高于其他企业。特别是纺织、服务等行业，由于企业性质决定女性青年比较多，一些单位女职工占

职工总数的 70%—80%,多数女性处在生育的高峰期,这些单位生育费用负担沉重。而有些企业女职工则不足 10%。这导致企业之间生育费用畸轻畸重。这些不合理机制的内在矛盾,表现为承担生育保险费和提高企业经济效益相冲突。女职工在生育期间必须中断劳动,离开工作岗位,使所在企业直接蒙受给付无效报酬、承担顶岗损失、机会损失、管理费用等多项损失的代价。这些代价导致负担生育费用多的企业在不同程度上发生保险费吞吃利润的现象。实行生育保险社会统筹,在一定程度上缓解了这一矛盾,使企业支付的生育费用得到了相对的均衡,减轻了女职工集中企业的经济负担,使女职工多的企业和其他企业站在同一起跑线上参与市场竞争[①]。

(四)有利于延续后代,提高人口素质,保证社会劳动力的再生产

社会劳动力的再生产是通过人类繁衍实现的。要使社会得到高素质的劳动力,必须实行优生优育。妇女劳动者在产前、产后的一段时间内,暂时丧失劳动能力,不能通过劳动取得报酬以维持基本生活。如果妇女劳动者在生育期间的生活得不到相应的保证,因生活困难而被迫降低必要的保健和营养水平,下一代的生存和健康成长就会遭遇困难。生育保险所提供的医疗保健、生育津贴、带薪假期,则对优生优育、保证下一代的正常孕育、出生和成长,以及对于社会劳动力素质的提高提供了物质基础。生育保险所维持的不仅是作为其直接保障对象的妇女劳动力的简单再生产,而且对于劳动力扩大再生产也起到了重要的保证作用。可见,在对劳

---

① 姚宏:《医疗与生育保险》,中国劳动社会保障出版社 2005 年版,第 273—280 页。

动力再生产的保障作用方面,生育保险超过了其他社会保险。

二、生育社会保险的特点

(一)个人不缴纳生育保险费

我国传统生育保险制度的法律依据是1988年国务院颁布的《女职工劳动保护规定》,覆盖范围包括国家机关、企业、事业单位。具体标准按照同年劳动部颁发的《关于女职工待遇若干问题的通知》执行,即职工生育后,由职工所在单位负担职工的生育津贴,报销医疗费用,生育保险的管理工作由职工所在单位负责。从1988年起,各地积极探索建立生育保险社会统筹制度,1994年,劳动部颁发了《企业职工生育保险试行办法》,将各地的生育保险待遇以法律的形式确定下来。参加统筹的企业,按照规定缴纳生育保险费,职工个人不缴费。

(二)享受生育社会保险待遇的对象一般限于女性

由于生育主要由女性完成,因而在绝大多数国家,生育保险只限于女性。随着经济发展和社会进步,有些国家和地区,允许女职工在生育后,给予男职工一定假期,以照顾生育后的妻子,假期工资照发。在我国,生育保险是社会保险的一种,属于社会统筹性质,是按照全部职工收取的。单位为男职工缴纳的生育保险费,是为女职工生育准备的社会统筹基金。企业应按照规定为全体职工缴纳生育保险费,这样,女职工生育时,可以享受生育保险待遇,而男职工则不能。如果男性妻子没有参保,即使男性职工所在的企业已按时为他参保缴费,他妻子生育时产生的生育医疗费仍不可以报销。不过,按照我国生育保险政策的规定,参保男职工发生的计划生育手术费用是可以由生育保险基金支付的。在我国,生育保险的范围更加狭窄,仅局限在达到了法定结婚年龄、正式登记结婚,并符合国家计划生育规定的女职工。农村妇女、城镇失业妇女、无业妇女、女性个体户等仍无法纳入生育保险的范围。

(三)具有计划性和预见性

在分娩前一段时间,由于行动不便,女职工已经不能工作或不宜工作,分娩以后,需要一段时间休假、恢复健康和照顾婴儿,因而生育保险还带有善后的特点。生育保险是根据事先、事后保障相结合方式建立的,生育保险给付的假期均从生育之前孕期开始。生育保险支付的频率和平均期限,具有较强的计划性和预见性。

(四)生育社会保险待遇与国家人口政策相联系

一个国家的人口政策关系到国计民生,对推进或延缓社会发展起到举足轻重的作用。目前,一些发达国家的人口出现了负增长,人口出生率很低。在欧洲和澳大利亚、加拿大等国,因人口不足,为鼓励生育,国家采取"生得越多,补贴越多,假期越长"的优惠政策。如波兰、法国、保加利亚规定,生育第一胎的产假为16—17周,第二胎为18—21周,第三胎为26周。在广大发展中国家,则是采取节制生育的人口政策。往往是孩子越多,母亲享受的补贴越少,假期越短。我国从20世纪70年代开始,在城乡广泛开展了计划生育工作,妇女劳动者要享受生育保险待遇,必须符合计划生育政策[①]。

(五)生育社会保险具有强制性

生育保险属于社会保险,社会保险涉及单位与个人利益的调

---

① 郭捷:《劳动法与社会保障法》,中国政法大学出版社2009年版,第362页。

整和收入的再分配,因而,用人单位与妇女劳动者必须参加,双方都必须按照规定的费率缴费,不能像商业保险一样由自己决定是否参加。

第二节 生育社会保险的原则与待遇

一、生育社会保险的原则

生育保险是社会保险的组成部分,是保障妇女劳动者身体健康、生活稳定和促进社会安定的主要手段之一。生育保险各项政策要坚持从国情出发,着眼于依法保护妇女权益,全面提高妇女素质,促进妇女积极参与经济建设和社会生产,保障妇女劳动者生育期间的基本待遇。生育保险的总的指导思想:一是生育保险的目标要与国家的总体发展目标协调统一;二是必要性和可行性的协调统一;三是科学发展与以人为本相统一。

生育保险在上述指导思想的基础上,要坚持社会保险的公平性、普遍性、社会性等通行的原则,同时还要坚持具有生育保险自身特点的原则,主要有以下几个方面:

(一)生育保险待遇水平要与生产力发展水平相适应的原则

生育津贴水平过低,不足以保障生育妇女和婴儿的基本生活;生育医疗费补偿过低,不利于生育妇女到医院生孩子;带薪产假时间过短,不利于生育妇女恢复健康。生育保险待遇水平过高,影响用人单位生产经营活动的开展和盈利水平,加重用人单位的负担。生产力决定着经济发展水平,生育保险待遇水平要与当地的生产力发展水平相适应,在生育保险政策的制定过程中,必须要合理确定保障项目和支付范围。

(二) 权利与义务对等的原则

生育保险是社会保险的组成部分,因此,具有社会保险通行的原则。社会保险待遇应当是缴费的回报,而不是政府提供的免费午餐。权利与义务对等的原则,要求被保险人必须履行规定的义务之后,才能具备享受生育保险待遇的权利。这些义务主要包括:必须依法参加生育社会保险制度;必须依法缴纳生育社会保险费或税。换句话说,享受生育保险待遇的个人必须是参保单位的职工,有过缴费记录。

(三) 生育保险基金收支平衡的原则

生育保险根据"以收定支,收支大体平衡"的原则进行筹集资金。主要考虑生育保险享受人数和国家的人口政策相联系,预计性强,风险不大,不必留有节余。节余过多会加重企业负担,影响生育保险事业的健康发展。生育保险基金以够用为目标,参加统筹的用人单位,按照规定的比例缴纳生育保险费,职工个人不缴费。

(四) 生育保险待遇实行产前和产后都应享有的原则

其他社会保险都有善后的功能,只有在据以提供保障的事实发生后,才能给付相应的保险待遇。例如,失业保险待遇只有在失业的事实发生以后才能享有,工伤保险待遇只有在出现工伤事故后才能享有。而生育保险实行产前和产后都享受的原则,这样才能更好地保护产妇和婴儿的健康。

二、生育社会保险的主要待遇

(一) 产假

产假是指国家法律、法规规定,给予职工在生育过程中休息的期限。具体解释为女职工在分娩前和分娩后的一定时间内所享有的假期。

产假的主要作用是使女职工在生育时期得到适当的休息,使其逐步恢复体力,并使婴儿得以受到母亲的精心照顾和哺育。我国在 20 世纪 80 年代以前,把怀孕、生育和产后照料婴儿的假期规定为 56 天。1988 年出台的《女职工劳动保护规定》对原规定作了很大的修改。现法定正常产假为 90 天,其中,产前假期为 15 天,产后假期为 75 天。难产的,增加产假 15 天。若系多胞胎生育,每多生育一个婴儿增加产假 15 天。流产产假以 4 个月划界,其中,不满 4 个月流产的,根据医务部门的证明给予 15—30 天的产假;满 4 个月以上流产的,产假为 42 天。很多地区还采取了对晚婚、晚育的职工给予奖励的政策,假期延长到 180 天。值得注意的是,国家规定产假为 90 天,是为了能保证产妇恢复身体健康。因此,休产假不能提前或推后。但对一些从事特殊职业的女职工,如教师、科技人员等产假正值寒暑假的,可否将工作假和产假合并计算顺延休假时间,法律上没有明确规定,在这种情况下,应根据主管部门的规定执行。

女职工产假期满,恢复工作时,应允许有一至二周的时间逐渐恢复原额定工作量。若产假期满,因身体原因仍不能工作的,经过医务部门证明后,其超过产假期间的待遇,按照职工患病的有关规定处理。

生育期间,妇女生理发生较大的变化,身体负担较重,为保证妇女在生育后得到良好的休息和休养,保护母婴健康,进而提高全民族素质,不管女职工是正常生育还是小产,都应给予休假。但如果女职工生育违反国家有关计划生育规定,属于计划外生育或非婚生育,则不享受此类产假待遇,其他生育待遇仍应按计划生育规定处理。

（二）生育津贴

生育津贴是指国家法律、法规规定对职业妇女因生育而离开工作岗位期间,给予的生活费用。有的国家又叫生育现金补助。

我国生育津贴的支付方式和支付标准分为两种情况：一是在实行生育保险社会统筹的地区,支付标准按本企业上年度职工月平均工资的标准支付,期限不少于90天；二是在没有开展生育社会保险统筹的地区,生育津贴由本企业或单位支付,标准为女职工生育之前的基本工资和物价补贴,期限一般为90天。部分地区对晚婚、晚育的职业妇女实行适当延长生育津贴支付期限的鼓励政策。还有的地区对参加生育保险的企业中男职工的配偶给予一次性津贴补助。

女职工生育或流产后,由本人或所在企业持当地计划生育部门签发的计划生育证明、婴儿出生证、死亡或流产证明,到当地社会保险经办机构办理手续,领取生育津贴和报销医疗费。

（三）医疗服务

生育医疗服务是由医院、开业医生或合格的助产士向职业妇女和男职工之妻提供的妊娠、分娩和产后的医疗照顾以及必需的住院治疗。生育医疗服务是生育保险的待遇之一。各国的生育保险提供的怀孕妇女的医疗服务项目不同,一般是根据本国的经济实力和社会保险基金的承受能力,确定相应的服务范围。大多数国家为女职工提供怀孕到产后的医疗保健及治疗。我国生育保险医疗服务项目主要包括检查、接生、手术、住院、药品、计划生育手术费用等。

(四) 生育保险不予负担的费用

(1) 违反国家或当地计划生育规定发生的医疗费用。
(2) 因医疗事故发生的医疗费用。
(3) 在非定点医疗机构发生的医疗费用。
(4) 按照规定应当由职工个人负担的医疗费用。
(5) 婴儿发生的各项费用。
(6) 超过定额、限额标准之外的费用。
(7) 不具备卫生行政部门规定的剖腹产手术证明,职工个人要求实施剖腹产手术的,超出自然分娩额定标准的费用。
(8) 实施人类辅助生殖术(如试管婴儿)发生的医疗费。

(五) 生育保险待遇与医疗保险待遇的区别

作为社会保险的两个重要组成部分,生育保险和医疗保险既有相似之处,又存在一定程度的区别。生育保险与医疗保险的主要相同之处是,两者都是对暂时丧失劳动能力的职工提供保障,同时对享受者提供必要的医疗服务。例如,女职工生育期间(分娩期除外)发生的并发症,其医疗费按照本市城镇职工医疗保险规定,由医疗保险基金支付。

生育保险和医疗保险也存在很多不同之处,其主要区别有:

(1) 两者的待遇享受对象不同。生育保险待遇的享受者一般为女职工,少数地区包括男职工配偶,而医疗保险待遇享受的对象是全体参保职工。

(2) 两者的待遇享受时间不同。生育保险的享受时间是育龄女职工,它取决于妇女的年龄、结婚时间、生育顺序等。2016年以前,我国实行计划生育政策,因此,女职工一生基本只享受一次生育保险待遇,较少有享受两次以上的。医疗保险没有年龄限制,无论哪一个年龄段都可以享受,次数上没有限制。2016年1月1日起,各地为贯彻全面二孩政策,修订了生育保险政策。

(3)两者的待遇内容不尽相同。生育保险享受者的医疗服务,基本上以保健和检测为主。正常的分娩无须进行治疗,只要求定期对孕妇进行身体检查,以及对产妇和胎儿的监护,以保证正常分娩。而医疗保险的主要目的是进行治疗,通过必要的检查、药物、理疗和手术等方面的医疗手段的实现,以促进患者痊愈。

(4)两者的享受待遇期限存在差别。生育假期的享受待遇期限往往与生育期相联系紧密;医疗保险对享受者没有时间限制,一般以病愈为期限。

(5)生育保险的待遇保障标准一般高于医疗保险待遇。我国医疗保险实行统筹基金和个人账户相结合的原则,而生育保险职工个人不缴纳生育保险费,没有个人账户,只有统筹账户。

第三节 国外生育保险制度

一、生育保险制度的建立与发展

(一)国际公约对生育保险的规定

根据国际劳工组织提供的资料,生育保险是一项对女职工给予关注的保护措施。早期生育保险制度是以1883年《德国劳工基本保险法》中关于生育保险的规定为代表。1919年,第一届国际劳工大会通过了《妇女产前产后就业公约》(第3号公约),它是第一个涉及女工产前和产后就业的国际公约。随着各国社会保障事业的发展,以及考虑到成员国法律和惯例,生育保险公约进行了多次修订。1952年,修订产生了《生育保护公约》(第103号公约)。2000年5月30日,国际劳工理事会在日内瓦举行第88届会议,修订产生了关于生育保险的第183号公约。

1. 第3号国际公约的主要内容

第3号国际公约共分12条。主要内容规定了无论在任何公营或私营的工业或商业企业里,或在其任何部门的妇女,在产后6周内不准工作,享受生活津贴和免费护理。妇女在产假缺勤期间以及产假期满者,禁止雇主解雇产妇。公约还规定孩子如需要哺乳,无论在什么情况下,应保证妇女每天在上班时间哺乳两次,每次为半小时。

2. 第103号国际公约的主要内容

第103号国际公约共17条。主要规定了生育保险属于与收入挂钩的社会保险制度,规定津贴不应低于原收入的2/3;产假至少为12周,从预产期前6周至实际分娩后6周;医生或持有合格证的助产士提供医疗护理;这期间产妇应得到现金生活费,一直到产妇恢复身体健康;最后,还要求为产妇在工作时间内给婴儿喂奶作出安排。

第103号国际公约还规定,在产假期间,妇女在产假缺勤期间以及产假期满者,禁止雇主解雇产妇。妇女有权领取现金和医疗津贴,现金津贴应保证足以按照适当生活标准维持产妇以及产儿的健康;医疗津贴应当包括产前、产时、产后的护理,以及必要时的住院护理;应尊重产妇选择医生和医院的自由,产假期间的现金和医疗津贴,或由强制社会保险基金提供,或由公共基金提供。

3. 第183号国际公约的主要内容

第183号国际公约包括21条,比第103号公约规定更为细致和宽泛,待遇水平更高。规定了范围、健康保护条件、产假时间、在出现患病或出现并发症情况下的休假、津贴、就业保护和非歧视、哺乳时间、定期审查等方面的条款。

自1919年国际劳工组织公布了第一个生育保护公约以来,女工在享受社会保障提供的带薪产假方面有了显著的进步。当时只有9个国家提供了这种待遇,到1952年已经增加到40个。目前,据不完全统计,世界上共有130多个国家根据自己的社会制度和经济实力,进行了相应的生育保险立法。其中,13个国家建立了单独的生育保险制度,而大多数国家把生育保险作为疾病保险制度的一部分[1]。

二、国外生育保险制度简介

(一)各国生育保险基金的模式

各国初期生育保险的主要表现形式,是通过向怀孕和生育子女的职业妇女提供劳动保护、身体保健以及物质帮助等方式体现的。这一制度的实施对保护妇女劳动者的身体健康和劳动力再生产具有重要意义。随着社会的发展和进步,广大妇女走出家门,从事有利于社会也有利于妇女自身的事业,已经成为不可逆转的趋势,因此,这一制度通常又是国家为保护女职工在产前、产后的全部假期内得到支持和照顾而制定的一种社会政策。在社会保障体系中,生育保险属于与工作相关联的保障计划[2]。各国的生育保险模式如下:

一是社会保险型。主要做法是通过立法规定个人、雇主、政府

---

[1] 吕学静:《生育保险他山石》,《中国社会保障》2010年第8期。
[2] 姚宏:《医疗与生育保险》,中国劳动社会保障出版社2005年版,第252—259页。

对疾病、生育保险基金的筹资比例(不一定都是三方负担),建立统一的基金,由基金支付覆盖群体的生育或医疗费用。实行社会保险制度的国家很普遍,主要有美国、德国、芬兰、巴西等91个国家。有些国家对铁路、银行等特殊行业以及公务人员、自我雇佣者另有专门的规定。

二是社会福利型。主要特征是不以是否参保作为享受生育保险待遇的前提。本国所有雇员均可以享受疾病或生育津贴,所有常住居民可以免费或负担很少的费用享受医疗保健。享受生育津贴的人员,必须在生育前有一定时间的参保或就业记录,而享受医疗保健的人员只要求是本国常住居民。例如,新西兰等国规定,只要符合国家公民资格和财产调查手续的妇女,一般都能享受生育待遇。这种制度一般在经济条件比较好的国家沿用,主要有加拿大、瑞士、丹麦、澳大利亚、新西兰等20多个国家。

三是雇主责任型。主要做法是生育费用由企业雇主或职工所在单位负担,不要求有缴费记录。这种制度一般在经济尚不发达的国家中采用,如苏联、利比亚、马尔他、布隆迪等。

四是其他保障型。实行其他保障制度的国家很少,如储蓄基金制度,只在新加坡、尼日利亚、赞比亚等国家实施;实施全民保险制度、实行社会保险和私人保险相结合制度的都只有一个国家[1]。

各国生育保险制度的具体内容虽然因国情与政策的不同而有所不同,但生育保险的给付大都包括四个项目。(1)生育津贴,又称生育收入补偿,即在法定的生育休假期间对生育者的工资收入损失给予经济补偿;(2)医疗护理,又称生育医疗保健,即承担与生育有关的医护费用(包括产前检查费);(3)生育补助,又称子女

---

[1] 吕学静:《生育保险他山石》,《中国社会保障》2010年第8期。

补助金,对生育保险对象及其家属的生育费用给予经济补助,如婴儿津贴和保姆津贴等;(4)生育休假,包括母育假(产假)、父育假(母亲产假期间的父亲育儿假)和育儿假(母亲产假后父母双亲任何一方的育儿休假)。

(二)欧亚国家生育保险基金的缴费比例[1]

1. 由受保人、雇主和政府三方共同负担

采用这种方式的国家有奥地利、比利时、芬兰、法国、德国、希腊、爱尔兰、卢森堡、荷兰、西班牙、印度、日本、韩国和泰国等。奥地利规定生育保险的基金来源为:(1)受保人:工资收入者按照工薪的3.9%缴费,薪金雇员按照薪金的3.7%缴费,年金领取者按照年金的4.35%缴费。(2)雇主:对工资收入者按照工薪总额的3.5%缴费,对薪金雇员按薪金总额的3.7%缴费。(3)政府承担生育现金补助的70%。印度规定生育保险基金的来源为:(1)受保人缴纳工资的1.75%(日平均工资低于40卢比的雇员不缴纳)。(2)雇主缴纳参加保险的雇员工资总额的4.75%。(3)联邦政府负担医疗补助费用的12.5%。

2. 由受保人和雇主共同负担

巴基斯坦对于生育保险,受保人每月缴纳20卢比,雇主缴纳工资总额的7%,政府不负担。

3. 由雇主全部负担

瑞典的生育保险与疾病属于同一基金管理,对于生育和疾病给予现金补助,但雇员不缴纳,政府不缴纳,由雇主缴纳工资总额的11.08%,加上父母现金补助2.2%。印度尼西亚受保人和政府

---

[1] 蔡凤梅:《欧亚国家生育保险制度安排及比较分析》,中国人民大学硕士学位论文,2005年。

都不缴纳和承担生育保险费用,雇主为已婚雇员缴纳薪金工资总额的6%,为单身雇员缴纳工薪总额的3%。

4. 由政府和雇主负担

丹麦对于生育现金补助的规定是,由雇主补助生育期间前2周的全部费用,地方政府负担第2周以后的全部费用。英国规定,由雇主承担8%,由政府承担92%的法定女性生育工资和法定男性生育工资,受保人不缴费。菲律宾对于生育保险制度,规定雇主根据29个工资等级,缴纳工资总额的0.4%,政府缴纳保险费的每月最高限额为15 000比索,受保人不用缴纳。

(三)欧亚国家生育保险基金管理[①]

在生育保险基金的管理上,一般采取国家集中管理下的区域负责制。在英国,健康和社会保障部通过地方办事机构,管理疾病与生育保险费和补助金;通过国民保健系统全面管理医疗服务;全国大约有15个区域性卫生主管当局和各地区卫生当局管理国民保健服务工作。在德国,国家保险协会监督全国健康保险,州保险协会负责疾病与生育法规实施,疾病基金会管理保险费和补助金。欧亚不同国家的生育保险基金筹集管理的方式略有不同。

1. 将生育保险与养老、医疗、工伤、失业补助基金一起合并管理

实行这种方式的有爱尔兰、英国、西班牙、葡萄牙等国家。

2. 将生育保险与医疗保险合并管理,对于生育补助单项列支

实行这种方式的国家有比利时、意大利、卢森堡、德国、芬兰、

[①] 汪泓等:《医疗与生育保险:政策与实务》,北京大学出版社2008年版,第178—179页。

奥地利、希腊、瑞典等。

3. 将疾病和生育保险与工伤(残疾)保险合并管理

实行这种方式的有法国、泰国、巴基斯坦等国家。法国的疾病与生育基金为残疾补助和遗属补助提供待遇；泰国的疾病与生育基金同时用于残疾或遗属津贴；巴基斯坦的疾病和生育基金也用于工伤保险。

4. 将疾病和生育保险与失业保险合并管理

实行这种方式的国家有荷兰等。荷兰规定就业或失业工人的疾病和生育保险补助缴费包括在失业补助缴费率里。

(四)国外生育保险待遇的特点

1. 生育津贴高

据对130多个国家的生育津贴进行统计,结果显示：生育津贴占妇女生育前原工资收入100%的有61个国家,占统计总数的44.8%；津贴占原收入80%—99%的有6个国家,占4.4%；津贴占原收入60%—79%的有37个国家,占27%；津贴占原工资收入50%—69%的有15个国家,占11%；津贴占原工资收入50%以下仅1个国家,占0.7%。

2. 生育补助优厚

国外各国大都有较优厚的生育补助。在英国,新生婴儿可获得250英镑的首笔津贴,低收入家庭的新生婴儿则可得到500英镑。另外,家庭里的首名婴儿每周可获福利17.45英镑,其后的每名婴儿每周可得11.7英镑。在法国,不管是自己生或是领养小孩都有津贴补助,法国妇女可留职休假3年专职带小孩,享有职业保障及有薪假期,期间可获得日托幼儿津贴及居家保姆津贴,小孩越多,津贴额越高。此外,每多生一个小孩,缴的税就更少,而且搭乘交通工具也有优待。日本育儿金的标准是新生儿及未满2周岁的幼童,每个月政府会发给父母5 000日元的育儿金,第三胎将发1万日元,直到小孩满12岁为止。但应当指出的是,由于发达国家的少子化倾向严重,这些国家的育儿补贴政策是为了鼓励生育而采取的措施。

3. 父母同享育儿休假

在国外,男女大都享有育儿休假制度。在德国,2007年1月1日起,母亲可请12个月带薪产假,父亲的假期则为2个月。瑞典的产假最长可达672天,育儿假期450天,小孩满8岁前都可以利用;女性请产假,男性请父育假,或是父母请假照顾生病子女,可领补助金达18个月。在加拿大,生育费用全部由政府报销,父母双方都可享受育儿假,低收入家庭的每个孩子每月可领取250加元,生孩子越多,补贴越多。不过,加拿大的高福利靠高税率和国债来支撑,给政府带来沉重负担。

父育假等政策以往主要在欧盟国家实行,但近年日本也开始实施男女同享育儿休假的制度。日本的《育儿休假法》规定,男子也可以请假照看子女。但日本的育儿假是一种不带薪的假,目前请假育儿的男人并不多,休假时间也有长有短。但这被誉为日本社会家庭关系新时期的到来,特别是日本参议院2009年6月一致通过了《育儿、看护休假法》修正案。修正案规定,凡是家有3岁以下孩子的女性职员,企业必须把她们的一天劳动时间控制在6小时内,并且不得强迫她们加班。同时还规定,家有一名需要照顾的患病家人,一年可以有5天的特别假期;有两名需要照顾的患病家人,一年可以获得10天的假期。如果企业有违反该法的行为,且没有听从厚生省的劝诫,除该企业会被曝光外,还有可能接受20万日元以下的处罚[1]。

---

[1] 吕学静:《生育保险他山石》,《中国社会保障》2010年第8期。

第四节 我国生育保险制度的建立、调整与改革方向

一、我国生育保险的历史沿革

（一）新中国初期的生育保险

我国生育保险制度在中华人民共和国成立初期就已经建立，主要体现在新中国第一部全国统一的社会保障法规——《中华人民共和国劳动保险条例》（1951年2月23日政务院第73次政务会议通过）之中，其保障对象为女工人与女职员。1955年4月26日实施的《国务院关于女工作人员生产假期的通知》使机关女工作人员也有了基本相同的制度保障。根据《中华人民共和国劳动保险条例》和之后的《中华人民共和国劳动保险条例（修正草案）》（政务院1953年1月2日[53]政财申字11号命令），新中国初期生育保险制度的内容大致如下：

（1）覆盖对象。雇用工人与职员人数在一百人以上的国营、公私合营、私营及合作社经营的工厂、矿场及其附属单位与业务管理机关。

（2）生育保险金包括在劳动保险金之中，实行全国统筹与企业留存相结合的基金管理制度。劳动保险金由企业行政或资方按工资总额的3%提留，其中的30%上缴中华全国总工会，70%存于该企业工会基层委员会户内。

（3）生育休假及生育津贴。女工人与女职工生育，产前产后共给假56日，产假期间，工资照发。

（4）生育补助。女工人与女职员或男工人与男职员的配偶生

育时,由劳动保险基金项下付给予生育补助费,其数额为5市尺红布,按当地零售价付给之;多生子女补助费加倍发给。此外,劳动保险基金对经济确有困难者在企业托儿所的婴儿给予伙食费补助。

(5) 医疗服务。女工人与女职员怀孕,在该企业医疗所、医院或特约医院检查或分娩时,其检查费与接生费由企业行政方面或资方负担。

(6) 女性临时工、季节工及试用工的生育保险。怀孕及生育的女工人、女职员,其怀孕检查费、接生费、生育补助费及生育假期与一般女工人、女职员相同;产假期间由企业行政方面或资方发给产假工资,其数额为本人工资的60%。

(7) 其他。关于小产、难产和多胎的保险规定。

(二)"社会主义改造"与"文化大革命"时期的生育保险

"社会主义改造"与"文化大革命"时期,我国生育保险制度发生了一些变化。20世纪60年代初,中国已完成了对私营经济的"社会主义改造",私营经济和公私合营经济都转制成了国营经济,市场经济转变成了计划经济,劳动者单位所有制逐步形成。"文化大革命"使这种变化得到了加强。1969年2月,财政部颁发了《关于国营企业财务工作中几项制度的改革意见(草稿)》,规定:"国营企业一律停止提取工会经费和劳动保险金","企业的退休职工、长期病号工资和其他劳保开支,改在企业营业外列支"。从此,我国社会保险的统筹制度中断了,生育保险制度随之也发生了变化:

(1) 生育保险的国家统筹消失,企业生育保险形成,各企业只对本企业的女工负责。

(2) 随着"临时工"实际上都成了"固定工",生育保险从适合多种用工制度变化成只适合单一的用工制度。

(三) 经济转轨时期的生育保险

20世纪70年代末,"文化大革命"结束,随着我国的计划经济逐步走向社会主义市场经济,企业自负盈亏、独立核算的原则已有共识,企业用人制度和用工制度的改革也已经有了新的气象,但生育保险成本依然由企业各自负担。为避免更多的"性别亏损",追求利润最大化,企业或者减少使用女工,或者在落实企业生育保险规定时打折扣,妇女公平就业的权利因此受到损害。为了不让招收女工较多的企业在就业竞争中吃亏,不让妇女因承担生育责任而影响就业,变"企业生育保险"为"社会生育保险"、生育保险基金社会统筹就成了我国生育保险制度改革的方向。

1. 全国各地生育保险制度改革尝试

既然原有的生育保险制度已经与市场经济条件下的企业制度不相适应,国家又没有统一的新政策,当时,医疗保险制度和养老保险制度的改革试点在全国许多省市进行,各地的生育保险制度改革也就各显神通。1988—1994年,各地改革措施归纳起来主要有两种:

(1) 生育保险基金社会统筹。1988年9月1日,江苏省南通市开始实行《南通市全民、大集体企业生养基金统筹暂行办法》,企业按男女全部职工人数每年一次性地向社会统筹机构上缴一定数额的资金,建立女职工生养基金。统筹企业中有女职工生育,其生育医疗费和生育津贴由社会统筹机构负责支付。湖南省株州市在1988年也试行生育保险基金社会统筹。企业按工资总额的一定比例上缴生育保险费,通过银行划归劳动部门统筹。生育女工凭企业证明按月从当地劳动部门领取生育津贴。在这段时间里,试行生育保险基金社会统筹的地区还有昆明、曲阜、绍兴、宁波、德州等几十个市县。

(2) 夫妇双方所在企业平均分担生育保险费用。1988年,辽宁省鞍山市实行《鞍山市保护老人、妇女、儿童合法权益的规定》,该规定要求:生育津贴由夫妻双方所在企业各自承担50%,若男方在部队、外地或机关工作,由女方单位全部承担。实行类似规定的还有苏州等市县。

生育保险基金社会统筹或生育保险费用分担在很大程度上减轻了试行企业生育保险费用的压力,对妇女就业产生了积极作用。但由于地方法规的非权威性和各地操作管理上的复杂性,基金的收缴有一定的困难,尤其是对于男职工较多的企业,各地办法不统一,也增加了管理与监督上的难度。因此,亟须有全国统一的法规出台。

2. 全国生育保险从企业保险走向社会统筹

1994年12月,劳动部发布《企业职工生育保险试行办法》(1995年1月1日起试行),全国有了统一的生育保险基金统筹办法。1995年7月27日,国务院发布《中国妇女发展纲要(1995—2000)》,《纲要》在生育保险上的目标是:20世纪末,"在全国城市基本实现女职工生育费用的社会统筹"。劳动部相应于1995年和1996年分别发布了《关于贯彻实施〈中国妇女发展纲要〉的通知》和关于印发《劳动部贯彻〈中国妇女发展纲要(1995—2000)〉实施方案》的通知。

《企业职工生育保险试行办法》的新内容:(1)目的是"为了维护企业女职工的合法权益,保障她们在生育期间得到必要的经济补偿和医疗保险,均衡企业间生育保险费用的负担";(2)企业按不超过工资总额1%的资金向劳动部门所属的社会保险经办机构缴纳生育保险费(职工个人不缴纳生育保险费),社会保险经办机构负责生育保险基金的收缴、支付和管理;(3)生育保险基金支付项目有生育津贴、与生育有关的医护费用和管理费,其中,生育津贴按本企业上年度职工的月平均工资计发。

《劳动部贯彻〈中国妇女发展纲要(1995—2000)〉实施方案》的通知要求：全国80%左右的县(市)，到20世纪末实现生育保险社会统筹，并将保险覆盖面扩大到城镇各类企业。

《企业职工生育保险试行办法》是第一个试图与经济转型相适应的生育保险法规。《中国妇女发展纲要(1995—2000)》和劳动部上述两个相应文件推动了《企业职工生育保险试行办法》在全国实行[①]。

二、我国生育保险制度建设中存在的问题

（一）参保率较低，强制性弱，对生育保险认识不高

据人力资源和社会保障部统计公报，截至2015年年末，全国参加生育保险人数为17 771万人，比2014年年末增加732万人。2015年共有642万人次享受了生育保险待遇，比2014年增加29万人次。2015年生育保险基金收入502亿元，支出411亿元，分别比2014年增长12.5%和11.8%。截至2015年年末，生育保险基金累计结存684亿元。一是由于受现阶段生产力发展水平的限制和传统观念的影响，不少人认为生儿育女是妇女的天职，是家庭私事，没有认识到人类社会的发展和进步来自物质资料生产和人类自身再生产两大方面；二是生育保险在五大保险（养老、医疗、工伤、失业、生育）中无论从资金规模上还是从受益对象上都属于"小"险种，在相当一些地方未能引起足够重视，客观上造成了企业实际参保率不高；再加上生育保险金的缴纳缺乏强制性，一些企业缴纳不到位。

---

① 潘锦棠：《中国生育保险制度的历史与现状》，《人口研究》2003年第2期。

（二）覆盖范围正在逐步扩大，但发展不平衡

截至2010年年末，全国参加生育保险人数为12 336万人，比2009年年末增加1 460万人。2010年共有211万人次享受了生育保险待遇，比2009年增加37万人次。截至2015年年末，全国参加生育保险人数为17 771万人，比2014年年末增加732万人。经济发展较快的东部地区，生育保险社会统筹覆盖面较大、参保人数多，而经济相对落后的中西部地区生育保险制度改革进展缓慢。

（三）基金运行管理方式不科学，社会化管理体系不合理

女职工生育的所有费用均由企业或单位负担，致使女职工只能盲目地依赖企业和单位，不仅保障能力脆弱，而且也无法形成社会统一的生育保障基金与保障制度，各个单位会因女职工的多寡而造成负担不公平的现象。一些效益好的企业和单位可以依法给生育女职工生育权益，而一些亏损单位往往难以保障女职工生育权益和女职工生育期间的收入权益。

（四）支付标准不统一，管理不规范

2010年，全年生育保险基金收入160亿元，支出110亿元，分别比上年增长20.5%和24.5%，年末生育保险基金累计结存261亿元。由于各地生育保险发展不平衡，在基金提取办法、支付方式、享受条件、待遇水平等方面存在很大差异。例如，我国规定产假为90天，与国际相比明显过短，且没有规定抚育婴儿的假期。一些地区社会保险经办机构长期违反《城镇职工生育保险试行办法》的规定，采取定额支付的方法，支付水平偏低，造成基金收大于支，积累过高，而企业和女职工负担加重，造成一些企业不愿参加生育保险。

（五）妇女的就业权益不平等，家庭社会不稳定

在传统的生育保险制度下，女工生育的一切费用由企业承担，这不符合市场经济条件下作为理性经济人的企业行为，最终导致企业不愿招用女性职工，造成女性就业权利难以保障。这种状况不利于发展多种所有制并存的经济结构和激发劳动力市场的活力，损害了部分企业和妇女的合法权益。女性职工少的企业希望通过企业保险而少缴保险费以降低企业成本，女职工多的企业则希望通过社会统筹来分担企业的成本。效益差的、破产的企业甚至会放弃执行生育补偿，严重损害妇女权益。为了规避风险，有些企业尽量减少甚至不聘用妇女，使妇女的平等就业权益受到侵害，导致劳动力市场畸形发展。例如，一些单位尤其三资企业等，解雇孕产期、哺乳期女工、减发工资、调岗换岗的事屡见不鲜。这不仅损害了女性的生育权，也必将影响家庭的稳定。

（六）统筹层次较低，互济性不强

目前，我国有些地区的生育保险是省级统筹，有些地区是地市级统筹，有些地区还是县级统筹，统筹层次较低，互济性不强。

三、解决我国生育保险制度建设中问题的策略

（一）强化生育保险意识，扩大生育保险覆盖面

建立包括生育保险在内的比较健全的社会保障体系，是加快构建社会主义和谐社会大目标的重要内容。生育保险作为一项社会系统工程，涉及社会各个角落和每一个家庭，必须动员和依靠全社会的力量共同做好这项工作。为此，要加强生育保险理论普及教育，结合养老保险改革及家庭人口微型化趋势，破除生育是家庭

私事、妇女个人私事等陈规陋习,通过开展全方位、多层次、多形式的宣传教育和社会服务活动,扩大人民群众的参与范围,提高参与度,转变旧认识,从中华民族百年大计出发,从提高整个民族素质出发,对生育保险在认识上和行动上有一个新的突破和飞跃。

(二)提高生育保险统筹层次,实行社会大统筹

在完善生育保险制度的过程中,应根据我国社会和经济发展的现实,在严格执行计划生育基本国策的前提下,根据各地具体情况,适当扩大生育保险的覆盖范围,而不应仅仅局限于城镇企业及其已婚女职工。将机关事业、城镇居民以及非正规就业妇女、农村育龄妇女等纳入生育保险保障范围,既健全和完善了生育保险制度体系,也有利于通过"大数法则"实现共济。

(1)逐步将非正规就业的妇女以及各种非公有制企业、集体企业、个体工商户、乡镇企业中的从业女性均纳入保险范围之中。应逐渐扩展到个体、私营企业、外资企业等非公有制领域,使千千万万的女职工从中受益;要特别关注困难企业、破产企业的女职工,保障她们在生育期间享受到应有的待遇。

(2)可将覆盖范围扩大到已缴纳过生育保险而又失业的妇女。妇女在失业期间生育,更需要社会扶助,只要她曾参加过生育保险,就应当有权享受生育保险待遇。

(3)对非婚生育妇女的权益也应给予合理的法律保护。要根据时代和社会的发展,排除不合理因素,在立法中体现人人平等的宪法原则,给予非婚生育妇女合理的法律保护。

(4)婚内生育户的男性哺育义务人及节育责任承担者也应享有相应的权益。生育期间给予生育户的男性职工一定假期照顾自己的妻子已经成为一种立法趋势,全世界约有36个国家规定了父亲育儿假。同时,对做节育手术的男性,也应给予一定的生育补贴

和待遇。

（5）外籍人员与境外就业人员。经济全球化趋势加快了劳动力跨境流动,将外籍人员纳入本国生育保险的范围以及如何处理境外就业人员的生育保险已成为无法回避的问题。

（6）提高生育保险统筹层次,逐步过渡到生育保险省级统筹。

(三) 拓宽保费来源渠道,多方筹集保险基金

生育保险基金是整个社会保险基金中的一个组成部分,是依据国家法律专门为生育职工支付有关待遇而筹集的款项。其主要作用是为生育而暂时离开工作岗位的女职工支付医疗费用和生育津贴。基金问题是生育保险的核心问题,必须开动脑筋拓宽渠道,多方加以筹集。一是通过扩大生育保险覆盖面收缴;二是"资产变现"筹集;三是建立生育保险附加费强征;四是向国家银行、世界银行甚至外国银行贷款筹集;五是由政府财政支付;六是企业按工资总额的一定比例提取。

(四) 构建科学的基金运行管理体系,提高生育保险的社会化管理水平

（1）改革现行的基金支付方式。现行的由社保经办机构回拨给企业,职工向企业领取生育基金费用的方式,会导致企业因效益不好而难以及时足额支付的情况出现。为确保生育保险发挥其应有的作用,应将生育费用由生育保险承保机构直接支付给受保人。应建立健全社会化管理服务网络,可为参保职工建立个人保险账户,以使职工不因工作的变动而无法享受应有的保护,逐步做到生育医疗费与定点医疗服务机构直接结算,使女职工无论流动到哪里都能享受生育保险待遇。

（2）制定合理方便的生育保险费用结算办法,以确保参保者

既能充分地享受生育补贴,又能有效地杜绝不合理的开支。可以采取以定额支付方式为主,根据实际情况设立生育保险难产危产调剂金的方式。也可以采取的"双定"(定点医院、定额结算)办法,即女职工到定点医院生育,社会保险经办机构与定点医院实行定额结算,并把医疗机构纳入监督体系,使受保者与医疗机构互相监督。例如,天津市规定参保职工在异地发生的产前检查费、生育医疗费、生育津贴和计划生育手术费等,先由个人垫付,再由用人单位统一向登记参保区、县社会保险经办机构办理结算。

(五)加大监督管理力度,完善惩罚措施

由于对生育保险的监督管理力度不够,对未执行生育保险的企业又无相应的法律规制,从而造成人们对社保机构的不信任与抵制心理,生育保险实施阻力很大。因此,应做好:

(1)将生育保险工作纳入规范化管理渠道,定期进行执法检查。设立专门的统一机构管理并监督生育保险的运行过程,加大对管理机构的监督和管理,使其经费使用情况定期向社会公布。例如,2008年3月1日起实施的《合肥市职工生育保险办法》规定,如果用人单位违反规定不参加生育保险,或者未按规定申报应当缴纳的生育保险费数额,情节特别严重的,将对直接主管负责人和其他直接责任人员处以5 000元以上10 000元以下的罚款。

(2)要加大对未按照规定执行生育保险企业的惩罚力度,增强法律的强制性,真正促进对生育妇女的权益保护。对未执行生育保险的,要监督和责令其执行;对欠缴费的或瞒报工资额度和人数的,责令其改正并给予相应的罚款;对骗取生育保险金的,责令退还并给予1—3倍的罚款。

(3)要把实施女职工生育保险制度同计划生育工作有机地结合起来。现阶段,我国实施全面二孩政策,与独生子女政策相比,不仅每对夫妻可以多生一个孩子,而且国家延长了产假的时间。我国的《女职工劳动保护特别规定》第七条规定:女职工生育享受98天产假,其中,产前可以休假15天;难产的,应增加产假15天;生育多胞胎的,每多生育1个婴儿,可增加产假15天。目前,广东省的新计划生育条例中已规定,符合法律、法规规定生育子女的夫妻,女方享受30日的奖励假。也就是说,加上基本的98天生育假,符合相关规定生育的女性至少可休128天产假。另外,天津、浙江、湖北三地的新计划生育条例中也已明确延长产假30日。这相当于给予生育妇女更高水平的福利待遇,因此,需要筹集更多的生育保险资金。为了维持生育保险基金的收支平衡,需要动态地调整生育保险费率。

(4)切实加强生育保险统计信息等基础性工作。要充分利用社会保险信息系统网络,加强对参保单位职工基础资料的管理;要从有利于社会保险的一体化管理出发,降低管理成本,提高工作质量和效率。

(5)将职工基本医疗保险与生育保险合并。2016年4月20日,国家人力资源和社会保障部发布了《人力资源社会保障部财政部关于阶段性降低社会保险费率的通知》,提出生育保险和基本医疗保险合并实施工作,待国务院制定出台相关规定后统一组织实施。

 附录

职工生育保险待遇劳动争议案

一、案例情节

2008年5月5日,代某到某禽业公司采购部工作,2010年4月1日被调岗到后勤从事统计工作。2010年8月16日,代某生育一男孩,休产假到2010年12月16日。产假期满后,因身体虚弱,代某又请病假三个月。病假期满后去上班,被公司告知在家等通知,等了两个多月通知后,公司仍拒绝恢复其工作岗位并要求三个月试用期,代某不同意而被辞退。公司一直未给代某缴纳社会保险费,潍坊市社保中心不给予办理生育保险待遇的领取。产假、病假期间公司也未向其支付生育津贴和病假工资。

二、案例分析

2011年6月3日,代某来某律师事务所咨询问如何维权,董学明律师接待了代某,并作详细解答:

(一)公司应当给员工缴纳"五险一金",即养老保险、医疗保险、工伤保险、失业保险、生育保险和住房公积金。公司未给职工缴纳生育保险的,由公司按照法律规定的生育保险待遇项目和标准报销生育医疗费,支付生育津贴。

(二)病假期间,公司应发放病假工资,标准为本人工资的70%,但不低于最低工资的80%。

(三)劳动合同法规定试用期只能约定一次,不能重复约定试用期。

(四)女职工在"三期"(即孕期、产期、哺乳期)内,公司不能解除劳动关系;若公司违法解除劳动关系,要支付赔偿金。

三、审判结果

2011年6月15日,代某委托董学明律师代理该劳动争议案。2011年6月16日,董学明律师将劳动争议仲裁申请书递交潍坊市坊子区劳动人事争议仲裁委员会。2011年6月22日,双方收到立案通知书及开庭传票,于2011年7月13日开庭。2011年8月10日,潍坊市坊子区劳动人事仲裁委员会出具裁决书,劳动仲裁委员会认为:被申请人与申请人建立劳动关系,应依法为申请人缴纳社会保险费,保障申请人享受生育保险待遇,被申请人未依法缴纳,致使申请人不能享受生育医疗费及生育津贴,应当由被申请人承担。按规定,申请人应当享有法定90天的生育津贴。谈话录音证明被申请人与申请人重新约定试用期,违反了《劳动合同法》第19条第2项规定,申请人自2011年3月18日起至2011年5月25日期间未提供劳动系被申请人造成的,被申请人应当支付申请人在此期间的不低于当地最低工资70%的生活费。本案经调解,双方未达成一致意见。根据《劳动合同法》《山东省企业职工生育保险规定》《劳动争议调解仲裁法》的规定,裁决如下:(一)自本裁决书生效之日起15日内,被申请人一次性支付申请人生育医疗费1 000元、90天生育津贴4 323元(1 441元/月÷30天×90天)、2011年3月18日至2011年5月25日期间的基本生活费1 771元(1 100元/月×70%×2.3个月)、2011年5月26日至2011年6月6日期间的工资443.2元(1 205元/月÷21.75天×8天)等,共计人民币7 537.2元。(二)驳回申请人其他劳动仲裁请求。

(资料来源:http://www.laodong66.com/shengyubaoxian/85586.html)

思考题

1. 生育社会保险的意义有哪些?
2. 生育社会保险有哪些特点?
3. 生育社会保险遵循哪些原则?
4. 生育社会保险待遇的主要内容有哪些?
5. 国外生育保险待遇有哪些特点?
6. 简述我国生育保险制度的建立、调整与改革方向。

第七章 老年人社会福利

学习目标

学完本章,应该了解我国人口老龄化的现状和发展趋势以及新加坡老年人社会福利的基本情况,理解老年人社会福利的含义和推进老年人社会福利事业的意义,掌握我国老年人社会福利的现状和存在的问题。

基本概念

人口老龄化　家庭照顾　机构照顾　社区照顾　养老服务

第一节 人口老龄化与老年人社会福利的概念与内涵

一、我国人口老龄化的现状及发展趋势

(一)我国人口老龄化的状况

人口老龄化是指老年人数量的增长及其在人口总数中比重的上升。一般认为比较重要的指标和界限是 65 岁以上老龄人口占总人口的比重是否大于 7%(见表 7-1)。

表 7-1 国际人口类型划分标准(%)

判断指标	0—14 人口占总人口的比例	60 岁以上人口占总人口的比例	65 岁以上人口占总人口的比例	老少人口占总人口的比例	年龄中位数(岁)
年轻型	>40	<5	<4	<15	<20
成年型	30—40	5—10	4—7	15—30	20—30
老年型	≤30	≥10	≥7	≥30	≥30

人口老龄化是一个国际性的问题。据测算,全世界 60 岁与 60 岁以上的老年人口数,将从 1950 年的 2.147 2 亿猛增到 2025 年的 10 亿以上,即 75 年间,老年人口占总人口的比例将从 8.5% 上升到 13.7%。我国人口老龄化问题可能更为严重,根据 2006 年发布的《中国人口老龄化发展趋势预测研究报告》,从 2001 年到 2100 年,我国的人口老龄化发展趋势可以划分为三个阶段:

第一阶段(2001—2020 年)是快速老龄化阶段。这一阶段,我国将平均每年增加 596 万老年人口,年均增长速度达到 3.28%,大大超过总人口年均 0.66% 的增长速度,人口老龄化进程明显加快。到 2020 年,老年人口将达到 2.48 亿人,老龄化水平将达到 17.17%,其中,80 岁及以上老年人口将达到 3 067 万人,占老年人口的 12.37%。

第二阶段(2021—2050 年)是加速老龄化阶段。伴随着 20 世纪 60—70 年代中期的新中国成立后第二次生育高峰人群进入老年,中国老年人口的数量开始加速增长,平均每年增加 620 万人。同时,由于总人口逐渐实现零增长并开始负增长,人口老龄化将进一步加速。到 2023 年,老年人口的数量将增加到 2.7 亿,与 0—14 岁少儿人口数量相等。到 2050 年,老年人口的总量将超过 4 亿,老龄化水平推进到 30% 以上,其中,80 岁及以上的老年人口将达到9 448万,占老年人口的21.78%(见表7-2)。

表7-2 中国1995—2050年老年人口趋势预测①

年份	人口数量(亿人)	总人口比例(%)	年份	人口数量(亿人)	占总人口比例(%)
1995	1.15	9.30	2025	2.80	18.74
2000	1.28	9.84	2030	3.35	21.93
2005	1.41	9.30	2035	3.73	24.37
2010	1.65	10.42	2040	3.84	25.11
2015	2.04	11.77	2045	3.93	25.84
2020	2.31	15.55	2050	4.12	27.43

第三阶段(2051—2100年)是稳定的重度老龄化阶段。2051年,中国老年人口规模将达到峰值4.37亿,约为少儿人口数量的2倍。这一阶段,老年人口规模将稳定在3—4亿,老龄化水平基本稳定在31%左右,80岁及以上的高龄老人占老年总人口的比重将保持在25%—30%,进入一个高度老龄化的平稳期。

第六次人口普查的数据表明,中国60岁及以上的人口占13.26%,比2000年上升2.93个百分点,其中,65岁及以上的人口占8.87%,比2000年人口普查上升1.91个百分点。我国的人口老龄化进程显现出超前于经济发展的趋势。有人口学家担心中国可能成为世界上首个"未富先老"的国家。

(二)西方国家与我国的人口老龄化

西方国家进入人口老龄化的时间较早。例如,在1890年,瑞

---

① 谢安:《中国人口老龄化的现状、变化趋势及特点》,《统计研究》2004年第8期。

典65岁及以上的人口占总人口的比重就超过了7%,成为老年型国家。2000年,瑞典65岁及以上的人口占总人口的比重已经达到16.7%,人口的平均预期寿命达到79.4岁,成为老年大国。美国在1933年成为老年型国家,但美国人口老龄化速度较快,2000年,美国65岁及以上的人口比重达到12.3%,人口的平均预期寿命为77.5岁[1]。在亚洲,日本在2007年60岁及以上的老年人口比例就已高达27.9%,超出人口老龄化程度居世界第二位的意大利1.5个百分点,超出居世界第三位的德国2.6个百分点。因此,日本人口老龄化程度不但在亚洲最高,而且在世界范围内仍然最高[2]。与已经步入老龄化社会的国家(主要是发达国家)相比较,我国人口老龄化呈现出如下一些特点。

1. 速度快,规模大

中国人口老龄化的速度大大高于欧美等国,也略快于日本;但与一些较晚进入老龄化社会的发展中国家的速度相当。中国老龄人口的比重从4.9%上升为7%花了18年时间;日本老龄人口的比重从4.8%上升到7.1%花了20年时间;瑞典老龄人口的比重从5.2%上升到14%需要25年;而法国、瑞典、美国、德国和英国等国家走完这一历程所花的时间大约在45—120年;韩国、新加坡等则为20年左右。到2025年,我国的老龄人口预计可达到20 725万,2050年为37 422万,占世界老龄人口总数最多这一地位仍然不会改变。中国人口老龄化加速的原因,一是长期以来实行计划生育政策出现的较低的生育率;二是经济增长和医疗条件的改善,人口寿命延长。二者共同作用下,在全社会的总人口中,

---

[1] 转引自黄瑞:《老龄化趋势下的西方养老保险制度改革》,《经济师》2010年第2期。

[2] 杜鹏、杨慧:《中国和亚洲各国人口老龄化比较》,《人口与发展》2009年第2期。

年轻人口比重的进一步降低和老年人口比重相对提高,最终表现为全社会人口中老年人口过快增长和比重的加大,即人口老龄化社会的提前到来。

2. 老龄抚养比提高速度先慢后快

从表7-2中可以看出,我国老龄抚养比近年来上升较快。2000年已经超过10%,比10年前提高了1.7个百分点。一方面,由于我国的计划生育国策始于20世纪70年代末,按人口年龄结构推算,21世纪前几十年新增劳动力年龄人口的相对比重会下降。另一方面,由于20世纪50—70年代出现的"婴儿潮"等原因,原有劳动力年龄人口的比重仍然较大,我国老龄抚养比的变化会比较平稳,仍会保持在一个较合理的水平上。但在2025年会达到20.9%,超过15.9%的世界平均水平和12.8%的欠发达国家水平,低于33.5%的发达国家平均水平。此后,我国的老龄抚养比将会快速升高。到2050年将达到44.8%,仍然低于发达国家的平均水平,但已超过美国34.7%的水平。即使如此,在今后的50年中,我国仍是劳动力年龄人口总数世界上最多的国家之一(到2030年左右,印度的劳动力将超过我国,到2050年将比我国多1.5亿人左右)。

3. 经济发展水平低,呈现"未富先老"的状态

与世界其他已经进入老龄化社会的国家相比,我国进入老龄化社会时,经济发展水平不仅是最低的,而且与其他国家的差距极大。2000年,我国的人均GDP按当年美元价值仅仅为860美元左右,换算成1990年的美元价值仅为750美元。而一些发达国家在1900年前后进入人口老龄化社会时,人均GDP均已超过了2 500美元(1990年的美元价值)。例如,法国、德国、美国和瑞典在1900年时,人均GDP分别为2 849美元、3 134美元、4 096美元和2 516美元。而且,现代社会提倡以人为本,对于包括老年人在内

的社会保障较一个世纪前有了巨大的进步,这使得老龄人口的保障成本变得越来越高。

4. 城乡老龄人口不平衡,农村地区大大高于城镇

新中国成立以来,由于我们在工业化的同时没有相应地进行城镇化,大量人口滞留在乡村。到 2003 年,仍有 59.5% 的人口为乡村人口。与此相应,乡村老龄人口也大大高于城镇。在 2000 年,我国 8 838 万老龄人口中,乡村为 5 944 万,占 67.3%。乡村中老龄人口的比重为 7.4%,高于城镇 6.4% 的水平。而许多发达国家,乡村居住人口的比重已经很低了,如美国、日本、法国、英国、德国等均低至 15%—25%。

5. 老龄人口高龄化速度较快

国际上在研究老龄化问题时,常常把 60—69 岁称为低龄老人,70—79 岁称为中龄老年人口,80 岁以上称为高龄老年人口。我国高龄老年人口在 1991—2000 年的 10 年间,以每年 3.6% 的速度增长,高龄人口已从 1990 年的 801 万增长到 2000 年的 1 201 万。根据我们的预测,到 2025 年和 2050 年将分别达到 3 547 万和 12 083 万,占世界高龄人口的 23.1% 和 31.9%,相当于发达国家高龄人口的 53.6% 和 1.07 倍,相当于印度的 2 倍和 2.5 倍。高龄人口丧偶和患病的概率高,而一般来说女性的寿命比男性要长,高龄女性多于男性,高龄老人生活自理能力差。因此,他们不仅需要经济上的供养,而且需要生活上的照料。

人口老龄化既会带来机遇,也会带来挑战。在人口转变的过程中,总有一段时期的人口年龄结构变化表现为少年儿童人口数量和比重的减少,老年人口数量和比重的增加,总抚养负担从负担少年儿童为主向负担老年人口为主转变,这个时期的前后形成了一个抚养负担最小的时期,被称为人口黄金时期。以 65 岁为老年人口的下限年龄计算,我国的人口机会窗口在 1990 年开启之后,

总人口的抚养比一直呈下降趋势,到 2009 年达到最低值,为 38.22%;然后开始回升,预计到 2033 年总抚养比将超过 50%,人口黄金时期结束。这是一个人口年龄结构最佳的黄金时期,为我们提供一个人口负担最轻的战略机遇期。

全国老龄委办公室常务副主任李本公曾指出:"我们同时应该看到,我们这个人口黄金时期只有短短的 33 年,而多数发达国家长达百年左右。2033 年以后,我国人口负担将不断加重,到 21 世纪后半叶,老年抚养比一直保持在 57%—59%,总抚养比基本保持在 84%—86%,是人口负担很沉重的时期。"沉重的人口年龄结构负担,对于经济实力还很薄弱的我国是一个不小的压力。

为了应对人口老龄化的挑战,从 2016 年 1 月 1 日起,我国开始实施全面二孩政策。

二、老年人社会福利的概念和内涵

西方学者大都把"社会福利"当作"社会保障"的同义词。在美国、日本等国,社会福利仅指社会保障制度中的一个特定的范围和领域,通常是指专门为弱者所提供的带有福利性的社会服务与保障,如儿童福利、老年人福利、残疾人福利等。从这个意义而言,"社会福利"一词便具体化为"社会福利服务"或"社会福利事业",属于对社会福利的狭义理解。大多数中国学者认为,社会福利在中国仅仅是社会保障体系的一个组成部分,属于狭义社会福利范畴。

本书将社会福利定义为:国家和社会利用有关政策或立法,通过社会化的福利津贴、实物供给和社会服务,向全体社会成员提供的、旨在满足社会成员生活需要并促使其生活质量不断得到改善的社会保障制度,是在劳动报酬和其他社会保障项目之外的给付和服务。

所谓老年人社会福利,是指国家和社会为了安定老年人生活、维护老年人健康、充实老年人精神文化生活而采取的政策措施和提供的设施和服务。它作为养老保险的延续和提高,不仅要解决保持老年人身体健康状况的问题,还强调老年人过好物质文化生活并融入自己的家庭和社区。政府要在考虑老年人多种需要的同时,从制定政策、培植理念和完善服务体系的视角理解老年人以及老龄化,并运用公共资源和社会资源实现"老有所养、老有所医、老有所为、老有所乐、老有所居"等社会目标[①]。

狭义的老年人福利主要包括两大部分:一是现金资助;二是福利服务。为老年人或其家属提供现金补贴是一种较为直接的福利形式,但实行现金资助的国家或地区目前在世界上属少数,多数是有关日常生活和医疗方面的费用资助。各种福利服务则包括建立养老院、老年公寓、开展老年人保健咨询和康复指导、提供护理、提供日常生活照料服务等普遍性的生活服务,还有饮食的配送以及促进余暇生活的服务、医疗服务、住宅服务、设施服务等。

第二节 建立老年人社会福利制度的迫切性和必要性

一、建立老年人社会福利制度的迫切性

从发达国家的实践来看,老年人福利事业是伴随着人口老龄化的到来而迅速发展起来的。在第二次世界大战前,各工业化国

---

① 郑功成:《社会保障学》,中国劳动社会保障出版社 2005 年版,第 377 页。

家的注意力通常集中在包括养老保险等社会保险制度及社会救助方面,第二次世界大战后,随着人口数量的不断增加,全球人均预期寿命也从1950年的20岁上升到20世纪末的66岁,这种发展使全球绝大多数国家的人口结构都趋于老化。根据联合国确定的评价指标,一个国家65岁以上老年人口在总人口中所占的比重超过7%或60岁以上人口超过10%,便被称为老年型国家。所有发达国家均属老年型国家,包括中国在内的一些发展中国家也进入了老年型国家的行列。世界人口老龄化趋势的加剧,使得老年人的生活问题对经济和社会发展提出了极为严峻的挑战,因此,各国都把老年人福利作为福利制度乃至整个社会保障制度中的重要内容来加以考虑。

随着中国人口老龄化趋势的不断加剧,家庭小型化导致的传统养老模式的弱化以及我国目前社会化养老的不足,使我国构建积极的老年人社会福利体系显得十分迫切。

(一)人口老龄化和人口高龄化使得养老面临巨大压力

如前所述,2010年第六次人口普查数据显示,中国60岁及以上的人口占总人口的13.26%,其中,65岁及以上人口占8.87%。根据预测,到2050年,老年人口总量将超过4亿,老龄化水平推进到30%以上,其中,80岁及以上的老年人口将达到9 448万,占老年人口的21.78%。人口老龄化使得老年人规模扩大,年龄结构变老,抚养比增大(即一个劳动力要养活更多的老人),意味着劳动力的抚养负担越来越重,这都给社会养老体系带来了巨大的压力。养老金面临入不敷出的窘境,以至于不得不大幅延长退休年龄。而延迟退休年龄实质上是将养老的责任由企业更多承担,势必加重企业的负担,造成企业养老保障成本增加。

中国的人口老龄化不同于发达国家老龄化过程的地方在于,

中国面临"未富先老"的挑战。一般来说,西方发达国家通常是在步入工业化社会后才逐步出现人口老龄化情况,此时,由于国民经济实力雄厚,国家和社会有能力为老年人提供较为全面和高水平的社会福利和社会保障。在西方国家,一般来说,用在老年人身上的社会福利费用要大于用在青壮年身上的社会福利费用,而养老金支出又是在各国政府支出中占最大比重的(1982年,瑞典的退休养老金以及残废补助已占公共部门社会福利开支的39.4%)。随着人口老化,老年人口逐渐增多,而他们的养老金是靠相对减少的劳动人口所缴纳的社会保障税来支付的,入不敷出的情况日趋严重。以挪威为例,一方面,在全国人口中,老年人的比重不断上升。1950年,67岁以上的老人有268 000人,1980年增加到525 036人,1988年又增至598 044人。1980年,每8个挪威人中有1个67岁以上的老人。1990年,每7个挪威人中就有一个67岁以上老人。预计到2025年,每6个挪威人中就有1个67岁以上的老人。另一方面,挪威也和其他西方国家一样,出生率很低。越来越多的退休人员要由越来越少的在职人员来负担养老。这样,社会保障税势必不断提高,加重社会负担。

中国面临的压力将会更大。由于政府出生政策的干预以及本身具有较大的人口基数,中国的老龄化在国家并不具备相应的经济实力的时候加速到来,这必然导致社会养老的不足。覆盖面较窄和福利水平较低是社会福利基金不足所带来的直接后果。

随着人口老龄化乃至高龄化时代的到来,老年人已经不满足于对养老金的需要,还对社会福利提出了更高的要求。

(二)传统养老模式弱化:家庭结构变化和长期护理的需要

经济的发展也带来了中国家庭经济结构的变化。传统的家庭模式一般至少包括夫妻和子女两代人,并普遍存在三世同堂、四世同堂甚至五世同堂的现象。然而,随着社会进步和时代变迁,传统的中国家庭规模和家庭结构都在发生变化。家庭规模小型化、家庭结构简单化和家庭模式多样化,成为中国现代家庭的主要特征。而这些结构性变化的结果就是"空巢家庭"和老龄鳏寡孤独家庭增加。这不仅使得家庭的养老功能弱化,也给本就不充足的社会养老带来了沉重的压力。加上老年人易患老年病、慢性病,需要有人长期护理,而现代人的工作繁忙和家庭模式变化,独居老人增多,老年人的生活和护理面临巨大问题,使得完善老年人社会福利日趋必要。一份来自2000年从20个不同地区调查的20 255位中国老人的潜在护理需求的报告显示,大约1/3(35%在城市,29.6%在农村)的85岁以上的老人需要日常护理。

(三)社会化养老存在不足

农业社会的解体把养老问题从家庭推向了社会。在生产技术基本稳定、社会分工程度很低、以自给自足为基本特征的农业社会中,"子承父业"高度概括了上下两代人之间的紧密关系。除了自然的血缘关系外,下一代的劳动技能、土地、房屋、财产都来自上一代的传授。这种稳定的世代交替,自动地就能在家庭内部完成赡养老人的职能,并形成相应的道德传统。但是,随着以社会分工为特征的工业社会的到来,"子承父业"不复存在。子女的劳动技能要靠自己的努力去掌握,劳动机会要靠自己去争取,为此往往得离开生养之地,离开父母。这就使得赡养老人只剩下传统道德这个约束力,而且这个约束力日益递减,又极不稳固。这就使得社会必须承担一定的养老责任。老年人社会福利的主体应该是国家和社会,享受对象是达到一定年限的所有老人。福利的性质体现出经济福利性,既属于第三产业,又不同于一般的第三产业,是难以采取市场调节的社会公共领域。政府政策扶持是其生存、发展的必要条件。

现实情况是,与老龄化相伴的老年人社会福利的供给远远落后于由此产生的需求。突出表现为提供社会福利的机构数量少,设施、设备陈旧落后,服务水平低,专业化的服务人员和社会工作者缺乏。据统计,目前中国需要进入福利机构的老年人有1 400万人左右,而社会上各类老年人社会福利机构有3.8万个,这些机构中能够为老年人提供的床位只有104.2万张,不到全国老年人总数的0.8%,与发达国家的供养机构相比有着很大的差距[①]。

人到老年必然是劳动能力下降甚至完全丧失,不能再进行劳动的创造收入,而且生活照料能力处于持续下降状态,生活需要依赖于他人照顾。完备的老年人福利不仅能够解决老年人自身的诸多问题,而且能够减轻老年人家庭的负担,从而有利于社会的和谐与发展。

二、老年人的福利需求

老年人福利应当力图填补由于老年人处境变化所导致的差距,并提供必要的手段来支持、帮助处于自然环境中的老年人。所有这些服务应以社区为基础并应在老年人的一切福利方面为他们提供预防性的、补救性的和发展方面的服务。

老年人的需求可归纳为以下几个方面:

(一)经济保障需求

人进入老年后,必然退出劳动领域,其收入来源便会由此中

---

① 陈立媛:《老年人社会福利应成为中国社会福利改革首要关注问题》,《经济研究导刊》2009年第25期。

断,而生活仍需要继续,这是老年人面临的最突出的问题;经济保障由此成为老年人安度晚年的必要保障。即使有一定的养老金收入,相对收入也会减少,而老年人的医疗代价等又会成倍提高,因此,需要有更多的经济来源保障。在各国,老年人的经济保障除了来源于家庭或自己的积蓄外,社会化的保障主要来源于养老保险、老年救济与老年津贴。

(二)健康保障需求

人进入老年阶段后,生理功能衰退,抵抗疾病的能力也会下降,患病几率增加,并且容易患老年性疾病或慢性病,妨碍老年人参与社会生活并逐渐降低他们的行动能力或独立生活能力。因此,老年人对健康保障的需求尤为迫切,并需要有社会化的各种服务。

(三)情感保障需求

减少或失去实际的或潜在的收入、减少参与社会和经济活动、社会地位降低等,都可能导致老年人情感空虚,尤其是在家庭结构小型化和少子化已经成为现代社会不可逆转的趋势下,许多老人的子女不在身边,更容易产生孤独感。因此,老年人需要有相应的情感保障和精神慰藉。

(四)服务保障需求

由于生理机能的衰退,随着年龄的增高,老年人的生活自我照料能力也会持续下降,从而特别需要有相应的生活照料服务等。如果子女不在身边,这种需求会表现得更加突出。

(五)社会保障需要

例如,老年人寿命延长,而他们的知识和技能可能不再适应社会的需要,对教育培训也会有新的需要;同时,在脱离原有的工作环境后,老年人也需要参与娱乐及其他社会活动。

三、推进老年人社会福利事业的作用

(一)促进现代福利项目的多样化

老年人口既是整个社会人口的一部分,又是一个有别于其他年龄群体的人口,他们既有和年轻人类似的福利需求,又有老年人的特殊需求。同时,老年人群体内的异质性又使得每个老年人有着与众不同的个人需求。老年人社会福利与一般社会福利的不同之处在于,老年人福利项目满足老年人需求的特点。以老年保障为例,老年人社会福利中的健康计划最初的目标是"老有所医",即在收入受到一定限定的情况下,老年人仍能获得必要的医疗保健服务。随着老年人口寿命的延长和日益增多的高龄老人的出现,老年健康保健的内容也从获得必要的医疗保健服务,扩展到维持日常身体功能的长期照护服务以及心理保健服务等在形式和内容上更加丰富的服务计划。这些计划中的某些计划在内容上是很新的,完全是针对老年人口的特殊需求制定的,如长期保健护理等;有些则是早就已经存在的针对全体老年人的福利项目,如基本医疗保健服务等。这两类需求的发展,丰富了社会福利的整体内容和形式,使得社会福利从内容到形式更加多样化。

(二)扩大了社会福利组织管理和资金筹集的范畴

老年人的社会福利不但在内容和形式上推动了社会福利的多样化,而且在组织管理和资金筹集方面扩大了社会福利的范畴。老年人口的迅速增长和社会福利需求的不断增加,使得单靠政府支出的社会福利供给越来越难以满足老年人的福利需求。政府在无法满足新增老年福利项目的情况下,对各种非政府组织、非营利组织、慈善机构、志愿者组织、宗教团体、商业机构、公司或企业以及市场资源的开发和利用就成了必然趋势。

世界各国普遍存在非政府组织和机构提供福利服务来补充政府社会福利不足的现象。尽管这些组织提供的帮助并不充分,但仍然是当地老年人社会福利的主要服务项目,乃至是当地存在的主要社会福利。由非政府组织和机构提供的老年社会援助往往推动这些地区社会福利的整体发展。在老年人口对社会福利的需求日益增长的情况下,非政府组织和机构承担了越来越多老年人社会福利的责任,特别是在策划管理和资金提供方面,政府部门承担一切的局面正在迅速消失,非政府组织和机构正起着日益重要的作用,其结果就是老年人社会福利多元化的出现,同时也推动着整个社会福利朝着多元化的方向发展。

(三)推动了社会福利服务的专业化

医学、生物学、经济学、心理学、社会学等学科领域对老年问题的研究取得了许多显著的成果,使得人们对老龄问题有了更加科学的认识,社会福利因此开始在科学研究的基础上更加合理地提供对老年人的服务,使得越来越多的福利项目走向专业服务的轨道。例如,老年人对慢性疾病治疗、老年营养学和职业病治疗等方面的专家有越来越高的要求;老年人需要建筑师和设计师设计适合各类老年人生活的住房;老年人退休住所、老年人活动中心、成人日间托管中心、家庭保健照顾和临时性照顾等诸多领域需要策划者、发展商和管理者发挥作用;老年人也需要各种设计人员以及专家制造出尽可能长久地帮助他们维持独立生活的产品。

随着新的服务领域的不断涌现,老年人社会服务市场越来越专业化,而老年人社会福利服务专业化程度的增加促进了整个社会福利的专业化发展。

第三节 我国老年人社会福利的现状及存在的主要问题

一、老年人福利的主要内容

老年人福利的内容是与老年人的特殊需求相对应的,其基本理念就是要形成尊老、敬老、助老、爱老的社会风气,为老年人安度晚年创造良好的条件。可以从表7-3中对应老年人的需求来看。

表7-3 老年人需求与老人社会福利内容[①]

老年人的需求		老年人社会福利的内容
经济需求	经济	退休金、社会救助
健康需求	健康	医疗保健、老年人疗养院、老年人医院等
生活需求	生活照料	家政服务、养老院等
	住房	住宅福利、老年人福利院等
精神需求	休闲娱乐	老年活动中心
	自我发展与自我实现	老年大学等
社会需求	社会参与	老年人志愿活动、老年再就业咨询、培训与介绍

概括起来,老年人的社会福利主要包括:

---

① 高美红:《新时期我国老年人社会福利政策制定的依据研究》,《新疆社科论坛》2008年第2期。

(一)老年人经济保障

老年人经济保障(即物质生活福利)是老年人生活的基础,是指对退出劳动领域或无劳动能力的老年人实行的社会保护和社会救助措施。老年人晚年生活收入的主要来源有有酬工作、养老金、医疗保险、贫困救助等。然而,这些渠道并不总是通畅,同时又受到物价上涨因素的影响,使得相当一部分老年人购买所需物品和服务的经济能力不足,再加上老年人对医疗保健服务的特殊需求而引起的开支增长,导致老年人生活质量并不高。在这方面,政府承担的责任就是向老年人提供必要的、以现金形式支付的、用于保障老年人基本生活外的福利供给。例如,英国政府规定,凡就业的英国国民均参加社会保险,男年满65岁、女年满60岁就达到了法定退休年龄,可以领退休金;男年满70岁、女年满65岁,无论有无工作,都可以领取额外退休金[1]。对于老年低收入户,一些国家的政府每月发给家庭补助或是副食费及燃料费。例如,美国对那些收入不足以维持最低生活标准的老年人,给予随生活指数调整的补助金;英国也有补充年金和补充津贴,只要老年人的收入未达到保障标准,即可获得补助。一些国家或地区提供普遍性的国民年金,实际上即是老年人的经济福利。

(二)老年生活照顾

老年生活照顾是指对于因年事已高而在生活中存在困难的老年人所进行的生活照料,主要指生活上的照顾,包括吃、穿、住、行等具体方面以及医疗保健方面的照顾。老年生活照顾可以分为家庭照顾、机构照顾和社区照顾。

---

[1] 胡务:《社会福利概论》,西南财经大学出版社2008年版,第128页。

1. 家庭照顾

家庭照顾是指将需要照顾的老年人留在家中或让其待在自己熟悉的环境里而由社会提供生活上的照顾,主要有家庭寄养与家庭助理服务。其中,家庭寄养是为了使一些孤单老人可以享受家庭生活而不必被送到养老院,社会服务机构会征募一些愿意收养老年人的家庭,政府再对收养老年人的家庭给予补助。例如,英国就对收养老年人的寄养家庭每个星期都发给照顾老年人所需费用、津贴。家庭助理服务是让老年人居住在自己的家中而由社会服务机构提供上门服务。在许多国家(如丹麦),依据其社会救助法案,在地方上由政府负责对老年人家庭提供家政服务,对于低收入户更是免费服务;在美国,也有针对需要照顾的老年人家庭所提供的家庭健康服务、饮食服务计划以及家事管理员服务等措施。

2. 机构照顾

机构照顾是在一定的专门社会服务机构内为老年人提供护理、食宿、生活服务的照顾。进行老年人照顾的机构可以根据其收入对象和所提供的相对不同的服务分为以下几种:(1)安老院。主要针对那些没有亲属并且也没有了工作能力的老年人,所提供的服务主要是住宿和饮食以及一些像协助穿衣等非医疗性的服务。(2)疗养院或护理中心。提供全天候的专业护理以及医疗服务。住在疗养院的费用会随着所提供的医疗服务的专业性和密集性的不同而有所不同。欧美国家老人疗养院的设备都很完善,几乎每位老人都其私人房间。(3)日间照顾中心。有些老人虽然住在家中,但由于自己家人忙于工作难以对老年人照顾周全,因此,也需要机构提供的某些服务。日间照顾中心就是针对这类老年人在白天为他们提供保护性的环境以及情绪上的支持。(4)身心障碍中心。针对具有身心障碍老人的需要,除了特别的医疗照顾外,还需要一些医疗设备。在丹麦,每一个郡都设有残障中心,来帮助有此需要的老年人。服务的项目包括提供外科的整形、假肢、绷带、特别椅、床垫、浴室设备、助听器和室内外的轮椅等,购买和修复假肢的费用也可以申请政府帮助。此外,具有家庭生活气氛的老年公寓在许多国家也受到欢迎。

3. 社区照顾

社区照顾是让那些需要照顾的老年人住在自己的家中或者尽可能地在靠近他们的社区的机构中接受照料。社区照顾建立在老年人自立、与社会保持接触和常态生活的基础上,其目的是帮助老年人体现出作为社区成员的角色,尽可能地让他们生活在一个"常态"的社会环境中。社区照顾的服务项目包括:(1)解决老年人的住房安置。(2)提供家庭之外的医疗卫生服务,从基本护理到技术性较强的专业护理,这些服务由不同行政结构的组织者提供。(3)为促进老年人的全面健康而提供的专业咨询和情感援助,具体包括:为老年人提供社区日间活动中心、俱乐部、休闲及健身场所;让老年人接受继续教育;让老年人参加假日活动以及志愿者活动等。

(三)老年服务及其他

老年服务构成社会服务的主体内容,它包括老年人心理和社会服务、老年人教育服务和老年人就业服务等。

面向老年人的心理和社会服务包括:(1)个人的协助。减轻老年人生活压力、改善家庭关系或社会关系、提供老年人福利咨询、解决老年人各种困难等。(2)团体活动。促进团体成员之间相互认识了解,改变老年人不正确的观念或态度,增加老年人生活知识等。(3)社区交流。促进老年人与社区居民交流,参与社区中的各种活动,促进老年人积极价值观与生存目标的建立等。(4)促进老人的人际关系。了解影响老年人人际关系的各种因素,如过敏或迟钝的性格、不卫生、不良嗜好、好斗,不愿与他人互动以及不主动与他人来往的消极思想和态度等。通过正式或非正式团体推动老年人积极参与社会活动,改变不良习惯和原有的消极态度,做好老年生活安排,充实老年生活。(5)老年人活动中心等。为老年人提供福利服务,充实老年人生活,增进老年人之间的交流。

面向老年人的教育服务通常包括:(1)老年大学。老年大学是为全社会老年人设立的传授知识和技术的培训学校。通过老年大学的教学活动,不但为老年人的晚年生活增加了丰富的活动内容和生活情趣,更能使老年人获得许多保健知识。(2)图书馆、博物馆以及艺术馆等。老年人退休后有较多的空闲,但有时因行动不便,无法自行充分利用许多公共设施。瑞典的图书馆就提供了专门职员来为老年人服务,调查他们的阅读兴趣,老年人可以通过电话借书,在家中阅读。至于博物馆和艺术馆等社教机构,除了对老年人予以优惠或免费外,还设立了供老年人休息的座椅。(3)老年人职业学校、老年人讲座或补习教育、老年人学习型俱乐部。为老年人提供关于退休前的教育等方面的服务。

一些老年人在退休后,身体健康,还希望继续工作或再就业,社会却普遍忽视了老年人的就业问题。近年来,面对人口老龄化的巨大压力,相关机构也在考虑延迟退休年龄。老年人就业服务也是"老有所为"的体现,而一些学历高、年龄低、身体健康的老年人,尤其是老年科技人才具有丰富的实践经验,他们继续在各行各业中发挥作用,对社会经济发展是十分有利的。老年人就业服务还包括退休者再雇佣训练和辅导、退休制度的改进研究、老年人创业或老年人就业专案计划等。

此外,一些国家还有相应的面向老年人的其他福利措施,如免费乘坐公共交通工具、免费逛公园等。

二、我国的老年人福利

(一) 我国老年人社会福利的发展历程

中国老年人社会福利事业的发展是相对滞后的。老年人社会福利的发展演变与时代情境下的政策理念、经济条件、道德伦理观念密切相关。

在计划经济时代,老年人社会福利政策是与高度集中的政治经济体制相适应的"集体福利"政策,国家承担着老年人社会福利的投资与服务提供的责任,国家在老年人社会福利安排中占有绝对的主导地位;福利内容也主要以集体福利为主,由各单位来组织传递与提供福利服务,是一种与就业相关的职业福利模式,社会化程度很低。在农村,国家采取分散供养为主、集中供养为辅的方式对五保户老人提供低供养水平的福利服务。人民公社承担了老年人社会福利的组织和实施责任。人民公社、社队组织充分利用自己高度集中统一的权力优势全面直接管理农村社会,用集体主义的道德规范全体社员包括家庭养老在内的行为,安排集体劳动时照顾老人等措施,保障了老人的基本福利。总之,在当时经济发展水平低下、政府包揽一切的执政背景下,我国计划经济体制下的老年人福利不是普遍福利,而是低水平、低层次运行的特殊福利。

20世纪80年代进入改革开放以后,经济体制由计划经济向市场经济转变,国家和单位在政治经济地位方面发生变化,对人们生活的影响不再像计划经济时期那么大了。老年人服务的需求和供给发生了矛盾,计划经济时期兴办的老年人社会福利机构、老年人社会福利政策已不再适用了。在民政部门的管理服务范围内,社会福利服务逐渐走上了独立于社会救济的发展之路。1983年,民政部门提出:"兴办社会福利事业要调动多方面的力量,广开门路,采取多种渠道。国家可以办,社会团体可以办,工厂、机关可以办,街道可以办,家庭也可以办。要依靠基层,组织动员社会力量,举办小型多样的社会福利事业单位"。1984年,明确提出"三个转变",即由救济型向福利型转变、由单纯供养型向供养康复型转变、由封闭型向开放型转变,使老年人社会福利机构的服务对象开始突破传统的"三无"界限。1989年,民政部召开全国社会福利事业单位深化改革工作座谈会,进一步提出"坚持社会福利社会办"的方针。1994年,国务院颁布了《农村五保供养工作条例》,标志着我国的农村五保工作走上了法制化和规范化的道路。1997年,国务院颁布了《农村敬老院管理暂行办法》,明确规定了敬老院的办院方针和办院形式,使敬老院工作走上了法制化的轨道。1996年,《中华人民共和国老年人权益保障法》正式颁布实施,标志着中国老年人社会福利事业有了初步的法律依据,它的制定和实施进一步丰富、健全了我国现行的法律体系。该法在第三章"社会保障"中对老年人的社会福利问题作出了原则性规定,规定国家和社会应当采取措施,健全对老年人的社会保障制度,逐步改善老年人生活、健康以及参与社会发展的条件,实现老有所养、老有所医、老有所为、老有所乐。到2000年我国又正式提出了居家供养、社会福利服务和福利机构相结合的福利服务体系,服务机构的宗旨被确定为"保障服务对象的基本权益,帮助服务对象适应社会,促进服务对象自身发展"。2001年,国务院《关于加强老龄工作的决定》的出台以及2006年《中国老龄事业的发展白皮书》的发布,使得我国老龄事业又进入了一个新的发展阶段①。

可以看出,我国的社会福利政策正逐步从完全由政府配置资源走向社会化配置资源的方式转变,政府不再是社会福利服务的

---

① 钟仁耀:《社会救助与社会福利》,上海财经大学出版社2005年版,第275页。

唯一提供主体,提供主体向多元化发展。养老服务方面也相应地走上"社会化养老"的道路,并提倡以社区服务为实现社会福利社会化的途径之一,弥补政府在老年人福利提供中的不足。

(一)我国老年人社会福利的主要内容

1. 物质生活福利

为老年人提供物质生活福利,是中国老年人福利事业的主体内容。尽管各地的具体做法不一,但大体上可归纳为如下几种:一是建设老年人福利设施,包括福利院、敬老院、老年公寓等,收养没有生活保障的老年人,并扩大到对一般老年人的集中收养保障,为老年人解决生活照料、医疗保障服务以及精神上的孤独问题。截至 2006 年,我国城乡收养性社会福利机构为 38 593 所,床位 1 467 542 张,收养 1 109 203 人,其中,"三无"对象 824 054 人。在这些福利机构中,城镇收养性老年福利机构 8 553 所,床位 378 997 张,收养 279 588 人("三无"对象 178 894 人);农村收养性老年福利机构 26 442 所,床位 775 466 张,收养 594 417 人("三无"对象 517 896 人)[①]。二是向困难老年人提供生活补贴和实物支持。这一政策还不是一项全国性政策,但上海等发达地区已经建立了类似制度,在此基础上还开展了对困难老年人的医疗费用补贴,并免除相应的医疗检查费用。2010 年,民政部继续推动建立高龄老人补贴制度,目前,已有北京、天津、吉林、黑龙江、上海、云南、宁夏等省(区、市)出台了高龄津(补)贴政策,进一步健全和完善了老年生活保障体系。三是举办老年人经济实体,为老年人增加再就业的机会。四是为老年人提供特殊的优惠服务措施。例如,老年人可享受免费乘坐公共汽车和免费逛公园的权利,开展向老年人送温

---

① 钟仁耀:《社会救助与社会福利》,上海财经大学出版社 2005 年版,第 277 页。

暖活动,在社区开办老年人兴趣班等。

2. 医疗保健福利

我国老年人的医疗保健福利主要体现在两个方面:一是医疗机构设施和设施的可获得性;二是医疗费用的支出来源。

从医疗机构设施和设施水平来看,政府兴办的各类医院、医护人员和医疗设施的普及率在全国已经达到了较高的水平,即便在比较偏僻的农村地区,如卫生院、村卫生所等机构,也能基本满足人们就近看病的需求。不过,我国的医疗机构设施和设施水平存在一定的城乡和地区差异,城市地区的条件普遍优越于农村地区,大城市的条件好于中小城市。在城市地区,大多数医疗机构设立老年病科,开展老年病的治疗工作,大多数医院都有老年人挂号、看病、取药"三优先"公约。

从医疗费用的支出来源来看,由于老年人多患有慢性病,医疗费用支出是老年人除生活费用支出外最大的项目,也是老年人最为关心的社保问题。支出来源主要有三个:一是以国家公费医疗形式为代表的国家支付。二是以自费医疗形式为代表的家庭支付。其取决于老年人家庭的经济实力和子女、亲友的资助程度。三是以统筹、保险等形式为代表的综合支付。

城镇享受离退休待遇的老年人,通常继续享有原有的医疗保障待遇。其他老年人的医保问题,虽然未有全国性的统一政策规范,但许多地方正在尝试相应的办法。具体措施包括:一些地方由所在单位或社区组织老年人开展定期的身体检查,组织智力健全和部分健全的老年人进行健康教育和自我保健、自我护理知识的学习;由国家为主导的拨款资助教育和研究机构开展老年医学的基础和使用研究与教育;国家还组织和提供资金或者由社区建立老年康复疗养机构,使得老年人的健康问题得到解决。

3. 精神生活保障

国家保障老年人继续受教育的权利,并采取相应的措施,鼓励民间举办老年大学和老年人活动中心,开展适合老年人的群众性文化、教育、娱乐活动,丰富老年人的精神生活。一些城市还建有专门的老年人再就业介绍所、老年人家政服务站以及老年人婚姻介绍所等。此外,国家和社会还提供老年人参与社会发展的机会。例如,根据社会需要和可能,鼓励老年人在自愿和量力的情况下,从事一些活动,对青少年进行优良传统教育;传授文化知识和科技知识;提供咨询服务,参与志愿服务;依法参与科技开发和应用;依法从事经营和生产活动;兴办社会公益事业;参与维护社会治安,协助调解民间纠纷;参加其他社会活动[①]。

4. 社会化的福利服务

近年来,有不少社区充分开发利用社区的物质条件和社会资源,积极为老年人服务,相继建立了一批社区助老服务设施和服务机构。截至 2002 年,我国的社区老年服务设施已达到 23.8 万个,社区服务志愿者组织 15.8 万个,社区服务志愿人员 900 多万,民办社会福利机构 1 600 余家,为部分老年人在家庭和社区安度晚年创造了有利条件[②]。民政部从 2001 年起在全国范围内实施"社区老年福利服务星光计划",在全国大规模地推进社区老年福利服务的发展。"星光计划"的主要任务是:从 2001 年起三年内,从中央到地方,民政部门把发行福利彩票筹集的福利金的绝大部分(约 40—50 亿元)用于资助城市社区的老年人福利服务设施、活动场所和农村乡镇敬老院的建设。"星光计划"的实施无疑是应对人口老龄化挑战的重大举措,它短期内在全国的大中城市基本建立起

---

① 郑功成:《社会保障概论》,复旦大学出版社 2005 年版,第 296 页。
② 李学斌:《我国社区养老服务研究综述》,《宁夏社会科学》2008 年第 1 期。

了覆盖街居、功能配套、设施齐全的社区养老服务体系,有效地缓解了我国社区养老服务设施严重匮乏的问题,对于社区老龄事业的发展具有极大的推动作用。

以成都市玉林社区卫生服务中心为例来看我国的社区老年人福利服务。成都市武侯区玉林社区卫生服务中心成立于2000年1月,是卫生部试点社区卫生服务机构之一。中心主要提供免费的公共卫生服务和质优、价廉、方便、快捷的基本医疗服务。成都市武侯区玉林辖区位于成都市南部,是成都市较早的居民居住区之一。辖区面积2.98平方公里,其下设有8个社区居委会,服务人口10.5万,其中,常住人口8.9万,暂住人口1.6万。辖区60岁以上老年人15 145人,0—7岁儿童2 800人,育龄妇女5 160人,低保414人,残疾470人,百岁老人9人。该社区医院与武侯区人民医院建立了通畅的双向转诊通道,是省、市、区社保定点的医疗机构。为了适应疾病谱的变化,中心改变传统的医院科室设置,建立了变坐诊为坐诊和巡诊相结合的主动服务模式,特别是主动与辖区内的重点人群(如高龄老人、孤寡老人等)签订健康服务合同,建立了"一对一"的以家庭医生为核心的团队式社区卫生服务。2003年,中心成为中英UHPP项目试点单位。借助《社区高血压、糖尿病病例管理手册》,规范了高血压、糖尿病等老年慢性病患者的病例管理。以家庭医生为核心,社区护士和公共卫生医师为整体的社区卫生服务团队更多的是下到社区开展健康宣教活动,在居民身边开展医疗保健服务。社区医生从单纯看病、开处方转化为有意识地主动关心老年居民的健康问题,主动宣传老年人健康保健常识,在服务中体现出对疾病一级预防的意识。

但是,这样的社区在全国是凤毛麟角,大多数社区对养老服务的理解和认识十分狭窄,助老服务水平和质量较低,缺少专业化队伍,难以满足不同层次老年人的日常照料和应对老年人的突发事件;社区养老服务体系并不完善,服务内容不具有针对性;部分老社区设施陈旧,居住人口混杂,不利于管理和为老年人提供高效的服务。

(二)我国老年人社会福利发展存在的问题

1. 缺乏较为完善的法律上的根本保障

目前,关于我国老年人的社会福利除《中华人民共和国老年人权益保障法》之外,还没有制定出一部老年人福利的专项法律法规,我国的老年福利政策更多停留在政策性文件规定的层面。而《中华人民共和国老年人权益保障法》已经难以完全满足时代发展的要求。目前的老年人权益保障法并不细致,且太过于笼统和空泛,不具备一种法律应该具有的权威和严肃,它的意义更多地是体现出政治上的象征性,而作为在这个法律指导下的老年人社会福利的结果,很难和老年人的具体需求相符合;而且这种法律的可操作性不强,也缺乏明确的程序规范,对决策部门没有一种监督力量,对社会福利体制运行主要借助行政手段,导致老年人社会福利发展缓慢。

2. 发展严重不平衡,城乡差距、地区差距较大

首先,城乡发展的不平衡和地区差异,逐渐形成了我国老年人福利的城乡二元体制,城镇退休老人的福利由原单位负责,而农村老年人社会福利由集体提供。城乡二元分割现象明显,城市老年人大多能享受住房补贴、物价补贴、医疗补贴等各种补贴和福利设施,但绝大多数的农村老人都不能获得这样的待遇,在农村生活着80%的老人,仍未有一所全面的社会福利机构。城镇统一、规范的养老保险体系和农村以土地保障、家庭保障、社会扶持相结合的农民养老保障体系尚待完善。此外,由于我国的经济发展不平衡,经济发达地区和经济欠发达地区在老年人社会福利的资金投入、福

利机构人员素质和管理水平、服务质量等方面相差甚远。

3. 覆盖面小,供需矛盾突出

目前,我国老年人的服务保障对家庭的依赖程度相当大,老年人多样化的福利需求也逐渐增加,而我国的福利供给严重不足,属于典型的补缺型、残余型的福利制度。据测算,我国现有的社会福利服务只能满足5%的社会需求。另据《中国老年人供养体系》的调查,全国有98.1%的老年人依靠家庭提供生活照料和精神慰藉的服务,只有1.9%的老年人由社会福利机构和社区组织照料养老。目前,大约有1 400万老年人有进入福利机构养老的需求,而全国各类福利机构提供的老年人床位为1 497万张,仅仅只占老年人人口总数的1%,与发达国家5%—7%的机构供养率相比,差距较大[①]。以社区服务为依托的老年人照料体系尚不健全,以社区卫生服务为基础的城镇老年人医疗保健服务体系也亟待完善。

4. 设施、设备陈旧,服务短缺,缺乏专业人才

随着全社会生活水平的提高,老年人特别是高龄老人对高质量、全方位的福利服务的要求不断增加。但我国现有的社会福利机构多属于民政系统管理,大多以保障"三无"对象的基本生活权益为主,只提供吃、穿、住等较为简单的服务。医疗康复、文体娱乐、无障碍等设施设备较落后或者缺乏,服务功能少,服务水平较低。从社会福利服务工作的岗位职责和专业技能要求来看,现有的服务队伍还远不能适应老年人社会福利发展的客观需要,专业水平较低,专门技术人员、专业社会工作者和管理人员严重缺乏。

5. 老年人福利事业社会化程度较低

我国的老年人社会福利机构多由国家、集体包办,属当地民政部门管辖的事业单位,而民政部门"直属、直办、直管"的做法还没

---

① 钟仁耀:《社会救助与社会福利》,上海财经大学出版社2005年版,第278页。

有完全改变。这就使得老年人福利事业的发展缺乏竞争,仍然存在吃"大锅饭"的思想,管理体制和运行机制僵化,活动基本通过行政政策和行政命令来展开,不能适应市场经济体制发展的要求。而真正由社会力量兴办的福利机构的比例少、规模小、社会化程度低,不利于老年人福利事业的发展。

6. 国家对老年人福利事业的重视不够,有效资金投入太少

政府在制定政策时应明确思路,重视人口老龄化问题,不断完善老年人社会保障制度,构建全面发展的养老体系,采取多种措施鼓励老龄事业的发展。

虽然国家每年都对老年人物质、医疗保健等工作进行大量投入,但由于我国综合国力和人均GDP水平仍然不高,财政紧张,对于社会福利的投入同实际需要仍有很大差距,仅占国民生产总值的1.1%,不仅低于发达国家的水平,而且也低于一般发展中国家的水平。长期下来,必然导致老年人社会福利设施建设滞后,远不能满足老年人需求。而社会资金投入老年人福利事业缺乏激励机制,还不成熟。近年来,许多社会福利机构为增加自身的发展能力,开展多种经营活动,但缺乏相应的扶持保护政策,尤其是税收政策在许多地方未能落实,因而制约了福利机构的自我发展能力。

第四节 国外老年人的社会福利

一、世界各地区的老年人社会福利概况

发达国家的老年人社会福利是其社会福利体系的一项主要内容,是在全民福利的发展模式中逐步建立起来的,但由于各国的经济、文化、环境和政治状况不同,西方国家各自的社会福利思路又

有所区别,因而在老年人福利制度的建设上体现出不同特色。

直接实行现金资助的国家较少,多数国家是实行有关日常生活和医疗方面的费用资助。所以,一些西方发达国家的老年人福利集中体现在各种福利服务上,主要包括:(1)生活服务。如美国、德国、瑞典、英国等国的生活商谈、咨询指导、信息提供、饮食配送等。在瑞典,老年人看戏、看电影、参观博物馆、乘坐公交车等均可享受半价优待。(2)医疗服务。如美国的住院和疗养性服务以及德国、法国的福利扶助。瑞典的《卫生与医疗服务法案》规定,老年人在公立医院或牙科医院治疗享受免费待遇,领养老金的老年人免交健康保险费[①]。英国政府对老人医疗保健服务主要采取以社区为单位提供医疗保健的办法,即在每一个社区内设立若干老人保健中心或有关老年病医疗机构,在医生的指导下,开展日常医疗护理等工作。(3)住宅服务。如美国的慰问家访,英国的家庭服务等。在瑞典,家居老人还可以从国家获得贷款和住房补贴,用以改善自己的居住条件;患慢性病需要长期护理的老年人,享受家庭护理,国家发给家庭护理补助费。(4)设施服务。如美国的收容设施,法国、英国、瑞典的老年人公寓,法国的高龄者住宅和中长期滞留中心,英国的食堂、美容理发室、谈话室等,日本的老人之家、老人福利中心、老年福利院、临终关怀医院等,以及瑞典的特别护理养老院。由于老年人平均寿命的延长,老年人的医疗和护理服务需求迅速增加,如今,护理服务已成为衡量老年人福利水准的一个重要标志。

在我国香港地区,60岁以上的老年人可以享受公共援助、高龄津贴、社区支援服务等;社区有老年人社区服务中心、老人中心、康乐会社、日间照料中心、家务助理服务、老人短暂住院服务、个别

---

① 胡务:《社会福利概论》,西南财经大学出版社2008年版,第127页。

辅导服务、老年巴士服务、热线电话服务、退休人士服务等。

此外,许多国家还对老年人的学习教育提供了很多的便利条件和优惠政策。例如,法国的老年大学多数由国家经办,学校开支列入政府预算。瑞典的大学都是国立的,政府为了满足老年人的学习愿望,决定普通大学取消入学的年龄限制,一律向老年人开放。瑞典的广播和电视教育除为老年人制作播放特别节目外,还在一般内容的播放时间内按照老年人的生活规律另外补播;图书馆、博物馆也向老年人开放,对一些行动不便的老年人,图书馆会派人送书上门,定期调查他们希望阅读的书,对调查的结果进行整编,编成老年人爱读的图书目录,送到各家庭、老人之家等机构参考。日本的老年教育直接由文部省领导,教育方式有老年班和老年大学。老年班又叫作"高龄教育级",由市、乡、镇教育部门主办,利用中小学课余时间招收60岁以上的老年学员。老年大学多数为民办,课程包括时事、保健、老龄问题、文学、宗教、绘画、园艺等内容。在巴西,老年人上大学不用考试。巴西实施的老年人上大学计划规定,60岁以上老人可以不必经过高考而上大学,课程安排也与常规不同。目前,巴西大约有150所公立和私立大学招收老年大学生[①]。

二、新加坡老年人的社会福利概述

新加坡政府将老年人照料作为一个系统工程,着眼于调动各方面的力量,共同解决这一难题。在制定政策的思路上,将个人、家庭、社区、国家这四个层面都纳入老年人照料体系的构建中。对

---

① 曹立前编著:《社会救助与社会福利》,中国海洋大学出版社2006年版,第318页。

于个人,要求必须负责规划自己的晚年生活;家庭方面,要提供照料的基础;社区要协助和支持家庭负担照顾老人的责任;国家要提供基本框架,创造条件,帮助个人、家庭、社区各尽其责。针对这四个层面,新加坡制定了相应的扶持政策。例如,对个人,推行以房养老模式,即60岁以上老年人把房子抵押给银行,由银行一次性或分期支付养老金;老人去世时产权由银行处分,"剩余价值"(房价减去已支付的养老金总额)交给其继承人。对家庭,则鼓励子女和老人同住。子女和老人同住的家庭,可优先申请政府的廉租房,同时采取其他多种措施以确保家庭仍是老人快乐的主要源泉[①]。

三、新加坡的中央公积金制度与养老保障

新加坡老年人的养老保障建立在中央公积金制度之上。中央公积金制度是具有新加坡特色的社会保障制度,是新加坡整个社会保障体系的基础。新加坡政府反对西方福利国家的福利政策,主张个人对自己的福利保障负责,这一点在中央公积金制度上体现得很充分。新加坡的中央公积金制度是以个人账户为标志,强制性地规定雇主和雇员将收入的一部分上缴给中央公积金局(该局是隶属于劳工部的一个具有独立的、半官方性质的公积金制度的管理机构,公积金的具体运营是由新加坡政府投资公司投资运营),通过建立中央公积金来为每一个雇员提供全面的社会福利保障。公积金局每月收缴的公积金经过计算记入每个会员的个人账户中。公积金账户有三个:一是普通账户,存入比例为员工薪金的30%,用于购房、投资、教育等支出;二是保健储蓄账户,存入比例为薪金的6%—8%,主要用于支付住院医疗费用与重病医疗费

---

① 张善斌:《新加坡老年人照料经验极其启示》,《中国民政》2006年第10期。

用;三是特别账户,存入比例为薪金的4%,只用于养老金或遇特殊情况下的支付,平时不可随便支付①。

中央公积金制度对老年人的养老保障主要体现在:

(一)最低存款计划

按照规定,公积金只有在年满55岁和取得退休资格时,才能一次性领取,但会员移民到国外、残疾丧失工作能力或死亡除外,会员死亡后,公积金由其生前指定受益人领取。1987年,中央公积金局推出"最低存款计划",规定会员在年满55岁提取公积金存款时,必须在其退休账户中保留一笔存款作为最低存款,待其达到领取最低存款额的年龄时,每月可以固定从这笔存款中领取一定的收入。也就是说,国民要到55岁才能从公积金账户中提取存款是第一重保障,最低存款的规定则是第二重保障。考虑到通货膨胀因素对实际购买力的影响,公积金局每年对最低存款额进行调整。2003年规定的最低存款额为8万新元,2009年7月1日提高到11.7万新元,2013年进一步提高到12万新元②。而可领取公积金最低存款额的年龄是与退休年龄挂钩的。1999年,可领取公积金最低存款额的年龄与退休年龄均从60岁提高到62岁,目前是执行这一规定③。

(二)医疗保障

新加坡政府建立了以Medishield(健保双全计划)、IDAPE(老年伤残援助计划)、PCPS(初级护理伙伴)等为补充的医疗保障体

---

① 王冠中:《新加坡人们行动党改善民生的实践及启示》,《东南亚研究》2008年第4期。
② 参考新加坡中央公积金局网站。
③ 张恺悌、罗晓晖:《新加坡养老》,中国社会出版社2010年版,第82页。

系网。新加坡的医疗保障制度主要由保健储蓄计划、健保双全计划、保健基金计划三部分组成。

新加坡从20世纪80年代初开始,实行全民保健储蓄计划,职工每月只需要储蓄一小笔钱,即可满足将来的医疗费用,尤其是退休之后的需要,这些存款主要用于支付本人及其家庭成员在公立医院和一些私人医院的住院费用,也可以用于某些特定门诊治疗。为了保障居民退休时能够有足够的储蓄支付医疗费用,公积金局规定人们在达到最低取款年龄从公积金账户中取款时,需要在保健储蓄账户中留下一笔"最低存款额",类似于退休账户中的"最低存款额"。

从1990年开始实施的健保双全计划实际上是保健储蓄计划的补充,主要用于保障国民大病和慢性病的医疗需求,帮助慢性病或重病患者支付高额医疗费用。而老年人体质衰弱,易患病,且多患慢性病,该计划就大大减轻了老年人看大病的费用负担。与保健储蓄计划的强制性参加不同的是,健保双全计划属于自愿性质。

针对保健储蓄计划和健保双全计划外仍无法支付医疗费用的贫病者,政府设立了保健基金。无力支付医疗费用的贫民和因个人负担医疗费用太多而影响基本生活的国民可以向每个医院设立的保健基金委员会提出申请,以获得资助。但保健基金不同于保健储蓄和保健双全计划,它不属于社会保险的范畴,而是一项医疗救济计划。它是由政府建立保健基金(即捐赠基金),将利息收入分配给国立医院,由后者负责对无力支付医疗费用的穷人发放救助资金。

老年人保障计划是在2002年开始运行的一项针对严重残疾老年人的低费保险项目,以满足其所需长期照料的经济支出。只要是新加坡公积金会员,在他们40岁时,就会被自动地纳入老人保障计划。参与该计划后,每人每月可获得一笔现金资助,但获得资助的时间是有限的。参与的老人需要交纳一定数额的保费,保费可以用其保健储蓄账户中的存款支付。

(三) 住房保障计划

新加坡中央公积金为会员提供的住房保障计划包括公共住屋计划和住宅房地产计划,为老年人在晚年时的"老有所居"提供了重要的保障。公积金会员可以通过普通账户的存款来支付所购买组屋20%的首付款及其余部分。针对用公积金支付公共住屋计划下组屋贷款的会员,1981年公积金局设立了住房保护计划,旨在保障公积金会员和他们的家人,不会因发生意外或失去工作能力时没付清房屋贷款而失去居所。住宅房地产计划则使得会员可动用公积金存款购买私人居住类财产,会员可用普通账户中的存款进行首付款支付,但只能支付首付款的10%,最低首付要求20%中剩下的10%必须以现金支付。

新加坡中央公积金制度不仅解决了新加坡的养老难题,而且对新加坡的社会经济稳定发展提供了重要的保障,现在,新加坡通常被认为是东亚乃至世界范围内养老保险制度成功运行的典范。在这种制度下,公积金存款越多,所享受养老金、医疗保健等福利待遇也越多。

四、新加坡养老模式的主要内容

(一) 推广儒家孝道,倡导家庭养老

新加坡是个十分重视"孝道"的国家,历代领导人都十分重视对"孝道"的倡导,把弘扬"孝道"作为新加坡的重要国策之一。在新加坡政府看来,"孝道"对于维系家庭的稳固具有重要意义,而家庭的稳固最终有利于实现社会的稳定与和谐,也有利于减少政府在社会福利方面的支出。

为了让孝亲敬老思想深入人心,新加坡从1978年开始,就在居民中开展"敬老尊贤"活动,要求年轻人关心老人和奉养父母。政府提倡的敬老活动得到各界人士以及各民众团体的普遍赞同,媒体争相报道,宣传他们所要的社会,一方面是要现代化,另一方面也要保留祖先所固有的尊敬长辈、勤勉、节俭的美德。

新加坡的敬老活动将家庭、学校和社会相结合,主要从教育入手,尤其是学校教育。1982年,在时任总理李光耀的建议下,新加坡在中学三、四年级的道德教育必修科目中增设了儒家伦理课程,从小学起就培养学生"奉养年老父母是为人子女的责任"的观念,让孩子们懂得父母的养育之恩以及自己长大成人后赡养父母是应尽的职责。为推动孝道教育,新加坡的中小学每年还开展许多与"孝"有关的活动。例如,围绕二十四孝的故事,举办全国中小学网上作答比赛、中学生动画制作比赛、中学生短剧比赛、小学生讲故事比赛等。学校还组织学生到老人院访问、慰问演出、为老人做好事、参加敬老作文比赛等活动。各居民委员会还评选敬老模范家庭,并给予物质奖励。

新加坡是世界上第一个对"赡养父母"立法的国家,早在1994年就制定了"奉养父母法律";1995年又颁布了《赡养父母法》,规定子女必须照顾和赡养父母;对虐待和抛弃老人的,给予批评、罚款甚至法律制裁的处罚。此外,政府还制定了一系列福利政策鼓励家庭养老,包括:通过住房政策鼓励子女与父母共同居住,对与父母一起居住的子女进行住房补贴或税收减免;通过津贴计划减轻赡养老人家庭的经济负担,鼓励子女为父母填补公积金账户等。

(二)社区养老优待活动

社区养老可以作为家庭养老的补充,缓解家庭照料的不足。

新加坡给老年人提供的社区服务主要有交友服务、照顾者支持服务、社区个案管理服务（对老年人的需要建档）、咨询服务、家务助理服务、邻舍联系和老年人（乐龄）活动中心、老年人（乐龄）日间护理中心等。

对于社区无暇照顾居家的老人和孩子，新加坡还成立了"三合一家庭中心"。该照顾中心将托老所和托儿所有机地结合在一起，既照顾了学龄前儿童和小学生，又兼顾了老年人。

（三）机构养老

尽管新加坡政府倡导家庭养老，老年人在家里或社区中享受养老服务，但机构养老仍有其优越性。例如，机构照顾能为老年人提供生活照料、康复护理、精神慰藉等服务的设施比较齐全，对老年人的服务功能比较完善，人员配备也比较充足，有条件为老年人提供专业化的养老服务，特别是在照顾丧失生活自理能力的老人方面。

新加坡政府对养老机构扶持主要采取以下措施：一是在养老设施建设上，政府是投资主体，基本上会提供90%的建设资金；二是对养老机构各项服务的运作成本提供不同的津贴；三是实行"双倍退税"的鼓励政策，允许国家福利理事会认可的养老机构面向社会募捐[1]。目前，养老机构主要有社区医院、养老院、临终关怀机构、老年庇护所和老年公寓。每种机构各有侧重，满足老年人不同的需求。由于政府对老龄设施规划的重视和对硬件建设的投入，养老设施十分现代化，设施设计人性化且功能齐全，护理人员专业素质较高，体现出了对老年人的关怀和尊重。

---

[1] 张善斌：《新加坡老年人照料经验极其启示》，《中国民政》2006年第10期。

五、新加坡积极开展老年文化活动丰富老年生活

1978年,新加坡首创了乐龄俱乐部。从1996年起,新加坡开展"乐龄运动",后来还增加了"活跃乐龄节"。在每一个社区建立了乐龄俱乐部,老年人可以在俱乐部里享受到内容丰富、形式多样的服务,如健康检查、生日庆祝、旅游观光等。俱乐部还定期举行太极拳、气功、交际舞、书法等文体活动,使老年人的生活丰富多彩。

新加坡爱龄学院创办于2007年9月,是一所专为45岁以上男女提供心灵与形象管理课程的私立学院。该学院得到了社会发展、青年与体育部以及活跃乐龄理事会的认同与支持。老年人的学习内容包括文化旅游、心灵财富、形象、模特、生活规划、保健养生、美食情怀、演艺人生和拓展社交等。

新加坡专门设立了老人问题委员会,研究因老年人日益增多而带来的问题,并定期向政府提出研究报告和建议,设法使老人得到适当的照顾。对经验丰富的老人,则安排他们做力所能及的工作,社会事务部设有老人服务机构,负责协助慈善机关、民众团体和居民委员会,办好老年人活动会或俱乐部,根据老年人的特点开展有趣的活动,安排无依无靠、孤寡老人到老人院安度晚年。每逢农历新年,新加坡各社会团体都派人到老人院给老人分送"度岁金"和其他礼物[①]。

新加坡老年人的生活是全部有保障的,即使一分积蓄都没有,又没有亲人照顾,新加坡政府也会通过各种渠道,使老年人的生活得到应有保障。为了全面保障老年人的晚年生活,新加坡政府出

---

① 佟宝贵:《古今中外养老制度读本》,中国社会出版社2009年版,第181页。

台了不少明显带倾向性的老年福利政策。例如,在每年的政府花红分配中,对老年人给予特殊的照顾。2008年,每位超过55岁的老人的额外花红是100新元。钱虽不多,但体现了政府对老年人的尊重和关心。

 附录

母亲改嫁后的赡养问题谁负责?

一、案例情节

2005年5月19日,江苏省海安县人民法院审结了一起因母亲再婚之后引发的赡养案件。原告朱老太与前夫闻某生两子一女,前夫因病去世后,朱老太于1968年改嫁给同组村民于某,并落户于某家中,后又与于某生两个女儿。朱老太改嫁后,闻氏三兄妹依靠自己的辛勤劳动和集体的照顾、政府的救济相依为命。现闻氏三兄妹均已成家单独生活。朱老太一直与和于某所生的大女儿夫妇共同生活,现朱老太年老多病,无经济来源,五个子女就朱老太的赡养事宜未能形成一致意见。朱老太遂将其五个子女均告上法庭,要求子女尽赡养义务。

闻家大儿子辩称:前几年逢年过节我都给母亲送百十块钱。母亲1968年改嫁后,我们三兄妹单独生活,母亲没有贴给我们一分粮草钱。于家大女儿是招女婿上门,所以,他们应当对母亲尽赡养义务。我可以赡养母亲,但她必须跟我一起生活。

闻家二儿子辩称:我动过手术,家庭困难,无赡养老人的能力。

闻家三女儿辩称:赡养母亲我没有意见。但是农村有习俗,招女婿就应当养老送终,我是出嫁的女儿,可以送送东西,要我贴钱给母亲我不同意。

于家大女儿辩称：母亲一直跟随我一起生活，生病也是我一人负担，现在要求兄妹们一起分担赡养责任。

于家小女儿辩称：我现在生病，没有能力赡养老人。

二、审判结果

海安县人民法院审理后认为：赡养父母是子女应尽的法定义务。因朱老太年事已高，体弱多病，要求五子女尽赡养义务的请求，依法应予支持。赡养费数额应当参照权利人的诉讼请求、义务人的经济承受能力、当地农村人口平均生活水平等因素综合考虑确定。朱老太自愿放弃要求于家小女儿承担除善后事宜之外的费用和赡养责任，应予准许。朱老太明确表示其生活田继续由于家大女儿耕种，并仍愿随其生活，本着尊重老年人意愿的原则，法院照准。闻氏三兄妹辩称于家大女儿系招婿上门，就应当为母亲养老送终，是以农村旧俗规避自己应尽的赡养义务，其理由有违法律的规定，不予采信。朱老太生病产生医疗费后，可凭医院的正式发票由五被告平均分摊，因朱老太对于家小女儿应当承担的份额已表示放弃，故闻氏三兄妹、于家大女儿各承担上述医疗费的五分之一，住院期间也由上述四人轮流护理。朱老太的善后事宜由于家大女儿牵头办理，所需费用由五个子女共同分摊。法院最后依照《中华人民共和国婚姻法》第21条第1款，《中华人民共和国老年人权益保障法》第11条第1款、第12条、第13条第1款、第14条、第15条第2款、第45条第1款之规定，判决：

（1）朱老太随于家大女儿生活，也由其提供住房。朱老太的生活田继续由于家大女儿耕种，朱老太获取所得收益，承担所需费用。

（2）从2005年起，闻氏三兄妹每月各给付朱老太生活费20元，全年费用均于每年12月30日前给付。

（3）朱老太生病生活不能自理或生病住院期间，由闻氏三兄妹及于家大女儿按前述顺序以每三日一轮的方式轮流护理。

(4) 从2005年起,朱老太的医药费用凭医院正式医药费发票由闻氏三兄妹及于家大女儿各负担五分之一,每半年结算一次。

(5) 朱老太的善后事宜由于家大女儿牵头办理,所需费用由五个子女共同负担。

三、案例分析

本案中,朱老太与其子女之间的赡养纠纷在当今社会极具典型意义。再婚老人的赡养已成为社会争议较多的热点问题。我国《婚姻法》第15条指出:子女不履行赡养义务时,无劳动能力或者生活困难的父母,有要求子女付给赡养费的权利。子女不履行赡养义务,需要赡养的父母可以通过有关部门进行调解或者向人民法院提出诉讼。再婚老人为什么会出现"赡养难"?这存在经济环境、文化素质和思想观念等诸多方面的原因。

首先是社会经济问题。我国目前还没有建立起完善的社会养老体制,传统观念上仍以家庭养老送终为主,尤其是广大的农村,很多农民年老后丧失劳动能力,没有收入和生活来源,不像城市单位退休的职工和干部一样,退休后国家仍给予一定的退休工资,生活有保障。根据有关部门的统计,我国目前城市老人受子女供养的仅占30%,农村老人则占60%以上。老年人体弱多病,看病吃药是正常现象,其他开支也日渐增多,没有退休金,没有积蓄,这会给家庭带来沉重的负担,尤其是贫困家庭,自己的日子尚且过得紧巴巴的。还有的子女埋怨父母再婚,担心自己得不到父母的财产,于是,在赡养问题上设置障碍。

其次是传统思想在作祟。有的人受"下堂不为母"的封建思想影响,对再婚母亲不愿意履行赡养义务,并认为母亲改嫁到哪家就应该由哪家养老送终,亲生子女就不必再尽赡养义务了。有的人认为"嫁出去的女儿泼出去的水",认为女儿嫁出去了,没有了对父母财产的继承权,也就没有了赡养父母的义务。现实生活中,很多女儿只愿意常常看望老人,给老人买些吃的、穿的,如果要她们给付生活费,她们是不愿意的。还有的人认为父母再婚有悖传统伦理道德,觉得在人面前抬不起头来,脸上无光,所以不愿意赡养。《婚姻法》第15条规定:"子女对父母有赡养扶助的义务",父母子女关系基于血缘关系而产生,并不会因父母离婚或者再婚而改变,父母对子女有扶养教育的义务,子女对父母有赡养扶助的义务。因此,一切有经济能力的子女,对丧失劳动能力、无法维持生活的父母,都应该予以赡养。对于不在一起生活的父母,应根据父母的实际生活需要和子女的负担能力,给付一定的赡养费,一般不应低于子女或者当地的普通生活水平。

第三是亲生子女在父母再婚后与其沟通不够,造成隔阂。有的子女表面上对父母再婚不说什么,但心里感到别扭,在情感上难以接受,父母再婚后,与亲子女各居其家,不再共同生活,缺少沟通,疏于往来,时间长了后,父母与子女之间的亲情日益淡化,形成难以化解和消除的思想隔阂。尤其是农村居民再婚后,一方离开亲生子女到另一个陌生家庭生活,长达几年、十几年、几十年,与亲生子女在感情上更为疏远。当父母年老体衰时,子女正当壮年,此时,父母回头再要求亲生子女尽赡养义务,亲生子女往往接受不了,这就影响到赡养义务的顺利履行。

所以,造成再婚老人"赡养难",既有经济上、感情上的原因,还有传统思想上的原因,古人云:"百善孝为先",没有孝顺之心,岂有孝敬之举?"滴水之恩,当涌泉相报",何况是含辛茹苦将自己抚养成人的父母?孝敬父母是中华民族的传统美德,我们今天更应该将此美德发扬光大。解决再婚老人"赡养难"的问题,要从两个方面做工作:一是大力加强有关赡养老人方面的法律宣传工作,使义务人自觉自愿地切实履行赡养义务,形成一种赡养老人光荣、虐待老人可耻的良好社会氛围和家庭环境;二是完善社会保障体制,完善农村养老保险制度,以解决再婚老人的后顾之忧。解决再婚老人"赡养难"是个社会问题,这个问题的解决对于促进家庭和睦、社会安定和经济发展都有重要意义。

(资料来源:http://www.lawtime.cn/shanyangyiwu/20070425/20081.html)

思考题

1. 人口老龄化的标准有哪些?
2. 我国人口老龄化的趋势如何?
3. 我国建立老年社会福利制度的迫切性和必要性有哪些?
4. 老年人社会福利的主要内容有哪些?
5. 我国老年人社会福利事业取得的成就有哪些?存在哪些问题?
6. 新加坡中央公积金制度与养老保障的关系如何?
7. 新加坡的养老模式有哪些内容?

第八章 残疾人社会福利

 学习目标

学完本章,应该了解残疾人的基本概念及现状,熟悉我国残疾人的社会福利现状和外国残疾人的社会福利概况,掌握残疾人的分类和残疾人社会福利的主要内容。

 基本概念

残疾人　残疾人福利　肢体残疾　精神残疾　残疾人康复　残疾人预防

第一节　残疾人的概念与残疾人的分类

一、残疾人的基本概念及现状

根据全国人大常委会于 2008 年 4 月 24 日通过的《中华人民共和国残疾人保障法》第二条的规定:残疾人是指在心理、生理、人体结构上,某种组织、功能丧失或者不正常,全部或者部分丧失以正常方式从事某种活动能力的人。主要包括视力残疾、听力残疾、言语残疾、肢体残疾、智力残疾、精神残疾、多重残疾和其他残疾的人。

据2006年世界卫生组织的数据,世界上大约有6.5亿残疾人,约占世界总人口的10%,是数量极其巨大的一个特殊人群,其中,有80%的残疾人生活在发展中国家。联合国对这一群体一直保持高度的关注和支持,1976年,联合国大会宣布1981年为"国际残疾人年"。1982年12月,第37届联合国大会通过了《关于残疾人的世界行动纲领》,宣布1983—1992年为"联合国残疾人十年"。1992年10月,第47届联合国大会举行了自联合国成立以来首次关于残疾人问题的特别会议。大会通过决议,将每年的12月3日定为"国际残疾人日",并呼吁世界各国及国际组织积极开展活动,增进人们对残疾人的理解和尊重,改善残疾人的生活状况,使他们享有参与社会的平等机会。多年来,世界各国在保障残疾人权利和建立无障碍社会方面取得了一定进展。2006年12月,第61届联合国大会通过了《残疾人权利公约》。2008年5月3日,公约正式生效。这是联合国历史上第一部全面保护残疾人权利的国际法律文件。

中国作为世界上人口最多的国家,残疾人数量也在国际上处于第一位。根据2006年第二次全国残疾人抽样调查的结果,中国各类残疾人共有8 296万人,约占中国人口总数的6.34%。其中,视力残疾1 233万人,占14.86%;听力残疾2 004万人,占24.16%;言语残疾127万人,占1.53%;肢体残疾2 412万人,占29.07%;智力残疾554万人,占6.68%;精神残疾614万人,占7.40%;多重残疾1 352万人,占16.30%。有残疾人的家庭户的总人口占全国总人口的19.98%,共计2.6亿人。从年龄分布来看,0—14岁的有387万人,占4.66%;15—59岁的有3 493万人,占42.10%;60岁及以上的有4 416万人,占53.24%。从地域分布来看,城镇残疾人有2 071万人,农村残疾人有6 225万人,农村残疾人约是城镇残疾人的三倍。

2015年9月,民政部副部长邹铭在答记者问时表示,中国约有8 500万残疾人。

二、残疾人的类型

根据《中国残疾人实用评定标准》,残疾人主要分为六类。

(一)视力残疾

视力残疾是指由于各种原因导致双眼视力障碍或视野缩小,通过各种药物、手术及其他疗法而不能恢复视功能者(或暂时不能通过上述疗法恢复视功能者),以致不能进行一般人所能从事的工作、学习或其他活动。视力残疾包括盲和低视力两类,但仅有一眼为盲或低视力,而另一眼的视力达到或优于0.3,则不属于视力残疾范围。

(二)听力残疾

听力残疾是指由于各种原因导致双耳不同程度的听力丧失,听不到或听不清周围环境声及言语声(经治疗一年以上不愈者)。听力残疾包括听力完全丧失和有残留听力但辨音不清、不能进行听说交往两类。

(三)言语残疾

言语残疾指由于各种原因导致的言语障碍(经治疗一年以上不愈者),而不能进行正常的言语交往活动。言语残疾包括言语能力完全丧失和言语能力部分丧失并不能进行正常言语交往两类。

(四) 肢体残疾

肢体残疾是指人的肢体残缺、畸形、麻痹所致人体运动功能障碍。肢体残疾包括脑瘫、偏瘫、脊髓疾病及损伤、小儿麻痹后遗症、先天性截肢、先天性缺肢、短肢、肢体畸形、侏儒症、两下肢不等长、脊柱畸形,以及严重骨、关节、肌肉疾病和损伤或周围神经疾病和损伤等。

(五) 智力残疾

智力残疾是指人的智力明显低于一般人的水平,并显示适应行为障碍。智力残疾包括:在智力发育期间,由于各种原因导致的智力低下;智力发育成熟以后,由于各种原因引起的智力损伤和老年期的智力明显衰退导致的痴呆。根据世界卫生组织(WHO)和美国智力低下协会(AAMD)的智力残疾的分级标准,按其智力商数(IQ)及社会适应行为来划分智力残疾的等级。

(六) 精神残疾

精神残疾是指精神病人患病持续一年以上未痊愈,同时导致其对家庭、社会应尽职能出现一定程度的障碍。精神残疾可由以下精神疾病引起:精神分裂症;情感性、反应性精神障碍;脑器质性与躯体疾病所致的精神障碍;精神活性物质所致的精神障碍;儿童、少年期精神障碍;其他精神障碍。

各类残疾按残疾程度分为残疾一级、残疾二级、残疾三级和残疾四级。其中,残疾一级为极重度,残疾二级为重度,残疾三级为中度,残疾四级为轻度。具体可参考《残疾人实用评定标准》。

第二节 我国残疾人的社会福利需求与供给现状概述

一、残疾人对社会福利的需求

残疾人是一个比较特殊的群体,由于他们自身所存在的一些缺陷,导致其在日常生活和工作等方面异于健康人群,希望社会提供的帮助也有所不同。残疾人社会福利可以理解为,国家保证有残疾的公民在年老、疾病、缺乏劳动能力及退休、失业、失学等情况下获得基本的物质帮助,并根据社会的经济、文化发展水平,给予残疾人相应的康复、医疗、教育、劳动就业、文化生活、社会环境等方面的权益保障,以维护社会稳定,实现残疾人"平等、参与、共享"的目标的一种制度[①]。残疾人社会福利既包括国家为保障残疾人权益而制定的相关制度和法规,如残疾人社会救助、《中华人民共和国残疾人保障法》等;又包括国家和民间举办的各种社会福利事业、福利设施和福利服务,如残疾预防、残疾人康复、残疾人教育、残疾人就业以及残疾人文化娱乐等。

根据残疾人社会福利的基本内容,可以将残疾人对社会福利的需求归纳为以下六个方面,即预防、康复、教育、就业、文化和环境。

(一)残疾人预防

残疾人预防是一项很重要的前期工作,是为了避免生理、智

---

① 陈银娥:《社会福利》,中国人民大学出版社 2004 年版,第 181—210 页。

力、精神等方面出现残疾或在出现残疾现象后为防止变为永久残疾而采取的行动。所采取的行动主要包括产前产后的幼儿保健、营养学教育、传染病免疫运动、防治地方病的措施、安全条例、在不同环境中防止发生事故的方案等。预防工作的效果将会直接影响到一个国家在残疾人数量及残疾程度上的控制，是最基础的残疾人保障。

（二）残疾人康复

残疾人康复是残疾人保障中最重要的一环，是让残疾人通过专业的康复途径，改善生理或心理的缺陷，以使他们尽早地适应社会生活，重建回归社会的信心的手段。残疾人康复的种类有很多，主要从医疗康复、心理康复、教育康复、职业康复、社区康复、社会康复等方面着手，对残疾人实施再教育和再塑造，以增强他们适应社会的能力。

（三）残疾人教育

残疾人教育是改善残疾人状况、提高残疾人自身能力和素质的关键手段，也是残疾人平等参与社会的根本保证。残疾人与正常人一样，有享受教育、学习知识的权利。残疾人教育也包括学前教育、义务教育、高等教育、职业技术教育及成人教育等。残疾人教育不仅是残疾人社会福利的组成部分，也是一个国家教育系统的重要组成部分。

国际社会强调，凡是可以接受普通教育的残疾人，应尽量让他们进入普通学校；同时，国家应大力建设盲、聋、弱智学校等专门机构，对不具有接受普通教育能力的残疾人进行特殊教育和培训。世界各国也各自在相应的法律法规中对残疾人教育作出规定。

(四)残疾人就业

国家除了有义务为残疾人提供各类物质和精神帮助之外,更重要的是要为他们创造工作机会,提供良好的工作环境,让他们自食其力,通过自己的劳动过上正常生活,这样才能真正达到使残疾人融入社会、与其他人平等的目的。国家和社会应采取必要措施保证残疾人在劳动力市场有就业优先权。国际劳工组织估计,全球有 3.86 亿适龄工作的残疾人,在有些国家,残疾人失业率高达 80%,对残疾人就业的歧视程度可见一斑。

国家对残疾人就业的保障措施一般应包括两个方面:第一,制定相应法律法规,规定用工单位雇用残疾人的比例,保护残疾人的就业机会;第二,开展残疾人职业康复,提供残疾人职业咨询、职业评估、职业治疗、职业培训等福利服务,从专业角度帮助残疾人提升个人能力,以便在寻找工作时更有竞争力。

(五)残疾人的文化生活

残疾人的文化生活一直都是各国非常重视的一个方面,很多残疾人身残志不残,积极投身于喜爱的文化体育活动中,凭借顽强的意志展示出令人称赞的才华。

国际残疾人奥运会就是其中影响深远的内容之一。第二次世界大战时期,伤残士兵自发组织的康复活动成为现代残疾人运动的雏形,后经过不断发展,在 1960 年举办了首次世界残疾人运动会。从 1960 年到 2005 年,已经相继举办了 12 届夏季残奥会和 8 届冬季残奥会。北京在 2008 年结束夏季奥运会之后,也承办了第 13 届残疾人奥运会。现在,许多国家都把残疾人体育的发展视为本国体育发展、经济发展水平与文明程度的标志,予以高度重视。

(六) 社会环境

残疾人由于自身的不便,在生活上比正常人面临的困难更多,因此,国家需要为其提供便利的外部环境,以使其可以尽量达到与正常人一致的生活要求。

对社会环境的改善主要体现在两个方面:第一,创造无障碍环境,包括物质无障碍和交流无障碍,具体指城市道路和公共建筑设施避免物理性障碍(如台阶、旋转式门、狭窄路径等),以及广播电视节目中的字幕、手语解说、盲文出版物等。第二,努力消除社会上对残疾人的歧视和偏见,这需要对整个社会的氛围进行引导。加强关爱残疾人的宣传,是一项长期的、艰巨的工作。

除了以上的需求之外,残疾人根据自身情况的不同,对社会和国家可能还有其他需求,政策制定者和社会工作者应善于倾听来自残疾人的声音,切实了解他们的生活和工作状态,认真思考他们提出的要求,为残疾人提供更合理、更适合他们的社会福利。

二、我国残疾人的社会福利现状

自新中国成立以来,随着国民经济的好转及稳步上升,国家对残疾人的社会福利也给予了越来越多的关注,尤其是改革开放以后,中国残疾人的社会福利得到了较快发展。1988年,在民政部主管的中国盲聋哑协会和中国残疾人福利基金会的基础上,成立了各类残疾人的统一组织——中国残疾人联合会,代表残疾人的共同利益,维护残疾人合法权益。1993年,国务院成立了残疾人工作协调委员会,2006年更名为国务院残疾人工作委员会,由国务院一位副总理担任主任,民政、教育、发展 改革委、财政等36个部门作为成员单位,综合协调有关残疾人事业方针、政策、法规、规划、计划的制定与实施工作,协调解决残疾人工作中的重大问题,组织协调联合国有关残疾人事务在中国的重要活动。2007年开始,各级残疾人工作机构和组织都开展了卓有成效的工作。

国家为发展残疾人事业、开展残疾人社会福利保障采取了一系列重大措施:进行首次全国残疾人抽样调查,摸清了基本状况;颁布《残疾人保障法》和《残疾人教育条例》;制定实施残疾人事业的三个五年计划和残疾人扶贫攻坚计划;设立政府残疾人工作协调机构;建立新型、统一的残疾人组织;开展残疾人自强活动;进行宣传和公众教育,倡导文明的社会风尚;发展残疾人领域的国际交往。

2011年5月11日,国务院常务会议通过了《中国残疾人事业"十二五"发展纲要》,会议上对"十一五"期间残疾人事业的发展作出了肯定。"十一五"时期,我国残疾人事业取得历史性成就。五年间,全国有1 038万残疾人得到不同程度的康复,特殊教育学校发展到1 704所,残疾少年儿童义务教育水平明显提高,接受社会救助的城乡残疾人达到5 861万人次,城镇新就业残疾人180万人次,累计扶持农村贫困残疾人解决温饱618万人次。广大残疾人自强不息、顽强拼搏,在经济社会发展中发挥了重要作用。会议强调,当前,我国残疾人事业基础依然比较薄弱,残疾人社会保障和服务政策措施还不够完善,残疾人的总体生活状况与社会平均水平仍存在较大差距。"十二五"时期,按照政府主导、社会参与,国家扶持、市场推动,统筹兼顾、分类指导,立足基层、面向群众的原则,健全了残疾人社会保障体系和服务体系,到2015年,我国残疾人生活总体达到小康,参与和发展状况显著改善。为贯彻落实党中央、国务院关于残疾人事业发展的一系列重要部署,全面实施《国务院关于加快推进残疾人小康进程的意见》(国发[2015]7号),进一步保障和改善残疾人民生,帮助残疾人和全国人民共建共享全面小康社会,依据《中华人民共和国残疾人保障法》和《中华人民共和国国民经济和社会发展第十三个五年规划纲要》,制定了《"十三五"加快残疾人小康进程规划纲要》。随着《"十三五"加快残疾人小康进程规划纲要》的制定和落实,我国残疾人事业将在新的起点上加快发展,广大残疾人将得到更加全面的保障和服务。

第三节　我国残疾人社会福利事业的成就及改革方向

一、我国残疾人社会福利事业的成就

(一)残疾人康复

康复是帮助残疾人恢复和补偿功能、增强生活自理和社会适应能力、平等参与社会生活的基础。我国《残疾人保障法》规定:残疾人享有康复服务的权利;各级人民政府和有关部门应当采取措施,为残疾人康复创造条件,建立和完善残疾人康复服务体系,帮助残疾人恢复或者补偿功能,增强其参与社会生活的能力;康复工作应当从实际出发,将现代康复技术与我国传统康复技术相结合;各级人民政府鼓励和扶持社会力量兴办残疾人康复机构。

2011以来,按照国家和中国残联的要求,针对残疾人康复工作主要采取了以下措施:

(1)以专业康复机构为骨干、社区为基础、家庭为依托,建立和完善社会化康复服务体系。积极推进残疾人康复服务专门机构和康复服务专业人才队伍建设;整合资源,发挥医疗卫生机构、社区服务机构、学校、幼儿园、福利企事业单位、残疾人活动场所等现有机构、设施和人员的作用,大力开展社区康复服务,建立社区康

复队伍,完善适宜的社区康复设施,将社区康复服务纳入社区建设和基层卫生工作。加强社会福利机构、残疾人养护机构、特殊教育机构中的残疾人康复工作。

(2) 组织实施白内障复明手术。采取设立定点医疗机构与组派医疗队相结合的方式,实施贫困白内障患者复明手术;推动"白内障无障碍区"建设;完善低视力康复服务网络,组织开发、生产、供应助视器,推广低视力康复技术,对贫困低视力患者实施救治;开展盲人定向行走和生活技能训练服务。

(3) 健全聋儿康复网络。加强中国聋儿康复研究中心和省级聋儿康复中心建设,巩固基层聋儿康复机构;办好聋儿家长学校;指导社区、家庭开展康复训练;实施贫困聋儿康复救助;开展听力语言康复教师职称评定工作;逐步推广人工耳蜗植入技术;拓宽听力语言康复服务范围。

(4) 完善精神病防治工作机制。全面推行"社会化、综合性、开放式"的精神病防治康复工作模式,在覆盖8亿人口的地区,对480万名重症精神病患者进行治疗康复;对贫困精神病患者实行医疗救助;推动精神病康复托养机构建设;大力开展精神病防治社区康复工作,采用工疗、娱疗、日常照料等多种康复手段,努力提高康复效果。

(5) 加强二级以上综合医院康复医学科室建设,推动基层卫生机构开展肢体残疾康复训练与服务;完善中国康复研究中心和省、市(地)级康复中心的功能与条件;组织肢体残疾人在社区和家庭广泛开展康复训练;对麻风畸残人员实施手术矫治或配备辅助用具;做好手术矫治、辅具适配、功能训练的有机衔接;帮助贫困肢体残疾儿童接受手术矫治与康复训练。

(6) 发挥社区和家庭的作用,以幼儿园、特殊教育学校、社区服务机构、工疗养护机构为依托,开展智力残疾康复综合服务。调动智力残疾人亲友的积极性,对智力残疾儿童进行生活自理和认知能力与语言交流等训练,对成年智力残疾人进行简单劳动技能、社会适应能力等训练;积极创造条件,建设集教育、康复、娱乐、劳动为一体的智力残疾和重度残疾人的养护机构,提供系统、终身康复服务;对贫困智力残疾儿童实施康复救助;开展早期干预,切实做好特殊人群的补碘宣传教育工作,减少智力残疾发生。

(7) 组织研制开发、生产、供应各类残疾人急需的质优价廉的实用型辅助器具。推广、使用康复服务新技术、新产品;对贫困残疾人装配普及型下肢假肢、矫形器等辅助器具实施救助。巩固和完善全国辅助器具供应服务机构;建立国家和区域辅助器具资源中心,加强信息服务,推广评估和适配技术;加强残疾人辅助器具的质量监督和管理。

(8) 充分利用广播、电视、报刊、网络等媒体开展残疾人康复工作公益宣传服务。普及康复知识,提高残疾人的自我康复意识;广泛开展"爱眼日""爱耳日""精神卫生日""防治碘缺乏病日""防治麻风病日"等活动;针对遗传、疾病、中毒、意外伤害、有害环境等主要致残因素,有重点地开展宣传教育,采取干预措施;倡导早期干预和早期康复训练,有效减轻和控制残疾程度。

据《2015年中国残疾人事业发展统计公报》,2015年,通过实施重点康复工程,754.9万残疾人得到康复服务。截至2015年年底,全国已有残疾人康复机构7 111个,其中,残联办康复机构2 599个;康复机构在岗人员达23.2万人;在932个市辖区和2 024个县(市)开展社区康复工作,已建社区康复站的社区总数22.2万个,配备40.6万名社区康复协调员,为181.4万人提供社区康复服务;为29.9万例贫困白内障患者免费施行复明手术,完成白内障复明手术73.9万例;为15.3万名低视力患者配用助视器,培训低视力儿童家长3.8万名;为12万名盲人进行定向行走训练;对

3.1万名听障儿童进行康复训练,为1万名贫困成年听力残疾人免费验配助听器;为3.7万名成年听力残疾人提供助听器验配、听力检测等服务;全国已建设省级听力语言康复机构31个,基层听力语言康复机构961个;为39.8万名肢体残疾人实施康复训练,其中,实施救助项目,资助4.5万名脑瘫儿童机构康复训练,为贫困肢体残疾儿童实施矫治手术3 639例;为麻风畸残者实施矫治手术161例;为18.6万名智力残疾人进行康复训练,其中,实施救助项目,资助7.3万名智力残疾儿童进行机构康复训练;对580.6万重性精神病患者进行综合防治康复,监护率达到79.2%,显好率达到66.6%,社会参与率达到51.6%,肇事率0.1%,解除关锁2 585人;对54.6万名贫困精神病患者进行医疗救助;对2.3万名孤独症儿童进行康复训练。

(二)残疾人就业

就业是残疾人改善生活状况,实现自强自立、实现人生价值的主要途径。我国《残疾人保障法》对残疾人就业有明确规定:各级人民政府应当对残疾人劳动就业统筹规划,为残疾人创造劳动就业条件;残疾人劳动就业实行集中与分散相结合的方针,采取优惠政策和扶持保护措施,通过多渠道、多层次、多种形式,使残疾人劳动就业逐步普及、稳定、合理;政府和社会举办残疾人福利企业、盲人按摩机构和其他福利性单位,集中安排残疾人就业;实行按比例安排残疾人就业制度;政府有关部门设立的公共就业服务机构,应当为残疾人免费提供就业服务;在职工的招用、转正、晋级、职称评定、劳动报酬、生活福利、休息休假、社会保险等方面,不得歧视残疾人。

"十一五"期间,按照国家和中国残联的要求,针对残疾人就业主要采取了以下措施:

(1)全面推进按比例安排残疾人就业政策的落实。进一步规范残疾人就业保障金征收工作,严格管理残疾人就业保障金,确保专款专用。

(2) 鼓励社会力量依法兴办福利企业,集中安排残疾人就业。完善优惠政策和措施,扶持福利企业稳定、健康发展;在有条件的地方开办福利性工疗机构、庇护性工场,为精神病人、智力残疾人就业创造条件。

(3) 加强各级残疾人联合会的残疾人就业服务机构建设。残疾人就业服务机构要在劳动保障部门指导下,综合管理残疾人劳动就业服务工作,为残疾人个体开业、集体从业和按比例就业提供职业指导和培训服务;拓展服务项目,不断提高服务质量和服务效率;大力推进残疾人就业信息网建设;全面开展残疾人失业登记工作,为残疾人就业提供全方位服务。

(4) 以市场需求为导向,以社会化培训为重点,大力开展残疾人职业技能培训和农村残疾人实用技术培训,不断提高残疾人参与市场竞争的能力。建立健全残疾人职业技能优秀人才奖励机制,举办2007年第三届全国残疾人职业技能竞赛,选拔优秀人才参加第七届国际残疾人技能竞赛。

(5) 发挥中、高等医学院校按摩专业优势,培养残疾人医疗按摩人员;利用残疾人各类职业培训机构,培训残疾人保健按摩人员,加强对在职盲人按摩人员的继续教育,提高其市场竞争力。编写、修订盲人按摩专业教材,建立国家级盲人按摩教研实习基地,加强学术交流与国际交往。各级残疾人联合会依据国家规定,加强盲人按摩行业管理,规范盲人按摩市场。

(6) 切实将残疾人纳入社会保障体系。加强监督、检查,确保城镇残疾职工参加基本养老、基本医疗和失业、工伤、生育保险。落实和完善城镇贫困残疾人个体工商户参加基本养老保险补贴制度,鼓励并组织个体就业残疾人参加社会保险。帮助农村贫困残疾人参加新型农村合作医疗,并按规定给予医疗救助。按规定执行城乡居民最低生活保障政策,及时向符合条件的残疾人家庭提供最低生活保障;帮助农村贫困残疾人参加农村社会养老保险。对不适合参加劳动、无法定扶养义务人或法定扶养义务人无扶养能力、无生活来源的重度残疾人,按照规定予以供养、救济。有条件的地区,可按分类救助原则,适当提高重度残疾、一户多残等贫困残疾人家庭的生活保障水平。

在就业形式上,主要分为按比例就业、集体就业和个人就业三种。按比例就业是指依据《残疾人保障法》的有关规定,机关、团体、企业事业组织、城乡集体经济组织,应当按照一定的比例安排残疾人就业,并为其选择适当的工种和岗位。省、自治区、直辖市人民政府可以根据实际情况规定具体比例。集中就业是指残疾人在各类福利企业、工疗机构和盲人按摩医疗等单位劳动就业。福利企业是集中安排残疾人就业的具有福利性质的特殊生产单位。当前,随着经济改革和社会的发展,我国有关福利企业的政策正面临大的调整。个体就业是指残疾人从事独立的生产、经营活动,取得劳动报酬或经营收入。

据《2015年中国残疾人事业发展统计公报》,2015年,残疾人就业规模总体保持稳定。城镇新就业残疾人26.3万,其中,集中就业残疾人6.8万,按比例安排残疾人就业6.6万,公益性岗位就业1.2万,个体就业及其他形式灵活就业10.4万,辅助性就业1.3万;全国城镇就业人数430.2万;1 678.0万农村残疾人在业,其中,1 323.2万残疾人从事农业生产劳动。39.3万人次城镇残疾人接受了职业培训。盲人按摩事业稳定发展,按摩机构迅速增长。2015年度培训盲人保健按摩人员19 979名、盲人医疗按摩人员5 165名;保健按摩机构达到17 171个,医疗按摩机构达到1 025个;在专业技术职务资格评审中,分别有219人和781人通过医疗按摩人员中级和初级职称评审。

（三）残疾人教育

提高残疾人受教育水平是残疾人全面实现自身价值的基本条件。我国《残疾人保障法》对残疾人教育有明确规定：各级人民政府应当将残疾人教育作为国家教育事业的组成部分，统一规划，加强领导，为残疾人接受教育创造条件；残疾人教育实行普及与提高相结合、以普及为重点的方针，保障义务教育，着重发展职业教育，积极开展学前教育，逐步发展高级中等以上教育；县级以上人民政府应当根据残疾人的数量、分布状况和残疾类别等因素，合理设置残疾人教育机构，并鼓励社会力量办学、捐资助学；普通教育机构对具有接受普通教育能力的残疾人实施教育，并为其学习提供便利和帮助；政府有关部门、残疾人所在单位和有关社会组织应当对残疾人开展扫除文盲、职业培训、创业培训和其他成人教育，鼓励残疾人自学成才。

自 2011 年以来，按照国家和中国残联的要求，针对残疾人教育工作主要采取了以下措施：

（1）继续将残疾儿童少年教育全面纳入国家和各地区义务教育体系，统一规划，统筹安排，同步实施。

（2）继续完善以随班就读和特教班为主体、特殊教育学校为骨干的残疾儿童少年义务教育体系。全面推行随班就读和普通中、小学校设立特教班，30 万人口以上且适龄残疾儿童少年较多的县(市)要建立 1 所九年义务教育特殊教育学校。

（3）将残疾儿童少年入学指标列入义务教育评估验收指标体系，统计义务教育对象必须包括适龄残疾儿童少年。

（4）统筹规划高中阶段特殊教育学校建设，市（地）级以上城市要建立特殊教育高中或设立特殊教育高中班；倡导、鼓励兴办残疾人高等教育,有计划地扶持有条件的普通高等学校开设特殊教育专业和创办特殊教育学院。继续办好长春大学特殊教育学院、天津理工大学聋人工学院、山东滨州医学院、北京联合大学特殊教育学院等特殊教育院校,适当扩大招生规模,增加专业设置,提高办学层次和质量。进一步完善普通高等院校招收残疾考生的政策和考试办法。继续完善学前教育、义务教育、高级中等教育、高等教育相互衔接的残疾人特殊教育体系。

(5) 继续将残疾人教育纳入国民教育体系,建立健全助学金制度,将残疾儿童少年接受义务教育切实列入政府优惠政策范围,在同等条件下,接受高级中等以上教育的贫困残疾学生优先享受国家资助政策。

(6) 以社会普通职业教育机构为主,充分发挥具有特殊教育手段的残疾人职业教育机构的作用,普遍开展适应劳动力市场需求的残疾人职业教育与培训;城镇与就业相结合,农村与生产和扶贫相结合,开展多层次的职业技能教育和中短期实用技术培训。

(7) 加强特殊教育师资人才队伍建设。创造条件办好特殊教育师范院校,在普通师范院校开设特殊教育专业或课程,增加特殊教育师资人才队伍的数量,提高质量。依托有条件的高等院校建立国家级残疾人职业教育师资培训基地。继续办好北京听力语言康复技术学院。加强盲文、手语的研究、完善和推广工作,继续研制专业手语和盲文符号,组织开展盲文、手语特殊教育培训,规范教材的编审和出版工作,为盲人、聋人接受义务教育、高级中等教育和高等教育创造条件。

(8) 采取多种形式,扫除残疾青壮年文盲,鼓励自学成才。我国对残疾人的教育工作主要分为学前教育、义务教育、职业教育、高级中等以上教育、成人教育、手语及盲文等特殊教育。据《2015年中国残疾人事业发展统计公报》,2015年实施残疾人事业专项彩票公益金助学项目,为全国1.2万人次家庭经济困难的残疾儿童享受普惠性学前教育提供资助。各地也积极多渠道争取资金支持,对1767名残疾儿童给予学前教育资助。2015年全国共有特殊教育普通高中班(部)109个,在校生7 488人,其中,聋生6 191人,盲生1 297人。残疾人中等职业学校(班)100个,在校生8 134人,毕业生5 123人,其中,3 761人获得职业资格证书。全国有8 508名残疾人被普通高等院校录取,1 678名残疾人进入特殊教育学院学习。

(四)残疾人文化生活

丰富和活跃残疾人文化、体育生活,发展残疾人特殊艺术和竞技体育,展示残疾人的才华,是激励残疾人自强不息的重要形式。我国《残疾人保障法》对残疾人文化生活有明确规定:各级人民政府和有关部门鼓励、帮助残疾人参加各种文化、体育、娱乐活动,积极创造条件,丰富残疾人精神文化生活;残疾人文化、体育、娱乐活动应当面向基层,融于社会公共文化生活,适应各类残疾人的不同特点和需要,使残疾人广泛参与;政府和社会应采取多种措施,丰富残疾人的精神文化生活;政府和社会鼓励、帮助残疾人从事文学、艺术、教育、科学、技术和其他有益于人民的创造性劳动;政府和社会促进残疾人与其他公民之间的相互理解和交流,宣传残疾人事业和扶助残疾人的事迹,弘扬残疾人自强不息的精神,倡导团结、友爱、互助的社会风尚。

自2011年以来,按照国家和中国残联的要求,针对残疾人教育工作主要采取了以下措施:

(1)支持公共文化、体育设施和机构普遍对残疾人开放并提供优惠服务。公共图书馆和街道(镇)、社区、村图书阅览室要为残疾人提供图书借阅服务,有条件的地方要开辟盲文及盲人有声读物场所。

(2) 城市社区、农村乡镇的残疾人组织和特殊教育学校、福利企事业单位要根据各类残疾人的特点,开展残健融合、形式多样、有益身心健康的文化、艺术、健身、娱乐活动。

(3) 各级残疾人联合会的残疾人综合服务设施要为残疾人开展文化、体育活动设立专门场所,对残疾人开放并提供周到服务。县级以上残疾人联合会要定期举办文化、体育活动,活跃基层残疾人的文化、体育生活。

(4) 办好残疾人特殊艺术团体,培养特殊艺术人才,展示残疾人的特殊艺术才华。组织全国残疾人艺术汇演和盲、聋、弱智学校学生艺术表演。

(5) 发展残奥、特奥和聋奥运动。组织动员各类残疾人参加残健融合、康复健身的体育活动。开发、研制适合残疾人的体育器具,开展残疾人体育科学研究,抓好特殊教育学校体育教学和活动;有条件的体育院校、师范院校和各级体校要招收、培养一定数量的优秀残疾人运动员。全民健身路径要充分考虑残疾人参加体育锻炼的要求,适当增加相应的设施。

(6) 建立健全各级残疾人体育管理机构。所有公共体育活动场所都应向残疾人免费开放。市(地)级以上地区至少有一处符合残疾人公共体育活动要求的体育综合活动场所,有条件的应设立专门为残疾人服务的体育综合活动场所。建立一支相对稳定的裁判员、分级员队伍;做好国家残疾人集训队的选拔、训练和管理工作;积极解决残疾人运动员等级评定、就学、就业和保险、奖励问题,解除他们的后顾之忧,鼓励他们为国争光。

据《2015年中国残疾人事业发展统计公报》,2015年,以"关注孤独症儿童,走向美好未来"为主题组织第二十五次全国助残日活动,开展2015年国际残疾人日系列宣传活动,中央新闻媒体记者集体采访活动37次,采访人数近500人次,圆满完成残疾人事业重大工作项目的宣传报道任务。中央电视台《新闻联播》播出残疾人题材报道25条,《人民日报》刊登消息、侧记和综述等107篇。开通中国残联"两微一端",至2015年年底,关注、订阅人数近35万人,总阅览量近200万人次。截至2015年年底,全国共有省级残疾人专题广播节目19个、电视手语栏目29个,刊播公益广告35个;地市级残疾人专题广播节目216个、电视手语栏目233个,刊播公益广告367个。截至2015年年底,全国省、地、县三级公共图书馆共设立盲文及盲文有声读物阅览室1 515个,共开展残疾人文化周活动5 627场次,共举办残疾人文化艺术类比赛及展览3 037次,全国共有各类残疾人艺术团773个。

据《2015年中国残疾人事业发展统计公报》,2015年成功举办全国第九届残运会暨第六届特奥会,来自全国各省、自治区和直辖市和新疆生产建设兵团及香港、澳门特别行政区的35个代表团近5 000名运动员参加比赛,运动会共产生1 561枚金牌,超世界纪录51项,破全国纪录204项,平3项。组团参加27项国际赛事,共获得323枚金牌、219枚银牌和139枚铜牌的优异成绩。在第18届冬季听障奥运会上,我国代表团夺得1枚金牌、1枚银牌、2枚铜牌,实现了我国冬季听障奥运会金牌零的突破。获得里约残奥会155个参赛名额,6支集体项目队伍取得入场券。全年共组织36批共1 094人次运动员开展赛前短期集训,实施了精英运动员训练计划,收效十分明显。各地深入开展残疾人体育工作。组织省、地市级残疾人群众体育健身活动9 055次,80.6万人次参加。全国累计创建残疾人体育活动示范点3 591个,培养残疾人体育健身指导员42 148名,全面完成"十二五"工作任务。各地组织省级残疾人体育比赛126次,参赛运动员达1.5万人次,建设省级残疾人体育训练基地225个。

（五）无障碍环境

无障碍环境的建设,对残疾人顺利融入社会起到很大的外部推动作用。我国《残疾人保障法》对无障碍环境有明确规定：无障碍设施的建设和改造,应当符合残疾人的实际需要；国家采取措施,为残疾人信息交流无障碍创造条件；公共服务机构和公共场所应当创造条件,为残疾人提供语音和文字提示、手语、盲文等信息交流服务,并提供优先服务和辅助性服务；国家鼓励和扶持无障碍辅助设备、无障碍交通工具的研制和开发。

无障碍环境建设既包括公共场所硬件设施的建设,又包括社会氛围的建设。此外,国家和政府在残疾人扶贫开发、残疾人维权、残疾人组织建设、信息化建设等方面也竭尽所能地为残疾人提供方便和保障,在各方面的共同努力下,为残疾人创造了和谐的社会环境,增强了服务残疾人的能力,改善了残疾人的状况,提高了残疾人的素质,扩大了我国残疾人在国际上的影响力。

二、我国残疾人社会福利存在的问题和改进方向

党中央、国务院高度重视残疾人民生改善,推动残疾人事业与经济社会协调发展。"十二五"时期特别是党的十八大以来,残疾人权益保障制度不断完善,基本公共服务体系初步建立,残疾人生存发展状况显著改善。588万农村贫困残疾人脱贫,950多万困难和重度残疾人得到生活补贴或护理补贴。残疾人就业稳中向好,收入较快增长。1000多万残疾人得到康复服务,残疾儿童少年义务教育入学率持续提高,残疾人文化体育服务不断拓展,无障碍环境建设加快推进。人道主义思想深入人心,扶残助残的社会氛围更加浓厚。残疾人社会参与日益广泛,各行各业涌现出一大批残

疾人自强自立典型，越来越多的残疾人实现了人生和事业的梦想。

但与此同时，我国目前仍有相当数量的农村贫困残疾人、近200万城镇残疾人的生活还十分困难，残疾人就业还不够充分，城乡残疾人家庭人均收入与社会平均水平差距仍然较大。康复、教育、托养等基本公共服务还不能满足残疾人的需求，残疾人事业城乡区域发展还很不平衡，基层为残疾人服务的能力尤其薄弱，专业服务人才相当匮乏。残疾人平等参与社会生活还面临不少困难和障碍。残疾人群体仍然是全面建成小康社会的难中之难、困中之困。

"十三五"时期是全面建成小康社会的决胜阶段。残疾人是一个特殊困难群体，需要格外关心、格外关注。残疾人既是全面小康社会的受益者，也是重要的参与者和建设者。没有残疾人的小康，就不是真正意义上的全面小康。"十三五"时期，必须补上残疾人事业的短板，加快推进残疾人小康进程，尽快缩小残疾人状况与社会平均水平的差距，让残疾人和全国人民共同迈入全面小康社会。

（一）充分发挥政府主导作用

地方各级政府要将加快残疾人小康进程纳入全面建成小康社会大局、纳入重要议事日程，列为政府目标管理和绩效考核内容。主要领导负总责，分管领导具体负责，政府常务会议每年至少研究一次推进残疾人小康进程工作。坚持政府主导、社会参与、残疾人组织充分发挥作用的工作机制，各级政府残疾人工作委员会要加强统筹协调，各部门、各单位进一步明确责任，形成齐抓共管、各负其责、密切配合的工作局面。

（二）建立多元投入格局

各级财政继续加大对残疾人民生保障和残疾人事业的投入力度，按照支出责任合理安排所需经费。充分发挥社会力量作用，鼓励采用政府和社会资本合作模式,形成多渠道、全方位的残疾人事业资金投入格局。

(三)加强基础设施和服务机构建设

统筹规划城乡残疾人服务设施建设,新型城镇化进程中要配套建设残疾人服务设施,实现合理布局。继续实施残疾人康复和托养设施建设项目,扩大覆盖范围。加强残疾人就业、盲人医疗按摩等设施建设和设备配置。研究制定残疾人服务机构用地、资金、技术、人才、管理等优惠扶持政策。加强残疾人服务机构能力建设,开展资质等级评估,建立可持续发展的管理运行机制。

(四)加快专业人才队伍和基础学科建设

完善残疾人服务相关职业和职种,完善残疾人服务专业技术人员和技能人员职业能力评价办法,加快培养残疾人服务专业人才队伍。按照国家有关规定落实对为残疾人服务工作人员的工资待遇倾斜政策。加强残疾人口学、康复医学、特殊教育、手语、盲文、残疾人体育、残疾人社会工作等基础学科建设。深化中国特色残疾人事业理论与实践研究。

(五)强化科技创新和信息化建设

通过国家科技计划(专项、基金等)支持符合条件的残疾人服务科技创新应用,实施"互联网+科技助残"行动。提高残疾人事业信息化水平,加强对残疾人人口基础数据、服务状况和需求专项调查数据、残疾人事业统计数据、残疾人小康进程监测数据的综合管理和动态更新,加强与国家人口基础信息、相关政府部门数据资源的交换共享。加强中国残疾人服务网建设,推动"互联网+助残服务"模式的创新应用。加快推进智能化残疾人证试点。

(六)增强基层综合服务能力

实施县域残疾人服务能力提升项目,构建县(市、区)、乡镇(街道)、村(居)三级联动互补的基层残疾人基本公共服务网络。建立健全县级残疾人康复、托养、职业培训、辅助器具适配、文化体育等基本公共服务平台,辐射带动乡镇(街道)、村(居)残疾人工作开展。以社区为基础的城乡基层社会管理和公共服务平台加强对残疾人的权益保障和基本公共服务。加强残疾人社会工作和残疾人家庭支持服务。严格规范残疾等级评定和残疾人证发放管理,进一步简化办证流程。支持各类社会组织、社会工作服务机构、志愿服务组织到城乡社区开展助残服务。

(七)协调推进城乡区域残疾人小康进程

在城乡发展一体化进程中加快促进农村残疾人增收,切实改善农村残疾人基本公共服务,鼓励引导城市残疾人公共服务资源向农村延伸。新型城镇化进程中确保把符合条件的农业转移人口中的残疾人转为城镇居民,确保进城残疾人享有社会保障、基本公共服务并做好就业扶持。逐步实现残疾人基本公共服务由户籍人口向常住人口扩展。加大对革命老区、民族地区、边疆地区和贫困地区残疾人事业的财政投入和公共资源配置力度,政策、资金、项目向西藏和四省藏区、新疆等地倾斜。促进京津冀残疾人社会保障和基本公共服务协同创新发展,鼓励长三角、珠三角等发达地区发挥先行先试和引领示范作用。将残疾人工作作为重点内容纳入对口支援总体部署,加大支援力度。

(八)充分发挥残疾人组织作用

残疾人组织是推进残疾人小康进程不可或缺的重要力量。各级残联要按照《中共中央关于加强和改进党的群团工作的意见》的要求,进一步加强自身建设,切实增强政治性、先进性、群众性,自觉防止机关化、行政化、贵族化、娱乐化,依法依章程切实履行"代表、服务、管理"职能。建立残疾人基本服务状况和需求信息动态更新机制,反映残疾人的呼声愿望,协助政府做好有关法规、政策、规划、标准的制定和行业管理。实施残疾人组织建设"强基育人工程",进一步扩大残疾人组织覆盖面,提升县域残疾人组织治理能力,改善工作条件,解决好待遇问题。支持残疾人专门协会和村(社区)残疾人协会开展服务残疾人和维护残疾人合法权益工作,加强经费、场地、人员等工作保障。壮大专兼结合的残联干部队伍,加大对残联干部的培养、交流和使用力度,提升残联干部思想政治素质和代表、服务、管理能力。探索通过设立残疾人公益性岗位等方式,加强基层残疾人专职委员队伍建设,改善保障条件,充分发挥其作用。广大残疾人工作者要恪守"人道、廉洁、服务、奉献"的职业道德,增强服务意识,强化职业素质,做残疾人的贴心人,全心全意为残疾人服务。鼓励广大残疾人自尊、自信、自强、自立,不断增强自我发展能力,积极参与和融入社会,在全面建成小康社会进程中建功立业,与全国人民一道创造更加幸福美好的生活。

第四节　德国、美国和我国台湾地区残疾人社会福利

国外对残疾人的社会保障最早发源于欧洲,早期的英国主要依靠教会和伊丽莎白女王颁布的《济贫法》对贫民进行救济,残疾人作为比重很大的一个特殊团体成为主要的救济对象。了解国外

残疾人社会福利的主要方向,对我国残疾人社会福利的发展和改革会起到一定帮助作用,本节将从发达国家和地区中挑选几个典型代表简略介绍。

一、德国残疾人社会福利[①]

德国是继英国之后进一步将社会保障发扬光大,并将社会救助与社会保险作出明确分工的国家。1820年,德国在慕尼黑成立了第一个残疾人之家。19世纪中叶,德国资本主义工业迅速发展,走上工业化的道路。1852年,爱尔伯福市进一步修正了救济制度,完善了救济工作方法。在马克思主义的影响下,奥古斯特·倍倍尔和威廉·李卜克内西领导的工人运动使广大劳动者尽可能地争取到自己的权利,一定程度上改善了社会地位。进入20世纪,德国的工业生产已跃居欧洲第一位,在工人运动的压力下,社会福利政策不断完善。

统一前的联邦德国在1969年颁行了《就业促进法》(1980年修订),明确规定以全体国民为对象进行就业评估、就业指导、职业训练、就业安置等,其中包括实施于残疾人的特别服务。1974年制定《残疾人康复服务协调法》,确立各种社会安全方案下的福利系统,在提供医疗、就业、社会康复时给予残疾人同等的机会。1979年颁布《重度残疾人法》,制定了职业重建以及促使残疾人整合于社区生活的有关条文。随之又在1980年颁布了《重度残疾人特别条例》,规定残疾人工作场所的合格条件和组织。

德国政府规定,如果一个人由于生理、心理以及情绪上的障碍,而导致其赚钱能力减至一半以上,就被视为残疾人;残疾人倘

[①] 马洪路:《中国残疾人社会福利》,中国社会出版社2002年版,第45—46页。

若其综合能力丧失30%以上,使得就业安置发生困难或雇佣关系遭受威胁时,则将视为重度残疾人。

职业重建过程的中心课题,在于帮助残疾人获得职业资格证明,训练的项目包括学徒训练、职前和就业洲练、职业再训练及进修训练。

德国法律规定,凡拥有16个工人以上的业主,要雇用相当于其员工总额6%的残疾人;凡是雇用残疾人超过法定比例,或提供额外的训练与安置机会给重度残疾人的雇主,可以获得联邦劳工协会的补助。

残疾人年金分为一般残疾(丧失担任有酬工作的能力)与职业障碍(担任一般工作时所需的能力已减少50%)两种。对于因工作伤害(即工伤者)的给付是永久性残疾给付,另有严重残疾者补助金、专人服侍补助金及医疗照顾等。

二、美国残疾人社会福利[①]

1918年,美国以《职业重建法》为基础,向残疾军人提供福利服务,后来经过8次修改,在1978年形成了现行的残疾人福利法规,包括与企业的合作及禁止歧视等。在社会福利服务方面,主要是协助残疾人获得自主自立的生活,如重新就业、生活保障、公共设施无障碍、交通工具的改善等。从1957年起,国家安全局开始对残疾人进行生活补助。在美国,每一个劳动者必须将每月收入的7.65%投入社会安全福利基金中去,但是整个数额最多每月不超过6.55万美元。在职工向政府交款的同时,雇主也要向政府缴纳同样的数额,有些自由职业者则要交双倍的数额。在7.65%的

[①] 马洪路:《中国残疾人社会福利》,中国社会出版社2002年版,第50—53页。

社会安全福利基金中,有0.94%用于对残疾人进行生活补助。

美国于1963年制定并颁布了《职业教育法》,对残疾人的范围确定为:"罹患心智障碍、重听、耳聋、语言机能受损、视力障碍、严重的情绪干扰、跛脚以及其他危害健康的伤病,而要求接受特殊教育与相关服务的人;此外,由于持续的身心障碍而无法在缺乏特殊教育扶助的普通职业教育中受教,或是要求修订职业教育方案的人,他们都可以视为残疾人。"美国还制定了具体方案来补助各州开展职业教育的服务,规定必须将经费中的一定比例用于残疾人的职业教育上,也即由从前采取的隔离式的分班制,转为普通的正规教育。

《残障者康复法》是1973年公布的,强调对重度残疾人的扩大服务。所称残疾人是指:"由于身心能力丧失,导致就业上的实质障碍,但能通过职业重建而合适地增进就业能力者。"重度残疾人的定义则为:"由于切割手术、眼盲、脑麻痹、胞囊纤维症、耳聋、心脏疾病、智力障碍、心理疾病、多重硬化、精神失常、肾脏病、脊髓方面的伤害以及其他长期性疾病遭到失能,必须长时期接受多重性康复服务的人。"以联邦康复服务署为法定主管机关,地方政府则设职业康复机构以执行各种计划,80%的经费由中央补助。《残障者康复法》在1978年修订时,规定设立国家残疾障碍研究所,负责研究方案,并培训康复专业人员及研究工作者;又增开国家残障会议,由各界选出与会的代表,要经总统任命,其中至少有5名代表是残疾人。

1973年,美国颁布了《综合性就业与训练法》,旨在协助"经济上的不利者"或是"失业者",其中规定:"凡经由联邦政府经费补助之机构,不得单纯以伤残为理由,排除其参与,剥夺其权利,致使残疾人遭受歧视的待遇。"在1978年修正时,残疾人得以列入大多数的就业与训练方案之中。1977年,颁行以尽量废除对残疾人的差距为目的的联邦法规,其所保障的权益是:(1)今后新建设的公共设施在设计、结构上,要考虑让残疾人能充分利用。(2)将医院和学校向残疾人开放。如未能立即达到要求,应在3年以内改善设备与结构。(3)雇主不能拒绝雇用残疾人。(4)受雇者在被雇用时,不得借"身体检查"有所差别。(5)所有残疾人免费接受义务教育。(6)废除仅供残疾人的特殊学校及看护学校等。劳工部就业训练署之下的联邦就业处,负责提升、发展与维持一个就业服务的全国性系统,以协助符合规定的残疾人从事有酬工作,并对退伍军人提供优先就业机会以及为残疾人提供特别服务。各州的就业服务处在全国共有2 500多个地方就业服务中心,每个服务中心都至少指定1名工作人员负责对残疾人提供有效的特别服务。经济上,对残疾人制定了年金制度及公共扶助等。凡因残疾情形严重,无法工作达1年或1年以上,或因病情严重可能危及生命者,经过申请和州政府有关部门审定确认,都可以领取残疾福利金。

对于公共设施,如人行道、公园、公厕及娱乐场所等,均配合残疾人的需要而特别设计,另有适合残疾人居住的国民住宅。1978年,美国颁布了《综合服务及延续性失能法》,提供特殊方案去协助延续性残障者,特别是严重的慢性病患者,此种疾病是由心智或生理的伤害,或是两者皆受损伤而引发,有的在年轻时即已罹患,且将无止境地延续下去。美国早在1938年就制定颁布了《公平劳动基准法》,1977年重新修订,重点是避免在竞争性行业中以及医院或机构附设的庇护工厂里的残疾人的工作机会被剥夺。而其所称"残障劳工"是指因为年龄、生理和心理的缺陷或受伤,遭致谋生能力或生产能力受到损害的人。1956年,美国建立了"老年人、遗属及残疾人年金保险制度",1988年对残疾人给付的标准是:连续12个月以上无法劳动而被认定为残疾人时,在等待5个月之后开始支付,残疾人年满65周岁后,改领老年人的年金。当残疾人从事报酬性工作,每月获得 75 美元以上并连续工作 9 个月以上,经认定已恢复工作能力后,则停止给付。后来,许多残疾人还可以得到社会救助,与此同时,美国在社会福利服务方面发展了残疾人康复设施。

三、我国台湾地区残疾人社会福利①

我国台湾地区早在 20 世纪 70 年代就已形成较为成熟的残疾人福利保障制度,到 2007 年《身心障碍者权益保障法》更名与颁布为止,这套制度历经多次修改和完善,残疾人的生活和福利都有较大提高。台湾地区称残疾人为身心障碍者,其界定范围是指身体系统构造或功能有损伤或不全,影响其活动及参与社会生活,并经医事、社会工作、特殊教育与职业辅导评量等相关专业人员组成的专业团队鉴定及评估,领有残疾人证明者。

台湾地区残疾人福利保障制度的主要内容体现在以下几个方面:

(一)经济援助和财产信托制度

为保障残疾人基本生活,我国台湾地区依据《身心障碍者生活托育养护费用补助办法》,对于没有得到收容安置的中低收入残疾人,给予每月 2 000—6 000 元的生活补助费;对于安置于福利机构的低收入残疾人,给予全额补助。2006 年,台湾地区的生活补助发放金额总计为 141.25 亿元,平均每月受益人数达 28.9 万人。

对残疾人参加"全民健康保险"及公务人员保险、劳工保险、农

---

① 孙俊明:《广东残疾人口现状与发展研究》,中山大学出版社 2008 年版,第 409—414 页。

民健康保险、私立学校教职员保险、军人保险及退休人员保险等社会保险所需自行负担的保险费,按照其残疾等级予以补助。台湾相关部门每年编列经费办理补助措施,2006年编列补助经费为20.6亿元。

为使残疾人在其直系亲属或抚养者年迈时仍能受到应有照顾及保障,促进残疾人财产有效管理,台湾相关部门授权信托业者对残疾人的财产提供信托服务。目前,依据台湾地区《信托法》及《信托业法》,开办残疾人财产信托的单位有12家,会定期或不定期地免费为残疾人提供各种形式的财产信托服务。

(二)家庭服务和社会福利照顾

台湾地区对残疾人的照顾注重从家庭和社会两方面入手。台湾地区《残疾人保护法》规定,家庭服务的法定项目包括居家照顾、家庭助理、友善访视、电话问安、送餐到家、居家环境改善等。

社会服务既包括小区照顾服务,又包括福利机构服务。小区照顾服务的法定项目包括康复服务、心理咨询、日间照顾、临时及短期照顾、餐饮服务、交通服务、休闲服务、亲职教育、信息提供、转介服务及其他相关的小区服务等。福利机构的主要服务项目有早期疗育、日间托育、技艺陶冶、庇护性就业训练、住宿养护及福利服务等。

(三)辅具补助和到宅评估服务

2002年,台湾地区颁布了《残疾人辅具资源服务整合方案》,促进残疾人辅助器具资源与服务的整合,构建以残疾人为核心的辅具服务体系和服务传递模式,方便残疾人有效运用辅具,促进研发资源与成果运用共享。各地方部门可根据残疾人鉴定医院专科医师出具的诊断证明书,向户籍所在地乡(镇、市、区)公所申请补助。此外,台湾相关部门为了保证资源的有效使用,延长其使用年限,确保器具的使用安全,还提出残疾人辅助器具维修计划,希望通过辅具回收、租借、维修、捐赠、专业咨询及评估等服务,结合民间企业专业人员、志工、善心人士所提供的社会资源,使辅助器具发挥最大用处。

为照顾中低收入重瘫及以上残疾人克服生理机能障碍,促进生活自理能力并减轻照顾者的负担及压力,由具有或委托康复专业团队成员的台湾残疾人福利团体和机构提出申请计划,针对重瘫及以上的残疾人办理评估及建议与训练,包括移位辅具系统、无障碍物理环境、自我喂食、卫浴类辅具、语言沟通等,以协助长期重瘫卧床的残疾人克服生活机能障碍,协助残疾人得到所需的持续照顾。

(四)生涯转衔和就业教育服务

生涯转衔是指残疾人在不同的人生阶段,随着角色、任务与生活形态变化而发生的生涯规划和衔接教育等。台湾相关部门为推广残疾人全方位生涯转衔服务整合模式,促进残疾人在不同生涯阶段达到无接缝转衔目标,开展了多项研讨会,并邀请专家学者等相关人员讨论通过了《残疾人生涯转衔服务整合实施方案》,建置整合式残疾人个案管理系统。

对于残疾人的就业和教育问题,在台湾地区的《残疾人权益保障法》中都作出了明确规定。例如,在促进残疾人就业方面,提供无障碍个别化职业训练及就业服务,提供庇护性就业服务,对部分单位施行定额录用制度等。这些规定都是从法律上为残疾人就业提供了保障,以使其谋得一份职业,有长期稳定的收入来源。

在教育方面也有相关规定,即设立各级特殊教育学校、特殊教育班等,以维护其受教育的权益,学校不得因其残疾类别、程度或尚未设置特殊教育班而拒绝其入学等。

(五) 残疾人无障碍环境建设

台湾地区为建立残疾人无障碍生活环境,积极改善各项公共设施、建筑物及活动场所的无障碍生活环境,具体包括以下措施:一是修订建筑技术规则,颁布相关改善办法,专供改善无障碍设备与设施;二是督导设立相关小组和督导团,以办理公共建筑物无障碍环境相关推动工作,并定期了解和监督执行情况;三是订制无障碍环境追踪表,咨询残疾人使用公共设施的意见并整改;四是举办无障碍生活环境研讨会,以改善残疾人生活设施,提升执行工作相关人员的专业能力,加强倡导无障碍生活环境的观念,促进大众尊重维护无障碍设施;五是制定相关办法规定,促进残疾人积极参与社会活动。

台湾地区与大陆虽然采用不同的政治体制,所面临的问题和困难也不一样,但是其更为成熟、完善的残疾人社会福利制度依然可以为大陆残疾人社会福利制度的改进提供一定的启示,为大陆残疾人社会福利的发展提供一定的帮助。

附录

社会福利企业享受税收优惠政策案例分析

滨海骏伟针织厂成立于 2006 年 5 月 25 日,座落在县城阜东北路 219 号,法人代表是金雄伟,企业性质是个人独资企业,企业所得税在地税征收。主要进行服装、手套加工销售。现有职工总数 36 人,安置六残人员 10 人,六残人员占职工总人数的 27.8%。经企业申请,2007 年 10 月 19 日被盐城市民政局批准为社会福利企业,根据财政部、国家税务总局财税[2007]第 92 号《关于促进残疾人就业税收优惠政策的通知》精神，我们对该企业多次进行巡查、核查，该企业符合下列条件：(1)是生产销售货物取得的收入；(2)六残人员占职工总人数的25%以上；(3)企业同残疾人签订一年以上的劳动合同；(4)企业残疾人上岗人员的工资不低于当地最低生活保障线的基础上划卡发放；(5)企业按月为残疾人缴纳养老、医疗、伤残、失业、计划生育等五项保险。符合享受增值税即征即退税收优惠政策。2007年10月至2008年9月计实现销售收入206万元，应纳增值税18.9万元，已享受即征即退税收18.9万元。该企业在享受税收优惠条件下，残疾人就业政策得到了更好落实，也不断扩大残疾人的就业面，促进了民政福利企业的健康发展，也给企业增强了后劲，生产能力不断扩大。2009年，该企业计划再增加缝纫机20台，增加工人30人，增加残疾人就业者7名。在近两年内力争产值突破500万元，税收45万元。落实残疾人就业、再就业的税收优惠政策，也给地方带来了活力，仅东坎镇就成立了10家社会福利企业，安排残疾人215人，为稳定社会，带动当地第二和第三产业的发展起到了积极作用。相关政策如下：

一、对安置残疾人单位的增值税和营业税政策

对安置残疾人的单位，实行由税务机关按单位实际安置残疾人的人数，限额即征即退增值税或减征营业税的办法。

(一)实际安置的每位残疾人每年可退还的增值税或减征的营业税的具体限额，由县级以上税务机关根据单位所在区县(含县级市、旗，下同)适用的经省(含自治区、直辖市、计划单列市，下同)级人民政府批准的最低工资标准的6倍确定，但最高不得超过每人每年3.5万元。

(二)主管国税机关应按月退还增值税，本月已交增值税额不足退还的，可在本年度(指纳税年度，下同)内以前月份已交增值税扣除已退增值税的余额中退还，仍不足退还的，可结转本年度内以后月份退还。主管地税机关应按月减征营业税,本月应缴营业税不足减征的,可结转本年度内以后月份减征,但不得从以前月份已交营业税中退还。

(三)上述增值税优惠政策仅适用于生产销售货物或提供加工、修理修配劳务取得的收入占增值税业务和营业税业务收入之和达到50%的单位,但不适用于上述单位生产销售消费税应税货物和直接销售外购货物(包括商品批发和零售)以及销售委托外单位加工的货物取得的收入。上述营业税优惠政策仅适用于提供服务业税目(广告业除外)取得的收入占增值税业务和营业税业务收入之和达到50%的单位,但不适用于上述单位提供广告业劳务以及不属于服务业税目的营业税应税劳务取得的收入。

二、享受税收优惠政策单位的条件

安置残疾人就业的单位(包括福利企业、盲人按摩机构、工疗机构和其他单位),同时符合以下条件并经过有关部门的认定后,均可申请享受财税[2007]第92号第一条和第二条规定的税收优惠政策:

(一)依法与安置的每位残疾人签订了一年以上(含一年)的劳动合同或服务协议,并且安置的每位残疾人在单位实际上岗工作。

(二)月平均实际安置的残疾人占单位在职职工总数的比例应高于25%(含25%),并且实际安置的残疾人人数多于10人(含10人)。

月平均实际安置的残疾人占单位在职职工总数的比例低于25%(不含25%)但高于1.5%(含1.5%),并且实际安置的残疾人人数多于5人(含5人)的单位,可以享受财税[2007]第92号第二条第(一)项规定的企业所得税优惠政策,但不得享受本通知第一条规定的增值税或营业税优惠政策。

（三）为安置的每位残疾人按月足额缴纳了单位所在区、县人民政府根据国家政策规定的基本养老保险、基本医疗保险、失业保险和工伤保险等社会保险。

（四）通过银行等金融机构向安置的每位残疾人实际支付了不低于单位所在区县适用的经省级人民政府批准的最低工资标准的工资。

（五）具备安置残疾人上岗工作的基本设施。

三、其他有关规定

经认定的符合上述税收优惠政策条件的单位,应按月计算实际安置残疾人占单位在职职工总数的平均比例,本月平均比例未达到要求的,暂停其本月相应的税收优惠。在一个年度内累计三个月平均比例未达到要求的,取消其次年度享受相应税收优惠政策的资格。

四、对残疾人人数计算的规定

（一）允许将精神残疾人员计入残疾人人数享受本通知第一条和第二条规定的税收优惠政策,仅限于工疗机构等适合安置精神残疾人就业的单位。具体范围由省级税务部门会同同级财政、民政部门及残疾人联合会规定。

（二）单位安置的不符合《中华人民共和国劳动法》及有关规定的劳动年龄的残疾人,不列入财税[2007]第92号第五条第（二）款规定的安置比例及第一条规定的退税、减税限额和第二条规定的加计扣除额的计算。

五、单位和个人采用签订虚假劳动合同或服务协议、伪造或重复使用残疾人证或残疾军人证、残疾人挂名而不实际上岗工作、虚报残疾人安置比例、为残疾人不缴或少缴规定的社会保险、变相向残疾人收回支付的工资等方法骗取本通知规定的税收优惠政策的,除依照法律、法规和其他有关规定追究有关单位和人员的责任外,其实际发生上述违法违规行为年度内实际享受到的减(退)税款应全额追缴入库,并自其发生上述违法违规行为年度起三年内取消其享受本通知规定的各项税收优惠政策的资格。

对残疾人个人提供的加工、修理修配劳务免征增值税。

民政福利企业税收优惠政策在我地得到了较好的贯彻落实,为残疾人充分就业发挥了重要作用。也有利于堵塞税收漏洞、公平企业税收待遇、维护残疾人的合法权益,进一步促进残疾人的就业工作。我们必须充分认识到民政福利企业税收优惠政策工作的重要意义,采取切实有效的措施,将民政福利企业税收优惠政策贯彻到位、落实到位。

(资料来源:http://blog.sina.com.cn/s/blog_53638b380100ccdp.html)

思考题

1. 残疾人的定义是什么?
2. 残疾人的类型有哪些?
3. 残疾人对社会福利的需求有哪些?
4. 我国残疾人的社会福利项目有哪些?
5. 我国残疾人社会福利存在哪些问题?如何改进?
6. 德国残疾人社会福利的基本状况如何?
7. 美国残疾人社会福利的基本状况如何?
8. 我国台湾地区残疾人社会福利的基本状况如何?

第九章 妇女儿童福利

学习目标

学完本章,应该了解当代妇女问题和当代儿童问题,熟悉妇女儿童问题的主要内容和国外儿童福利的主要特点,掌握我国妇女儿童事业取得的伟大成就和完善我国妇女儿童福利制度的努力方向。

基本概念

妇女问题　儿童问题　妇女福利　儿童福利　儿童津贴

第一节　当代妇女问题与妇女福利理论

一、妇女问题

所谓妇女问题,是指由于社会制度和文化等方面的因素而导致妇女在政治、经济、社会、家庭生活等方面没有享有与男子平等的权利和机会,并因此在各个方面与男性相比处于不利的地位。妇女问题的实质是两性之间的不平等,其主要表现是妇女因其性别而在经济、政治、社会生活中遇到的各种特殊障碍,并因此而导致她们在个人和家庭生活质量以及在教育、就业、收入和社会政治参与等方面普遍低于男性[①]。妇女地位低下的现象在史前公社化的原始社会中就已经出现,工业化以后,随着女性大量就业,她们在经济地位方面有了很大提高。但由于社会制度和文化中一些根深蒂固的因素,在全世界范围内仍然存在着严重的男女不平等现象。

当代妇女问题产生的经济社会根源如下:

一些企业由于女性生理问题歧视妇女就业。一些企业把女职工的"三期"(经期、孕期、哺乳期)看作负担。特别是孕期和哺乳期会影响企业正常的生产安排,使企业在同等的条件下会优先使用男性。新成长的女性在就业和失业女性在再就业过程中面临的挫折比男性多。失业女职工收入减少,而房租、医疗费用等负担加重,引起心理上的压力与不平衡,产生被剥夺感。在城市核心家庭,大多数妻子是家庭收入的另外一半创造者,女性就业遇到困难时,会直接影响整个家庭的收入,也会影响女性在家庭与社会中的地位,成为婚姻与家庭问题的潜在因素。此外,妇女在工资水平、晋升机会方面也因其性别而受到歧视。

传宗接代和养儿防老的观念使女性在家庭中处于不利地位,在长达数千年的封建社会中,养儿防老的观念根深蒂固,并延续到现在,使男性寄托着家庭未来的希望,而"女孩长大了迟早要嫁出去的"。在资源有限的条件下,为了家庭的兴旺发达,资源、机会和权力往往向男性倾斜,导致一些家庭妇女不能获得与男性平等的决策权、处理自己事务(包括婚姻事务)的自主权、生命健康权、受教育权和财产继承权。

[①] 陈良瑾:《社会救助与社会福利》,中国劳动社会保障出版社2009年版,第232页。

实现社会价值和婚姻自由给妇女带来严峻的考验。"传统的性别角色分工使得社会期待女性在家庭中是一个贤妻良母。随着社会的发展,女性参与社会生活,实现社会价值已深深积淀到中国女性的思想观念中。"[①]既要当贤妻良母,又要事业有成,在双重压力下,女性越来越陷入事业和家庭的两难选择之中,女性双重角色冲突已经到了白热化的程度,夫妻关系调适产生困难。随着改革开放向深度推进,外来文化逐渐融入社会生活,加上人们思想和价值观念的变化,夫妻关系解体的原因更加复杂化。一部分人对于婚姻的承诺也采取了"市场原则",把婚姻看作商品,离婚率上升,单亲家庭增多。家庭的动荡和破裂,首当其冲的是妇女,对妇女的工作、生活和下一代的成长造成影响。

政治生态环境不理想,妇女的政治和社会参与机会不如男性。妇女没有获得与男性平等的管理国家事务、管理经济和文化事业、管理社会事务的权利和机会。尽管在当代民主社会中妇女已经获得与男子同等的基本政治权利(如选举权和被选举权),但由于文化、经济地位以及其他各种复杂的社会原因,导致妇女在平均职业地位和在各级领导岗位中的比例仍明显低于男性。

二、妇女福利的含义

妇女在人类社会的发展过程中所扮演的角色极其重要,而且这种重要性在现代社会越发显现出来,因此,妇女应该在政治、经济、文化等方面享有和男子同等的权利。这不仅是马克思主义妇女观的重要内容和要求,也是衡量一个社会文明程度的重要标志。

---

① 马凤芝:《社会转型与妇女福利服务发展》,《中华女子学院学报》1996年第1期。

正是基于以上原因,妇女应该享受更多的权益和得到更多的特殊照顾,由此产生了社会福利事业,包括各种生活福利津贴、集体福利设施以及休假等福利待遇[①]。

广义的妇女福利是指政府或其他组织制定政策,为保护妇女的基本权利、满足妇女的基本需要或改善生活质量,向妇女提供各种津贴和社会服务的总和。狭义的妇女社会福利是广义的妇女社会福利排除社会保险的各种津贴和社会服务的总和。在我国,社会保障包括社会保险、社会救济、社会优抚、社会福利等,社会福利与社会保险是并列的。广义的社会福利等同于我国社会保障的概念。广义的女性福利包括生育保险,但狭义的女性福利不包括生育保险。本书中大体把社会保险与社会福利作为并列的概念来阐述,但要把妇女福利与社会保险完全分开来讨论是比较困难的。

三、女性主义福利理论

女性主义福利理论流派与妇女运动发展历史悠久,阶段性特征明显,妇女政治福利状况和社会福利状况成为两个不同时期的主题。1960年以前的女性主义运动主要目标是争取妇女的政治、教育和经济权利,改善她们的政治、教育和经济福利状况,让妇女进入公共生活空间,范围主要局限于政治、经济领域。1960年以后的女性主义主要目标是提高妇女在就业、家庭生活和社会生活中的地位,改善她们及其家庭成员收入保障状况与福利状况,范围扩大到家庭、生育、性生活等隐私的私人生活空间[②]。

尽管女性主义的诉求可以简单地归结为实现男女平等,但其

---

① 胡务:《社会福利概论》,西南财经大学出版社2008年版,第144—145页。
② 刘继同:《妇女与福利:女性主义福利理论评介》,《妇女研究论丛》2003年第7期。

并非铁板一块。在女性主义阵营中,包含着不同的流派,拥有各自的立场、观点和主张。其中,最为重要的三大流派分别是自由主义女性主义、社会主义女性主义和激进主义女性主义。这三大流派对女性的被压迫地位作出了不同解释,对女性与家庭和国家的关系也有不同理解,并提出了不尽相同的福利主张。为了对女性主义与福利国家研究有一个清晰而系统的把握,下文将分别研究这三大流派的主要观点和福利主张①。

(一)自由主义女性主义

自由主义女性主义保持着与19世纪末20世纪初期女性主义传统的连贯性。它站在公正的立场上,主张公平竞争和机会平等。在一个公平的社会里,每一个社会成员都应该享有平等的机会来发挥自己的潜力,男女两性应当拥有同等的竞争机会。面对社会中不平等的机会结构,自由主义女性主义者要求将平等的权力延伸至女性,并消除法律和政治上对女性的歧视。而这些诉求都是置于自由主义国家框架之内的,因为在她们看来,国家仅仅是一个中立的无利益取向的仲裁人,它所建立的理论基础是合理的。

(二)社会主义女性主义

社会主义女性主义也被称为马克思主义女性主义,顾名思义,其理论观点植根于马克思主义"左"派,在重构传统马克思理论中扮演了关键的角色。它对于传统的马克思主义理论的批评在于:一是性别盲视,拒绝考察女性的特殊位置;二是在实质上没有对家庭进行分析。社会主义女性主义者则站在历史唯物主义的立场之

---

① 杜平:《女性主义与社会性别理论:社会福利研究的新取向》,国家社会科学基金重点项目《西方社会政策最新理论发展研究》阶段成果之一。

上，主张把女性的社会地位的分析置于传统的对资本主义的分析中，关注资本主义制度下对女性的压迫和剥削，以及阶级与社会性别之间的关系。在她们看来，女性所处的被剥削地位，在很大程度上是由于制度安排——女性家庭角色分工，无偿的家务劳动，对婚姻所带来的经济收入的依赖——所造成的与资本主义生产关系相联系的一种共生关系。要想改变这种被动地位，就必须推翻其所存在的物质基础。

（三）激进主义女性主义

激进主义女性主义与早期的女性主义者不存在任何共同点，它与自由主义女性主义相对立，比社会主义女性主义走得更"左"，因而，在女性主义流派中独树一帜。它把男性对女性的统治看作是父权制的结果，它不仅仅是资本主义的产物，而是在所有经济制度下都能够产生。在一个父权制的社会体系中，男性和女性属于对立的阶层，男性统治并控制着女性，无论在物质还是在精神上。激进主义女性主义并不止于争取与男性的平等，而是拒绝男性，包括他们的价值和他们所创造的制度。因此，女性必须自我组织，对性压迫进行反抗。激进主义女性主义强调父权制度对女性的压迫，但忽略了父权制度存在的历史、社会和文化环境，也仅仅把注意力停留在家庭领域，忽略了其在工作领域的压迫。她们将女性所受到的压迫归咎于男性对女性身体的操控，让人们更多地关注家庭暴力、强奸、流产等现象，把两性关系冲突绝对化、普遍化，认为是不可避免的，是无法克服和不可改变的事实。

女性主义福利理论具有重要的现实和政策意义。妇女福利不单是她们个人的事情，而且是牵涉到儿童福利、家庭成员福利状况和社会质量的社会问题。妇女福利状况成为测量妇女解放、男女平等和国家发展状况的灵敏指标。

第二节 我国妇女福利事业的成就及存在的问题

一、妇女福利的主要内容

（一）妇女教育福利

目前,在局部地区和部分群体中女性的教育仍然存在严重的问题,主要是女性教育的城乡差距较大,老、少、边、穷地区是女性教育的薄弱环节。部分经济比较落后的地区中许多农户子女入学仍然很困难,而女童的受教育机会更容易受到影响。此外,在流动人口中女性接受教育程度偏低。这些情况都说明,两性之间在接受教育机会方面还没有达到完全平等。

所谓的妇女教育福利,是指政府为保护妇女受教育的基本权利,促进妇女教育方面所采取的各种行动的总和。提高妇女的教育水平是促进妇女参与经济、政治和社会活动的基本条件。因此,保护妇女平等的受教育权利是维护妇女享受平等的政治、经济、社会参与权利和平等的家庭地位的关键。

（二）妇女就业保障

妇女是一支重要的劳动力资源,为社会创造了巨大财富。但是,由于自身生理、身体及心理素质方面的原因,在经济体制或者经济形态转变过程中,妇女总是承受着比男性更大的压力。因此,必须对妇女就业给予保障,这也是保护生产力、保护妇女以及下一代身体健康所采取的必要措施。这些措施具体包括:（1）立法保障妇女享有与男子同等的就业权利和就业机会,并通过就业政策指导鼓励企业雇用女工。如允许雇佣女工的企业在规定时间内享受社会保险税优惠等。(2) 立法保障女职工就业期间享有与男职工同等的待遇,包括实行同工同酬、同等的培训机会和晋升机会等。(3) 立法禁止以结婚、怀孕、产假、哺乳为由解雇女职工。(4) 立法保护女职工在生产工作中的安全和健康,对女职工实行特殊劳动保护,一般禁止女职工从事有毒、有害、危险和强体力劳动,限定女职工的工作时间。如禁止女职工上夜班,禁止孕妇、乳母加班加点等;对处于经期、孕期、哺乳期和更年期的女职工实行特殊劳动保护。(5) 制定政策,加强女性职业培训,为妇女举办各种就业培训,确保妇女在就业市场上具有与男子平等竞争的实力。

(三) 福利设施和福利服务[①]

生育津贴与劳动保护均是针对劳动妇女甚至是受雇劳动妇女设置的,并且只适用于特定的阶段。例如,生育津贴保障的是育龄妇女,劳动保护保障的是就业期间的妇女。不仅未参与社会劳动或未受雇的妇女无法享受到这种福利,而且妇女超过生育期间也不能再享受这种保护。因此,真正具有普遍意义的妇女福利是国家和社会为全体女性提供的福利设施和服务。

提供良好的卫生保健服务,尤其是在生产的关键时刻,有助于确保生产过程的安全。孕产妇死亡率的降低,不仅关系到卫生服务的效应,而且关系到社会的公正。社会有责任通过政治、卫生和法律体制为生育妇女提供相关服务。我国《母婴保健法》正是基于此而制定的。而妇幼保健机构是实施《母婴保健法》、依法提供妇女保健服务和保证母亲健康的主渠道,如设立妇幼保健医院、妇产

[①] 钟仁耀:《社会救助与社会福利》,上海财经大学出版社 2009 年版,第 285—286 页。

医院等。

女职工较多的单位还应建立女职工卫生室、孕妇休息室、哺乳室、托儿所、幼儿园等设施,并妥善解决女职工在生理卫生、哺乳、照料婴儿方面的困难。

另外,妇女活动中心、咨询服务中心、健美中心、妇女用品专门店等都是为女性提供福利服务的场所。在许多国家和地区,还设有专门的妇女庇护所,为受虐妇女或遭遇特殊困难的妇女提供特殊救助。

二、我国妇女福利事业取得的成就

(一)妇女与经济

妇女就业人数增加,就业结构发生变化。据人力资源与社会保障部统计公报,就业规模持续扩大。截至2015年年末,全国就业人员77 451万人,比2014年年末增加198万人;其中,城镇就业人员40 410万人,比2014年年末增加1 100万人。全国就业人员中,第一产业就业人员占28.3%;第二产业就业人员占29.3%;第三产业就业人员占42.4%。2015年全国农民工总量27 747万人,比2014年增加352万人,其中外出农民工16 884万人。随着国家产业政策的调整,女性的就业结构也发生了较大变化,第三产业正在成为吸纳女性劳动就业的主渠道,越来越多的女性进入计算机、软件、通讯、金融等高新技术行业,成为这些行业发展的重要力量。在社会保险的缴费比例和享受待遇等方面,妇女享有与男子同等的权利。各级女干部比例有所提高,省、市、县级党政领导班子中女干部的配备率逐步上升。

城乡贫困妇女减少,城乡享受低保人数大幅度增加。为帮助城乡贫困居民解决基本生活问题,中央和地方财政每年会拿出数百亿元资金对生活困难家庭进行救助,并不断提高救助标准。据民政部统计公报:截至2015年年底,全国有城市低保对象957.4万户、1 701.1万人。全年各级财政共支出城市低保资金719.3亿元。2015年全国城市低保平均标准451.1元/人·月,比上年增长9.5%;全国城市低保月人均补助水平316.6元,比上年增长10.9%。(1)城市低保。(2)城市"三无"人员。2015年救济城市"三无"人员6.8万人。(3)农村低保。截至2015年年底,全国有农村低保对象2 846.2万户、4 903.6万人。全年各级财政共支出农村低保资金931.5亿元。2015年全国农村低保平均标准3 177.6元/人·年,比上年增长14.4%;全国农村低保年人均补助水平1 766.5元,比上年增长13.8%。(4)农村特困人员救助供养。截至2015年年底,全国救助供养农村特困人员516.7万人,比上年下降2.3%。全年各级财政共支出农村特困人员救助供养资金210.0亿元,比上年增长10.6%。其中,集中供养162.3万人,年平均供养标准为6 025.7元/人,比上年增长12.2%;分散供养354.4万人,年平均供养标准为4 490.1元/人,比上年增长12.1%。传统救济。2015年传统救济63.8万人。

(二)妇女与教育

九年义务教育覆盖面进一步扩大。据教育部统计公报,2015年,全国共有小学19.05万所,比上年减少1.09万所;招生1 729.04万人,比上年增加70.62万人;在校生9 692.18万人,比上年增加241.12万人;毕业生1 437.25万人,比上年减少39.38万人。小学学龄儿童净入学率达到99.88%。妇女接受高等教育的人数和比例持续增长。妇女识字率稳步提高,男女平均受教育年限的差距逐步缩小。

（三）妇女与健康

孕产妇死亡率下降,妇女平均预期寿命提高。卫生部统计公报显示,据妇幼卫生监测,2015年,5岁以下儿童死亡率为10.7‰,其中:城市为5.8‰,农村为12.9‰;婴儿死亡率为8.1‰,其中,城市为4.7‰,农村为9.6‰。与上年相比,5岁以下儿童死亡率、婴儿死亡率均有不同程度的下降。2015年,孕产妇死亡率为20.1/10万,其中,城市为19.8/10万,农村为20.2/10万。与上年相比,孕产妇死亡率有所下降。

妇女享有计划生育的权利进一步得到保障。人口和计划生育系统已经建成了遍及城乡的计划生育网络。人口计生部门在制定有关生育政策时,广泛征求妇女意见;在选择避孕节育措施方面,尊重妇女本人意见,做到知情选择。

（四）妇女与法律

促进男女平等的法律法规进一步完善。2001年4月,第九届全国人大常委会第二十一次会议审议通过了《婚姻法》修正案,首次将禁止家庭暴力的条款写入法律。到2005年底,全国共有23个省(区、市)出台了地方性法规或政策禁止家庭暴力。2005年8月28日,第十届全国人大常委会第十七次会议审议通过了《妇女权益保障法》。《婚姻法》和《妇女权益保障法》的适用性和可操作性进一步增强,更加有利于维护妇女的合法权益。

维护女职工劳动权益工作不断加强。各级劳动保障部门不断加大劳动保障监察力度,及时发现和纠正侵犯女职工权益的行为,重点查处在女工孕期、产期、哺乳期内解除劳动合同,强迫女工超时以及超强度劳动等违法行为。

妇女的人身安全进一步得到保障。为妇女提供的法律援助服务进一步加强。

三、我国妇女福利存在的问题

(一) 新中国前期妇女福利政策的偏颇[①]

新中国前期,中国共产党发动妇女广泛参与社会生产劳动,并采取相应措施解除妇女的后顾之忧(如在全国范围内兴办公共食堂、托儿所、幼儿园等),在一定程度上实现了家务劳动的社会化,妇女福利大大提高。社会主义建设时期,妇女参与社会生产,实现经济独立,促进男女平等是社会主义优越性的重要体现,也成为衡量社会主义妇女解放的重要指标。但在社会变革过程中,随着社会劳动力需求和革命热情的继续高涨,全面消除男女之间平等的差别甚至差异以求男女平等的呼声渐高,最终导致男女平等的异化。

在劳动领域,动员鼓励妇女积极参与社会主义建设,并与男性同台竞争,即使在重体力和重工业领域,妇女也与男性担当同样多的重任,包括劳动强度。有些女性为了张扬"巾帼不让须眉"的精神,不顾生理极限,在建筑、钢铁等行业,比男性干更多的体力活。

在生活领域,倡导女性应与男性扮演同样的社会角色,女性也认同男女应采取一样的行为方式,出现了妇女"不爱红装爱武装"的潮流。

在制度文化上,国家通过制度建设和主流话语干预,力图构建男女平等的新型性别关系,消除旧有文化意识形态,铲除旧有性别文化制度,实现国家权力对社会生活各个领域的成功干预。在具

[①] 黄桂霞:《新中国前期妇女福利发展的思想与实践》,《中华女子学院学报》2011年第2期。

体路径上,国家推动妇女从家庭走向公共领域,妇女通过参与社会生产获得经济独立,赋予她们在政治上平等的选举权和被选举权、文化教育上的平等教育和培训机会。但这在很大程度上只是追求结果上的平等,在抹杀性别差异的男性标准下,妇女以挑战生理极限为代价,获得一定认同却未获得自我独立,不可避免地会导致男女平等的异化。

(二)市场经济体制下的妇女福利问题

改革开放后,我国在不断探索经济体制改革道路,特别是1992年党的十四大明确了经济体制建设的目标,到2010年初步建成社会主义市场经济体制。在建设市场经济体制的过程中,我国加强了劳动保护立法,逐步纠正了改革开放前妇女福利政策的偏颇问题。通过生育保险等一系列政策,在保护妇女就业权益方面取得了长足的进展。尽管目前我国妇女福利事业已经取得巨大成就,但我国在妇女福利事业方面仍存在一些薄弱环节。

妇女参与决策和管理的比例远远低于男性。据《中国妇女发展纲要(2001—2010)》的中期评估报告,2005年,全国共有女干部1 500多万人,占干部总数的38.5%,其中,省(部)级以上女干部占同级干部的10.3%,厅(局)级女干部占同级干部的12.9%,县(处)级女干部占同级干部的17.2%。妇女参与基层社区管理的比例有升有降,农村女性参政比例仍然偏低。2005年,全国居民委员会成员中的女性比例为53.1%,高于男性。2005年,全国村民委员会成员中的女性比例为16.7%,参政比例远远低于男性,也远远低于城镇女性,与农村人口的性别结构不协调。

艾滋病病毒感染人数快速增长,女性感染比例上升。据卫生部门统计,2005年,我国累计艾滋病感染例数为144 089例,其中,女性 39 838 例,占 27.6%,比 2000 年提高 11.3 个百分点;2005年,女性感染艾滋病病毒感染例数为 9 861 例。

女性遭受家庭暴力的现象仍大量存在。

性别歧视依然存在,女性胎儿容易遭到人流。

农村孕产妇死亡率仍高于城镇。

妇女被拐卖的现象时有发生。

第三节 国际儿童权利保护立法与国外儿童社会福利

一、国际儿童权利保护立法

(一) 儿童问题

联合国《儿童权利公约》第 1 条规定:"为本公约之目的,儿童系指 18 岁以下的任何人,除非根据对该儿童使用之法律,该儿童在 18 岁之前成年。"同时,为照顾某些国家的不同情况,《儿童权利公约》还作了灵活的规定,即如果根据对儿童适用之法律,该儿童在 18 岁之前成年,则不受 18 岁这一上限的约束。我国的许多针对儿童的法规政策也常常是以 18 岁为界限,如《未成年人保护法》与《预防未成年人犯罪法》。

《辞海》将"儿童"划分为几个年龄阶段:"(1) 新生儿期:从出生到满月;(2) 婴儿(乳儿)期:1 足岁以下;(3) 幼儿期:一岁到六七岁;(4) 小学儿童期:六七岁到十二三岁。以后便进入少年、青年阶段。"我国通常把零到十二三岁的未成年人称为儿童。

儿童是国家的未来和希望,儿童福利状况的好坏是衡量一国福利水平的重要指标。在当代社会,随着经济与社会的发展,儿童的生存环境和发展的条件已经有很大改善,并且世界各国和联合国等国际组织为改善儿童的健康状况和保护儿童的生存权作出了不懈的努力。但是,迄今为止,儿童问题依然非常严峻。由于战争和各种冲突以及自然灾害、人为灾害,世界上仍有大量的儿童严重缺乏基本的生活条件保障,甚至得不到清洁的饮水供应,他们当中每天都有大量的人因严重的营养不良和缺乏基本生存条件而患病、残疾和死亡;由于贫困和缺乏教育服务,有大量的儿童得不到基本的教育;在世界各地都不同程度地存在着贩卖和走私儿童,对儿童的人身和性剥削、绑架以及其他恶劣形式的对儿童的经济剥削;非法使用童工,童工从事危险和损害身心健康的繁重劳动;艾滋病夺走了儿童的亲人和儿童本人感染了艾滋病,对儿童的身心健康造成了严重的损害。

(二)国际上对儿童的基本权利保护

鉴于第一次世界大战对人类尤其对儿童所造成的巨大伤害,在"救助儿童国际联盟"的推动下,国际联盟于1924年通过了《儿童权利宣言》(又称《日内瓦宣言》),该宣言确立了五个原则:(1)每个儿童应被给予其物质与精神的正常发展所需的各种便利与措施。(2)饥饿的儿童应被给予食物;生病的儿童应获得救治;犯错的儿童应被挽救;孤儿与无家可归的儿童应获得保护和援助。(3)灾难发生时,儿童应被首先获得救济。(4)儿童应被处于能使其获得谋生能力的地位,并且应被保护以防止各种形式的剥削。(5)儿童应在有意识地使其能力以服务于人类的情形下被抚养成人[①]。

1924年的《儿童权利宣言》并没有规定儿童权利,主要针对的是第一次世界大战对儿童所遭受的巨大痛苦而进行的反思,明确

---

① 王勇民:《儿童权利保护的国际法研究》,法律出版社2010年版,第46页。

保护儿童是世界各国男人和女人的义务。该宣言具有建议的性质,没有强加国家以义务。

1959年的《儿童权利宣言》是联合国大会通过的。该宣言声称:以期儿童能有幸福的童年,为其自身的和社会的利益而得享有宣言中所说明的各项权利和自由,并号召所有父母和一切男女个人以及各自愿组织、地方当局和各国政府确认这些权利,从而根据宣言所确认的原则逐步采取立法和其他措施,力求这些权利得以实行。宣言确立了10个方面的原则:

(1)儿童应当享有本宣言中所列举的一切权利,一切儿童毫无例外地均得享有这些权利,不因其本人的或家庭的种族、肤色、性别、语言、宗教、政见或其他意见、国籍及社会成分、财产、出身或其他身份而受到差别对待或歧视。

(2)儿童应受到特别保护,并应通过法律和其他方法而获得各种机会与便利,使其能在健康而正常的状态和自由与尊严的条件下,得到身体、心智、道德、精神和社会等方面的发展,在为此目的而制定法律时,应以儿童的最大利益原则为收益考虑。

(3)儿童有权自其出生之日起即获得姓名和国籍。

(4)儿童应当享受社会安全的各种利益,应有能健康地成长和发展的权利。为此,对儿童及母亲应给予特别的照料和保护,包括产前和产后的适当照料。儿童应有权利得到足够的营养、住宅、娱乐和医疗服务。

(5)身心或所处社会地位不正常的儿童,应根据其特殊情况的需要给予特别的医疗、教育和照料。

(6)儿童为了全面而协调地发展其个性,需要得到慈爱和了解,应当尽可能地在其父母的照料和负责下,无论如何要在慈爱和精神上与物质上有保障的气氛下成长。除非情况特殊,尚在幼年的儿童不应当与其母亲分离,社会和公共事务当局应有责任对无家可归和难以维生的儿童给予特殊照顾。采取国家支付或其他援助的办法使家庭人口众多的儿童得以维持生活乃是恰当的。

(7) 儿童有受教育之权,其所受之教育至少在初级阶段是免费的和义务性的,儿童所受的教育应增进其一般文化知识,并使其能在机会平等的基础上发展其各种才能、个人判断力和道德的与社会的责任感,而成为社会上有用的一分子。儿童的最大利益应成为对儿童的教育和指导负有责任的人的指导原则,儿童的父母首先负有责任。儿童应有游戏和娱乐的充分机会,应使游戏和娱乐达到与教育相同的目的,社会和公众事务当局应尽力设法使儿童得以享受此权利。

(8) 儿童在一切情况下均应属于首先受到保护和救济之列。

(9) 儿童应被保护不受一切形式的忽视、虐待和剥削,儿童不应成为任何形式的买卖对象。儿童在达到最低限度的适当年龄以前不受雇用。绝对不应指使或允许儿童从事可能损害其健康或教育,或者妨碍其身体、心智或品德发展的工作。

(10) 儿童应受到保护,使其不致沾染可能养成种族、宗教和其他任何方面歧视态度的习惯,应以谅解、宽容、各国人民友好、和平以及四海之内皆兄弟的精神教育儿童,并应使他们充分意识到他们的精力和才能应当奉献于人类服务。

1959年的《儿童权利宣言》在性质上仍然是联合国大会所通过的一项决议,其本身并不具有直接的法律效力,但在促进国际社会保护儿童权利方面起到了重要作用。

1989年11月21日,联合国大会一致通过了《儿童权利公约》。公约把儿童权利分为两类:第一类是与成人一样的基本人权,包括生存权、人身自由权、人格权、平等权、隐私权、受教育权等;第二类是针对儿童身心发育的特殊需要的权利,包括受抚育权、受保护权、优先受助权、游戏权、减免刑责权等。在对儿童权利的认识上,公约确立了现代社会应有的新概念,诸如提出了平等的原则,尊重儿童人格尊严,强调和支持家庭在儿童生活中的作用等。公约还明确将保护儿童权利的责任强加于各国政府,而非个人或民间组织,并建立了相应的监督机制,使儿童的福利和利益尽可能处于政府的财力和权力的保障之下。

1989年通过的《儿童权利公约》将儿童的基本权利大致划分为生存的权利、受保护的权利、发展的权利和参与的权利。生存的权利如拥有充足的食物、清洁的饮水、安全的居所、基本的健康保障等。受保护的权利则包括免于受歧视、受虐待、被疏忽、被剥削,在战争和危难中优先被保护的权利。发展的权利包括通过教育、良好的健康照顾,社会、宗教、文化参与的机会,获得健全的发展。参与的权利指的是儿童随着身心的成长逐步获得参与对其生活产生影响的决策的权利。如果广义地理解福利的涵义,上述四项权利均与儿童福利密切相关[①]。

二、国外儿童福利的主要内容与特点

(一)瑞典儿童福利[②]的主要内容

广义的儿童福利是政府和社会为满足儿童的普遍需求,保障儿童的基本权利,促进儿童身体和心理最佳发展,为儿童提供的一切实物、现金和社会服务的总和。狭义的儿童福利是指国家和社会为保护儿童的健康成长,避免儿童陷入贫困而向处于困境的儿童及其家庭提供的各种福利待遇和社会服务的总和。瑞典素有"儿童天堂"之称。当今瑞典儿童福利制度非常完善,福利项目和

---

① 贺颖清:《福利与权利》,中国人民公安大学出版社2005年版,第24页。
② 何玲:《瑞典儿童福利模式及发展趋势研议》,《中国青年研究》2009年第2期。

福利支付形式多种多样,充分考虑到了儿童成长过程中的种种需求,为所有家庭创造了一个适宜照料儿童的社会环境,为儿童提供了无微不至的关怀。瑞典儿童福利的主要内容如下:

1. 父母生育保险

瑞典自1974年开始实施父母保险制度,即给予父母双方带薪假期以照顾孩子,并且承诺能重回原工作岗位或类似岗位。按照父母保险计划的规定,产妇分娩前可以享有180—270天的生育津贴。孕妇在产前一个月即可开始休假,并领取产假补贴。自2002年起,瑞典父母津贴发放时间总共为480天,可以在孩子出生或被领养当日起至孩子年满8岁期间的任何时候申领。480天中的390天,父母可以得到的补贴由请假而损失的工资折算,津贴为该从业者总收入的80%以上(最高限额以下,2004年,父母津贴的最高限额约为每月24 000克朗,1克朗约合1.07元人民币)。在余下的90天即3个月中,每人每天的津贴为固定的60克朗。无收入的父母在390天内的津贴为每人每天180克朗,90天内依然为固定的60克朗。对于多胞胎的父母,政府给予额外的补贴天数。父母保险对养父母同样有效,养父母在收养10岁以下儿童后,至少可以休假6个月,在家照顾儿童使其适应环境。从1980年起,凡有12岁以下儿童的父母,每年可请假60天照看孩子,并享受临时父母津贴。有一岁半以下儿童的父母,每天可工作6小时或全休。有8岁以下儿童的父母,可将其工时每天减少四分之一。雇主可以根据减少的工时减发或停发工资,但不得解雇职工。父母保险是瑞典社会保障制度的一部分,由所有雇主支付。

2. 儿童津贴和家庭津贴

所有瑞典儿童自出生之日起即可得到儿童津贴,直至16岁。儿童津贴金额随物价上涨进行调整,目前,瑞典儿童津贴每月约为1 000克朗。有三个以上子女的家庭还可以享受儿童附加补贴。

因父母分居或病逝而生活发生困难的儿童,国家每月提供一定的补助。如果孩子的父母一方或双方去世,18 岁以下的孩子可以得到儿童抚养金(也称儿童年金),与此同时,仍保留有享受其他津贴待遇的权利。此外,还有"寡妇补贴",即当丈夫去世后,寡妇要继续照顾同她居住在一起的 16 岁以下的孩子时可以领取此项补贴。在瑞典,房租是家庭的主要开支之一,原则上地方当局根据居民家庭情况向低收入者和多子女家庭提供一定的住房补贴。

3. 教育补贴(含公共托育服务)

孩子从半岁至 6 岁可以进入不同形式的托儿所。托儿费分为两部分,一部分是人人要交的伙食费,另一部分是管理费,孩子家长如果收入低或孩子多可少交或免交。6—7 岁的儿童每天可接受不少于 3 小时的学龄前教育。瑞典绝大多数地方政府雇有专职的儿童看护,这是一种由国家补贴的社会服务,当孩子生病而家长因故不能亲自照顾时,都可请儿童看护帮助。中小学教育完全免费,学生可以免费使用文具,并可免费在学校吃一顿午餐。在外寄宿的学生每月可以得到住房补贴。住处离学校较远的走读生,一般由学校代买月票。学校离家 6 公里以上的学生,当局或为其提供车辆,或每月发给其交通补助。年满 16 周岁以后,完成九年义务教育的青年,如继续深造可获得学习津贴。

4. 健康照料

瑞典全国各地都设有母亲保健中心,负责孕产妇的保健工作。孕妇产前产后护理及住院分娩都完全免费。瑞典公民都有权享受免费医疗。病人去医院看病只需付 55—70 克朗挂号费。学龄前儿童及中小学生在儿童保健中心和校卫生所看病完全免费,到医院看病则需要像成人一样交挂号费。16 岁以下儿童住院治疗完全免费,到公立医院治疗牙病完全免费。10 岁以下儿童住院,孩子的父母去看望,每周至少也可以报销一次路费。此外,父母因照看残疾儿童而不能工作时,国家提供其相当于提前退休金的补助,并规定在家中要照顾16岁以下伤残儿童的父母,可以领取儿童照料补助,在儿童12周岁之前,父母每年最长可请4个月假照顾病儿,待遇如同休病假。

(二)国外儿童福利的特点

1. 美国儿童福利[①]的特点

(1)主要针对特殊儿童,具有明显的"残补"特色。美国的儿童福利主要为孤儿、残障儿童、贫困儿童、被虐待或被忽视的儿童、家庭破碎的儿童、行为出现偏差或受情绪困扰的儿童等。真正没有对象身份背景限制的服务项目只有17项,占13.4%。

(2)立法先行,福利项目严格按照法律规定提供。美国的儿童福利之所以要立法先行,一是因为法律通过的过程就是社会各利益集团博弈的过程,尽可能保证儿童福利政策公正且不会偏离美国主流价值观;二是因为儿童福利服务经常会和私人权利发生冲突(如剥夺监护权),立法有利于保证相关政策的贯彻实施;三是儿童福利服务离不开资金支持,这就必须得到国会的批准。

(3)联邦与州分权管理,重视州政府在儿童福利方面的责任与权力。美国儿童福利立法通常是联邦立法规定一般性的规则,各州在不违背联邦立法的前提下制订适用于本州的法案。美国在世界上最早提出"儿童福利"这一概念,现在却是全世界至今未批准联合国《儿童权利公约》仅有的两个国家之一,原因就是《儿童权利公约》禁止对未成年人实行死刑,而美国有的州有死刑法条,联邦不能干涉。

---

① 薛再兴:《美国儿童福利政策的最新变革与评价》,《中国青年研究》2009年第2期。

(4) 服务项目繁多,尽量满足各类儿童的不同需要。美国的社会服务非常发达,能够为各类儿童提供全面的服务,包括针对通常家庭的心理辅导与训练、父母教养能力训练等,针对困境家庭的居家服务和托儿服务,以及针对严重问题家庭的寄养和领养服务等。现在,无论是在支出、受益人数,还是工作人员数量方面,社会服务都超过了现金待遇项目。由专业的儿童福利机构向服务对象提供各种服务而不是简单地向他们发放救助金,既有利于满足他们的实际需要,也有利于防止资金被孩子的父母挪作他用。

2. 瑞典儿童福利①的特点

(1) 采取高福利、高税率的模式筹资。儿童社会福利服务是瑞典各级政府特别是地方政府的主要职能。有关儿童社会福利的立法经瑞典议会批准后,一般由政府交国家保险局负责执行。儿童社会福利保障资金和各类社会服务费用均由政府承担。费用由税收部门征收,由国家社会保险局负责管理,国家保险局根据法律规定制定具体条例和执行办法,监督各省和各市政区的地方保险局予以贯彻,实行专款专用。为维持这种高福利支出的财政需要,瑞典实行高税收制度,即高福利与高税收并进的"瑞典模式"。目前,瑞典个人所得税平均在40%左右,国家GDP的36%用于社会福利事业。

(2) 十分注重公平,建立了统筹调剂制度。在瑞典,每一个具有国籍的儿童都在社会福利保障的范围之内。国家保证每个瑞典儿童在幼儿园、十年义务教育期间拥有自己的位置,为实现不同人群间最大限度的平等,瑞典通过一系列政策给予年轻家庭、低收入家庭、疾病者、丧失劳动力者以及其他弱势人群以相应的补贴,面向全体居民尽量平等地提供低费用的儿童看护服务、各层次教育、

---

① 何玲:《瑞典儿童福利模式及发展趋势研议》,《中国青年研究》2009年第2期。

社会支持和医疗保健服务,尽可能让不同出身的儿童平等地享受各种社会福利和社会服务。为保证不同地区的儿童享受同样的福利,瑞典还采取"罗宾汉式"抽肥补缺的福利政策,从财政收入富庶的地区补贴福利支出存在缺口的地区。

(3)女性生育福利优厚。瑞典儿童福利政策充分配合父母工作需要,尤其是工作母亲的需要,设计不同类型的亲职假,针对不同年龄段儿童家庭需要制定适宜的政策。良好的儿童福利制度无疑是提高女性就业率与生育率的重要因素,使得瑞典享有先进国家中甚高的妇女就业率与生育率。据瑞典媒体报道,总部设在美国的拯救儿童组织2008年5月6日发表声明说,瑞典再次被该组织评选为目前世界上最适合母亲居住的国家。

3. 日本儿童福利[①]的特点

(1)日本的儿童福利模式始终体现了以"家庭"为中心的特点。日本之所以着重强调以家庭为主的福利政策导向,一方面是因为日本的传统文化认为,"养育孩子是父母的职责","家庭是最高的学校","提供儿童福利是父母和家庭天经地义的事情";另一方面是日本吸取了欧美国家的教训。在瑞典、英国等高负担、高福利的国家,国民对国家的依赖性过强,容易丧失劳动积极性。日本福利政策的出发点就是要帮助每一个人自立,避免让国民过于依赖国家。

(2)地方政府、地方公共团体、企业、民间团体等共同出资。国家并不直接承担供给的义务,只限于对委托事务的指导、监督、咨询以及一部分国立儿童福利部门的规划和行政管理。中央级(国家)一般是委托都道府县级的地方公共团体进行社会福利的供

---

① 王晓燕:《日本儿童福利政策的特色与发展变革》,《中国青年研究》2009年第2期。

给,市町村级的福利事务所、保健所等机构具体执行服务,各企业等也同时参与儿童福利的扶助供给。许多传统的日本企业都采用了家族制或终身雇佣制的管理方式,一旦雇用员工后就在两者间构筑长期依附关系:企业将员工视作自身整体的一部分,要求员工对企业高度的忠诚感和牢固的归属意识。在这种管理模式下,员工乃至其家人也都成为企业的必要组成部分,享受必要的由企业提供的福利待遇。因此,提供儿童福利也就成为日本企业员工待遇的一部分。

(3)以"帮助儿童生活自立"为儿童福利事业的基本目标。通观当今日本的整部《儿童福利法》,规定对各种残障儿童包括智力的、肢体的、重症身心的、精神情绪的、盲聋哑等,除了提供保护、治疗外,进行日常社会生活指导和授予知识技能则是重心。日本的残障儿童福利已经从医疗保护对象的代进入了教育对象时代。儿童福利是要"帮助儿童生活自立",是要保证儿童人人享有尊严与人格、享受正常的社会生活。这是日本以儿童为本位的社会保障制度的基本原则。

第四节 我国儿童社会福利事业发展

一、我国儿童社会福利的主要内容

(一)普通儿童的社会福利

1. 对儿童的养育

儿童福利的重要内容之一就是通过多方面的努力,促进对儿童良好的养育。首先,国家通过立法对儿童所应受到的家庭保护作了规定,保护儿童的生命健康;父母或者其他监护人应当依法履行对未成年人的监护职责和抚养义务,不得虐待、遗弃未成年人;父母或者其他监护人不得允许或者迫使未成年人结婚。其次,保证对儿童的营养,这不仅关系到儿童的正常发育,而且会影响到未来的民族素质和国家素质。再次,保证儿童良好的居住环境。

2. 儿童的教育事业

教育是儿童权利的重要组成部分,是促进儿童成长发展的一项重要措施,是儿童福利最重要的内容之一。对儿童的教育是全面的,即:要通过教育使儿童学会认知,掌握必要的知识和思维方法,学会做事,具备生活中必需的多种能力;学会相处,懂得在社会生活中如何自如地适应;学会生存,适应未来的生活。教育还要帮助学习有困难的儿童掌握正确的学习方法;协调儿童与父母之间的关系,帮助儿童养成健康心理;指导儿童与其他儿童友好相处,学会在集体中生活;为儿童提供学习环境,教会他们面对生活中的各种问题。

新中国成立后,党中央对儿童教育高度重视。1949年11月,中央人民政府教育部成立,在初等教育司内设置幼儿教育处。1951年10月,《政务院关于改革学制的决定》明确规定,幼儿园为幼儿教育的组织,在有条件的城市中首先建立,然后逐步推广。1956年2月,教育部、卫生部、内务部颁发《关于托儿所幼儿园几个问题的联合通知》,要求根据需要和可能积极发展托儿所。1979年,教育部颁发了《城市幼儿园工作条例(试行草案)》,对幼儿教育的方针、目标、内容和制度作了详尽的规定,有助于迅速恢复幼儿园的正常工作秩序。1983年,教育部发布了《关于发展农村幼儿教育的几点意见》。1986年,教育部发布了《关于进一步办好幼儿学前班意见》。1997年,国家教委印发了《全国幼儿教育事业"九五"发展目标实施意见》。2003年,国务院转发了《关于幼儿教育改革与发展的指导意见》。2006年,全国人大通过《义务教育法》,规定年满6岁的儿童都要接受义务教育,义务教育的期限是9年。

3. 儿童卫生保健

儿童的健康是民族健康的基础,是国家强盛的先决条件。新中国成立后,党和政府高度重视儿童福利、妇幼保健和公共卫生问题,以公共卫生、学校卫生和妇幼保健工作为主体的儿童健康照顾体系框架初步确立。推行妇幼保健计划,即通过多种努力,降低婴儿死亡率;卫生部门对儿童实行预防接种制度,积极防治儿童常见病,并兴办专门的为儿童医疗保健服务的儿童医院,或者在全科医院中设置儿科;开展学校卫生工作,通过健康检查、身体缺点的锻炼矫治、传染病的预防、健康教育等方法促进儿童健康发育和成长。

改革开放后,我国政府更加注重改善儿童卫生保健服务,提高儿童健康水平。1986年,卫生部发布了《城乡儿童保健工作要求》《婴幼儿佝偻病防治方案》《小儿营养性缺铁性贫血防治方案》《小儿肺炎防治方案》《婴幼儿腹泻防治方案》,1989年,卫生部发布了《卫生部关于加强儿童保健工作的通知》,1990年,卫生部发布了《卫生部关于进一步加强儿童保健工作的通知》。我国建立了新型农村合作医疗制度和城镇居民基本医疗保险制度,覆盖了城乡的所有儿童。

4. 儿童的娱乐游戏

游戏和娱乐是儿童生活的一部分,有利于促进儿童身心健康发展。1952年,根据北京市吴晗副市长的批示,北京召开了玩具座谈会,全国妇联、教育部、玩具厂都有代表参加。1956年,我国出版了《幼儿园自制玩具、教具介绍》一书。国家通过政府投资或社会资助修建儿童娱乐场所,推广有益有趣的儿童游乐形式,普及儿童娱乐知识;举办竞赛性活动吸引儿童及其家长参加。

5. 保护儿童权益

1992年,中国成为《联合国儿童权利公约》的第110个批准国。我国还通过颁布《中华人民共和国未成年人保护法》《中华人民共和国预防未成年人犯罪法》《中华人民共和国收养法》等一系列法律法规。保护儿童的生命权、被抚养权、优先救济权,打击拐卖儿童的违法犯罪行为;保护儿童的隐私,实行儿童就业保护,对违法犯罪的儿童进行适当保护等。

(二)特殊儿童的社会福利

1. 残疾儿童的康复和教育

我国利用城乡三级医疗预防保健网开展社区康复,使城乡基层的大多数残疾儿童能够享有基本的康复服务。同时,在各级地方政府的领导下,成立了由卫生、民政、残联等有关部门参加的社区康复领导小组,相互协调,分工合作,共同制定社区康复规划,并组织实施。

根据有关法律法规,我国政府将残疾儿童教育纳入义务教育。我国在普通学校附设特殊教育班和随班就读为主体,以特殊教育学校为骨干的残疾儿童义务教育格局已经形成。

2. 对孤儿、被遗弃儿童的救助

救助的方式有儿童福利院、为贫困家庭或单亲家庭提供经济援助以及家庭寄养、收养。从1949年起,在接管旧的社会福利结构的同时,人民政府还积极创办新的儿童福利院和社会福利院。从1958年起,我国对社会福利机构进行调整,儿童福利服务机构统称为儿童福利院,收容"无依无靠、无家可归、无生活来源"的孤儿、弃婴和残疾儿童。1984年11月,民政部在福建省漳州市召开全国城市社会福利事业单位改革整顿工作会议,使儿童福利事业从封闭型转向开放型,从救济型转向福利型,从单一的"以养为主"

转向"养、治、教"和康复并重。

二、我国儿童福利事业的成就

我国儿童福利制度初期惠及的主要是处于特殊困境下的儿童,包括残疾儿童、孤儿、弃儿和流浪儿童,随着经济、社会的迅速发展,家庭、社会结构与功能内涵发生变化,我国也越来越关注贫困儿童、受虐儿童、行为偏差或受情绪困扰的儿童。现在,我国的儿童福利制度关怀的对象扩展为一般儿童,为他们提供健康生活和教育所需要的社会服务。换言之,我国的儿童福利正在由"残补型"向"适度普惠制"转变。从我国儿童福利的指标体系中,可以看出我国儿童福利事业取得的巨大成就。

(一)儿童健康方面

1. 新生儿以及5岁以下儿童的死亡率

据卫计委统计公报,据妇幼卫生监测,2015年,5岁以下儿童死亡率10.7‰,其中,城市为5.8‰,农村为12.9‰;婴儿死亡率为8.1‰,其中,城市为4.7‰,农村为9.6‰。与2014年相比,5岁以下儿童死亡率、婴儿死亡率均有不同程度的下降。

2. 计划免疫接种率

据《中国儿童发展纲要(2001—2010)》中期评估报告,2001年以来,儿童"四苗"(卡介苗、百白破、脊灰和麻苗)免疫接种率一直保持在97%以上,2005年分别达到98.99%、99.0%、98.97%和98.55%,均已超过《中国儿童发展纲要(2000—2010)》目标(2010年以乡镇为单位达到90%以上)。2002年起,国家将新生儿乙肝疫苗接种纳入免疫计划。"十五"期间,中央财政投入1.8亿元,用于为中西部省份贫困地区儿童购置乙肝疫苗。2005年,儿童乙肝疫苗报告接种率为98.96%,比2000年提高7.13个百分点。预防接种工作的进一步强化,有效地减少了儿童传染性疾病的发生。

3. 营养状况

据《中国儿童发展纲要(2001—2010)》中期评估报告,2005年,全国5岁以下儿童中重度营养不良患病率为2.34%,比2000年减少0.75个百分点。中小学生《国家体育锻炼标准》及格率均超过90%。2005年,第五次全国碘缺乏病调查评估结果表明,当年全国居民合格碘盐食用率为90.2%,碘盐覆盖率为95.2%,8—10岁儿童尿碘中位数为246.3微克/升,甲状腺肿大率为5.0%,全国总体达到消除碘缺乏病阶段性目标。

4. 饮水卫生

据卫计委统计公报,2015年,全国生活饮用水卫生(供水)被监督单位6.8万个,直接从事供、管水人员36.4万人,持健康证人数占84.0%。生活饮用水经常性卫生监督16.1万户次,合格率为99.2%。监督抽检涉水产品823件,合格率为98.5%。严格的生活引水卫生监督,对儿童的健康成长有很大帮助。

(二) 困境儿童的养育和救助事业

据民政部统计公报,截至2015年年底,全国共有儿童福利和保护服务机构753个,床位10万张,截至2015年年末,收留抚养各类人员5.6万人。其中,儿童福利机构478个,床位8.9万张;未成年人救助保护中心275个,床位1.1万张,2015年共救助流浪乞讨未成年人4.7万人次。

(三) 教育方面

根据2009年教育部统计公报,全国义务教育、学前教育和特殊教育事业得到了稳步发展。

1. 义务教育

据教育部统计公报,2015年,全国共有义务教育阶段学校24.29万所,比上年减少1.11万所;招生3 140.07万人;在校生1.40亿人;专任教师916.08万人;九年义务教育巩固率为93.0%。

2. 学前教育

据教育部统计公报,2015年,全国共有幼儿园22.37万所,比上年增加1.38万所;入园儿童2 008.85万人,比上年增加21.07万人;在园儿童(包括附设班)4 264.83万人,比上年增加214.11万人;幼儿园园长和教师共230.31万人,比上年增加22.28万人;学前教育毛入园率达到75.0%,比上年提高4.5个百分点。

3. 特殊教育

据教育部统计公报,2015年,全国共招收特殊教育学生8.33万人,比上年增加1.26万人;在校生44.22万人,比上年增加4.74万人。其中,视力残疾学生3.67万人,听力残疾学生8.94万人,智力残疾学生23.21万人,其他残疾学生8.40万人。特殊教育毕业生5.29万人,比上年增加0.39万人。

(四)儿童法律保护

2009年4月9日,公安部部署全国公安机关开展打击拐卖儿童妇女专项行动。据公安部统计数据,截至2010年6月28日,全国共破获拐卖案件12 185起,解救被拐卖儿童、妇女14 717人,抓获犯罪嫌疑人17 528名,公安部公开发布A级通缉令通缉的20名重大人贩子已有19人落网。各地公安机关改变传统打法,从强化接报警和立案入手,对每一起拐卖犯罪线索及时、认真地立案侦查,及时找回一大批失踪被拐儿童妇女。许多地方深入开展摸底排查,采取布建群防群治网络、加强重点人员和重点场所管控、强化流动人口管理、强化布控查缉等措施,主动发现拐卖犯罪线索,侦破了一大批案件,沉重打击了拐卖犯罪活动的嚣张气焰。

(五)儿童成长的文化环境

1. 儿童发展的设施越来越完善

据《中国儿童发展纲要(2001—2010)》中期评估报告,2000 年以来,全国共创建青少年体育俱乐部 2 379 个,每年参加俱乐部活动的青少年学生达 1 亿多人(次)。2005 年年底,全国共有公共图书馆 2 736 个,比 2000 年增加 59 个;博物馆 1 556 个。2004 年,《中共中央国务院关于进一步加强和改进未成年人思想道德建设的若干意见》下发后,全国文化、文物系统各级博物馆、纪念馆、美术馆对未成年人参观实行票价优惠政策。另外,通过加快实施广播电视"村村通工程""西(藏)新(疆)工程""电影 2131 工程",广播影视基础设施条件大为改善,丰富了农村尤其是边远地区儿童的文化生活。

2. 儿童成长的文化环境越来越安全

2002 年,国务院发布《互联网上网服务营业场所管理条例》,规定中学、小学校园周围 200 米范围内和居民住宅楼(院)内不得设立互联网上网服务营业场所,互联网上网服务营业场所经营单位不得接纳未成年人进入,营业场所入口处的显著位置要悬挂未成年人禁入标志。新闻出版总署和工商总局修订、颁布了一系列规定,对音像制品、电子出版物和互联网出版物实行规范化管理,进一步净化广告市场环境,保护消费者特别是儿童的合法权益。文化部加强对网上文化内容的监管,并开展打击淫秽色情网站专项行动,进一步加强了网络文化市场的管理。

第五节　我国妇女儿童福利事业的经验和发展方向

一、我国兴办妇女儿童福利事业的经验

（一）领导重视，将实施妇女儿童福利事业纳列入政府工作议程

国务院妇女儿童工作委员会每年召开全体委员会议，研究解决实现妇女儿童纲要目标中存在的问题。各有关部门按照妇女儿童纲要目标责任分解书和国务院妇女儿童工作委员会成员单位职责要求，采取切实措施推进妇女儿童纲要目标的实现。

（二）纳入规划，确保妇女儿童发展与国民经济和社会发展同步

国家将妇女儿童发展纳入国民经济和社会发展的总体规划，各地区、各部门制定了本地区妇女儿童发展规划和本部门实施妇女儿童纲要的方案。县以上各级政府普遍将实施妇女儿童纲要纳入了本地区经济社会发展的总体规划，保证了妇女儿童纲要与国民经济和社会发展规划的同步实施。

（三）完善法律法规，为推进妇女儿童福利事业提供了法制保障

国家有关部门在起草和修订法律草案、行政法规草案的过程中，高度关注妇女儿童的合法权益保护问题，并在具体立法工作中予以体现。这些法律法规完善了妇女儿童权益保护的相关内容，

进一步保障了妇女儿童纲要中有关儿童法律保护目标的实现。例如,禁止就业的性别歧视,禁止使用童工,加大了对拐骗童工、强迫童工劳动、使用童工等违法行为的处罚力度,规范了国家行政机关工作人员的职责;《母婴保健法实施办法》规定国家建立孕产妇死亡、婴儿死亡和新生儿出生缺陷监测、报告制度,有利于全面、科学地掌握和评价孕产妇死亡、婴儿死亡和出生缺陷的干预效果;司法部发布的贯彻落实法律援助条例的意见,鼓励和支持工会、共青团、妇联、残联等社会团体和组织为特定对象提供免费法律服务,为妇女儿童得到法律援助提供了更多的机会。

(四)加大投入,促进妇女儿童福利事业目标实现

国家增加了各项社会事业投入,加大对妇女儿童事业的投入力度,改善与妇女儿童利益直接相关的公共服务条件。各级政府投入大量资金改善中小学办学条件。从2004年起,国家实施西部地区"两基"攻坚计划,中央财政2004—2007年安排100亿元,通过农村寄宿制学校建设等方式,加快"两基"攻坚进程,使西部地区到2007年整体上能实现基本普及义务教育。2003年,国家开始实施农村中小学现代远程教育工程,五年内投入100亿元。中央政府大幅度增加了农村饮水工程的投入,五年时间中央财政共安排资金117亿元。

(五)深入宣传,营造推进妇女儿童福利事业的舆论氛围

从中央到地方,开展了宣传男女平等基本国策、儿童优先原则和儿童发展纲要系列行动,电台、电视台、报刊、网络等开设专栏和专版,播出专题片,发布公益广告,举办新闻发布会、研讨会、文艺演出,在城镇、乡村开展义务咨询、知识竞赛,张贴宣传标语,将妇女儿童纲要宣传到千家万户。在中小学学生中开展普及法律和性

别平等意识教育。国务院妇女儿童工作委员会办公室制作了一批内容丰富、形式多样、通俗易懂、图文并茂的宣传材料,开设了国务院妇女儿童工作委员会和中国儿童信息中心网站,为政府部门的管理者、妇女儿童工作者、研究机构的专家学者及社会各阶层人士提供了解、学习、宣传男女平等基本国策、儿童优先原则和儿童发展纲要的平台。

(六)采取措施,着力解决实施妇女儿童纲要的重点难点问题

实施项目,降低农村孕产妇死亡率。深化改革,推进农村义务教育。关爱女孩,遏制出生人口性别比升高趋势。制定政策,维护流动儿童受教育权利。

二、我国妇女儿童福利事业发展的建议

(一)进一步完善相关制度

进一步完善婚检政策。由于政策的调整,目前婚检率大幅下降,亟需完善相关政策,有效提高婚检率,降低出生缺陷发生率。

提高学前儿童入园率。要采取措施,明确学前教育的性质定位、管理体制、保障措施等。同时,研究民办托幼园所管理办法,理顺审批和管理职责权限,规范办园所行为和教育质量。

建立流动儿童信息管理系统,将16岁以下流动儿童纳入登记管理范畴和城市人口信息统计,为流动儿童权益保护工作提供基础信息。

(二)解决推进妇女儿童福利事业的重点难点问题

实行西部地区农村孕产妇住院分娩补助,降低孕产妇死亡率。

我国孕产妇死亡率下降缓慢,农村特别是边远地区农村孕产妇死亡率较高。住院分娩是减少孕产妇死亡的有效措施,可实行适当的住院补助办法,保证孕产妇安全分娩。

支持乡镇中心幼儿园建设,促进农村学前教育发展。应扶持中西部地区的贫困乡镇举办中心幼儿园,引导地方财政加大对农村贫困地区幼儿教育事业的投入,提高农村学前儿童入园率。

改善西部贫困家庭儿童营养状况。调查结果显示,农村儿童12月龄后生长迟缓率在17%以上,西部地区儿童生长迟缓率高达30.8%,2岁以下儿童贫血率高达31.1%。应采取措施,切实改善西部贫困家庭儿童的营养状况。

加强执法,严厉打击家庭暴力犯罪。加强家庭婚姻矛盾调解工作,努力构建和谐社会。

(三)调整完善妇女儿童福利事业的目标和监测指标,确保统计监测工作质量

从评估情况看,妇女儿童福利事业发展规划当时设定的个别目标、指标需根据实际进行适当调整。应对妇女儿童福利事业发展目标和监测指标进行调整,进一步完善妇女儿童福利事业的统计监测指标体系。

附录一

短信骚扰同事要担何责?

一、案例情节

王某(男)与柳某(女)系同事关系,双方均已结婚。2005年12月24日、2006年2月14日,王某用自己的手机向柳某的手机发送带有淫秽性和威胁性内容的短信9条,该内容系王某专门针对柳

某编写的。上述短信给柳某造成了很大的精神压力,并在一定程度上影响了其家庭关系。柳某在接到上述短信后,曾用短信警告王某停止上述行为。2006年2月17日,柳某到派出所报案,派出所就此事曾传唤王某,并制作询问笔录,王某对此事予以承认。柳某向法院提起民事诉讼,要求王某停止性骚扰,赔礼道歉,赔偿精神损害抚慰金5 000元。

二、审判结果

法院经审理认为,王某的性骚扰行为已对柳某本人及其家庭造成了相当程度的损害后果,故对于柳某要求王某给付精神损害抚慰金的请求予以支持。依照《中华人民共和国妇女权益保障法》第39条之规定,判令:(1)王某停止对柳某利用通讯工具进行性骚扰侵害的行为;(2)王某在本判决生效后10日内向柳某赔礼道歉;(3)王某在本判决生效后10日内赔偿柳某精神抚慰金1 000元。

三、案例分析

所谓性骚扰,是指违背对方意愿,故意侵扰对方性权利的某种作为或不作为。在审判实践中,可从以下几个方面来界定性骚扰:第一,被骚扰者的主观状态,骚扰者的行为违背了被骚扰者的主观意愿,会引起被骚扰者的心理抵触、反感等。第二,骚扰者的主观状态,是出于一种带有性意识的故意,即骚扰者明知自己带有性意识的行为违背被骚扰者的主观意愿,并且希望或者放任这种结果发生。第三,骚扰者的客观行为,骚扰行为可以表现为作为,即积极主动的言语、身体、眼神或某种行为、环境暗示等;也可以表现为不作为,即利用某种不平等的权力关系使被骚扰者按照其意志行为。第四,侵犯的客体,性骚扰行为直接侵犯的权利客体是被骚扰者的性权利,实质上是公民人格尊严权的一种。

本案中,王某对柳某出于性意识的故意,在违背柳某主观意愿的情况下,以发送淫秽性和威胁性手机短信的方式,引起了柳某的心理反感,侵扰了柳某保持自己与性有关的精神状态愉悦的性权利,故王某的行为构成了性骚扰,并非王某辩称之玩笑过火行为。在我国,妇女的名誉权和人格尊严受法律保护,禁止用各种方式损害妇女的名誉和人格,所以,王某应承担自己性骚扰行为的法律责任,故法院对于柳某要求王某停止短信骚乱和赔礼道歉的请求予以支持。同时,依《最高人民法院关于确定民事侵权精神损害赔偿责任若干问题的解释》第1条的规定,自然人的人格尊严权受到非法侵害时,受害人可以主张精神损害赔偿;依该《解释》第8条第②项的规定,自然人因侵权致其精神损害,造成严重后果时,侵权人应赔偿受害人相应的精神损害抚慰金。本案中,王某的性骚扰行为已对柳某本人及其家庭造成了相当程度的损害后果,故法院对于柳某要求王某给付精神损害抚慰金的请求予以支持。

(资料来源:http://sqtg.cnxz.com.cn/XZRB/html/2008-04/09/content_100624.htm)

附录二

芙蓉区法院维护妇女儿童权益的典型案例

一、案例情节

张某与李某相识后,于2004年4月9日在××市××区民政局登记结婚,婚后双方感情尚可。2007年8月,张某怀疑李某有出轨行为后,对李某进行殴打。2007年9月,李某因此患上精神病。治愈后双方又和好,并于2008年12月2日生育一女。此后,张某也没有因有女儿的出生而对李某转变态度,反而因看望女儿一事发生矛盾,在此期间,张某又动手殴打了李某。2010年1月,张某向法院起诉要求离婚。李某在接到法院的开庭传票后,精神受到刺激,精神分裂症复发,于2010年2月10日到医院住院治疗。2010年3月16日，法院判决不准张某与李某离婚。李某出院后，带着女儿居住在父母家。双方仍因看望女儿一事继续发生矛盾。张某认为双方感情确已破裂，遂于2011年2月18日再次诉至法院要求离婚。

二、判决结果

2011年5月13日，法院公开开庭审理了本案，李某委托其父亲出庭应诉，李某本人并未到庭。张某本人到庭参加了诉讼。庭审中，李某的委托代理人向法庭陈述，李某婚前及婚后一直都是身心健康的，也从未有过精神病史。如今李某之所以患上精神分裂症，是因为张某一而再、再而三地用极其残忍、粗暴、凶狠的手段对李某施以家庭暴力，还在大庭广众之下对李某脱衣脱裤，肆意凌辱其人格，使李某极度紧张、恐惧、害怕，精神受到了强烈刺激，致使李某突发精神分裂症。张某辩称，对于李某患上精神分裂症，自己可能有一部分的责任。但是，如果不是李某出轨，也不会有这样的事情发生。接下来的庭审中，李某的委托代理人表示对张某的所作所为是极其不满的，他认为张某是个极其不负责任的人。在李某生病期间，张某不但没有尽到一个丈夫的职责，更没有尽到一个父亲的责任。从张某的种种行为可知，张某是一个逃避家庭责任的人。现在张某又一次提出离婚，企图以离婚的手段逃避其对李某造成终身人身伤害的责任。

法官查明事实后，宣布休庭调解。在调解过程中，审判人员轮番做张某的思想工作，希望能够通过调解解决纠纷。人民陪审员也从男人的角度出发，与张某深入交谈，称其作为家庭的主力，应该承担起家庭的责任；现在李某的病情还不稳定，尚在康复治疗期间，张某应该给予李某更多的关怀和帮助。除此之外，法官也"背对背"地做双方当事人的思想工作，希望双方能够找到平衡点，妥善解决纠纷。但李某一方主张不同意离婚，因为如果离婚，就成全了张某以离婚的手段逃避其对李某应负的责任。张某则主张一定要与李某离婚,因为双方感情已经破裂。双方就是否应当离婚而分歧明显,法官几经调解未决,遂宣布定期宣判。既定的宣判时间如期而至。法院从着重保护妇女、儿童权益的角度出发,综合案件的实际情况,依法判决不准张某和李某离婚。李某的父亲接到判决书时,激动的心情难以言表,唯有静静地握着法官的手,表示着衷心的感谢。

三、案例分析

本案审理中,审判人员认为李某因多次被张某殴打而患上精神分裂症,并且在李某的病情有所好转的情况下,张某仍然对其施以高压和暴力,致使李某处于高度紧张、恐惧的生活当中,李某的权益受到了严重损害。本着维护妇女、儿童权益的原则,贯彻我国法律保护弱势群体的精神,审判人员采取"能调则调,当判则判"的方式,在女方李某明确表示不愿意离婚的情况下,判决驳回张某的离婚要求,最大限度地保障了李某的合法权益。

家庭暴力一般发生在家庭成员之间,因而往往具有私密性。"家丑不可外扬"的思想观念又为这种私密性加上了一道防线。因此,要对家庭暴力进行精确统计几乎是不可能的。在当今社会,"女主内,男主外"的传统思想还是在钳制着我们的思想,男权社会的痕迹是显而易见的。另外,男女生理上、体力上的差异也是造物主的安排,是永远存在的。这也为男性使用家庭暴力解决家庭矛盾提供了物质基础。如果这种物质基础加上男权思想及相应的文化氛围误导,家庭暴力的发生也就成了必然。因此,家庭暴力这种丑恶现象有着其客观的物质基础和深厚的思想文化基础。虽然国家强调要加强社会主义精神文明建设,加强家庭文化建设,这在一定程度上可以淡化家庭暴力的思想文化基础,但还不能因此而完全杜绝家庭暴力。所以,运用具有国家强制力的法律来制止家庭暴力就显得尤为必要。司法实践中,司法机关要联手抵制家庭暴力,研究、制定出相应的保护受害妇女合法权益的规定,维护广大的弱势群体(即广大妇女、儿童)的权益。通过上述案例,我们可以深刻体会到法律在维护妇女儿童权益方面的重要性。对于患有精神分裂症的妇女,如果没有法律保障,又没有收入来源,如果判决当事人离婚,弱势群体(尤其是妇女)的利益就得不到保障,法律的维权作用就得不到应有发挥。总而言之,本案中法院依法判决不准双方离婚,用法律的手段保护了女方的合法权益,是值得肯定的。

(资料来源:http://www.dffy.com/sifashijian/al/201107/24307.html)

思考题

1. 什么是妇女问题?当代妇女问题的社会根源是什么?
2. 妇女福利的含义是什么?妇女福利的主要内容有哪些?
3. 妇女福利理论有哪些?
4. 我国妇女福利事业取得了哪些成就?存在哪些问题?
5. 什么是儿童问题?
6. 瑞典儿童福利的主要内容有哪些?
7. 美国、日本、瑞典儿童福利的特点有哪些?
8. 我国儿童福利事业取得了哪些成就?
9. 我国妇女儿童福利事业发展取得了哪些经验?
10. 我国妇女儿童福利事业发展的方向有哪些?

参考文献

1. 王俊秋:《中国慈善与救济》,中国社会科学出版社2008年版。
2. 和春雷等:《当代德国社会保障制度》,法律出版社2001年版。
3. 尹伯成:《西方经济学简明教程》,上海人民出版社2008年版。
4. 劳动和社会保障部社会保险所译:《贝弗里奇报告——社会保险和相关服务》,中国劳动社会保障出版社2004年版。
5. 高鸿业:《西方经济学》,中国人民大学出版社2000年版。
6. 焦凯平:《养老保险》,中国劳动社会保障出版社2004年版。
7. 刘雄:《社会保险通论》,中国劳动社会保障出版社2006年版。
8. 任正臣:《社会保险学》,社科文献出版社2001年版。
9. 周绿林、李邵华:《医疗保险学》,科学出版社2006年版。
10. 姚宏:《医疗与生育保险》,中国劳动社会保障出版社2005年版。
11. 仇雨临:《医疗保险》,中国劳动社会保障出版社2008年版。

12. 孙淑云、柴志凯等:《新型农村合作医疗制度的规范化与立法研究》,法律出版社 2009 年版。

13. 卢驰文:《中国社会保险统筹层次研究》,中共中央党校博士学位论文,2007 年。

14. 阮凤英、王慎民、李和森:《社会保障通论》,山东大学出版社 2004 年版。

15. 郑功成:《社会保障学》,中国劳动社会保障出版社 2005 年版。

16. 吴宏洛:《社会保障概论》,武汉大学出版社 2009 年版。

17. 王怡、王在勇、夏宁等:《社会保障概论》,山东人民出版社 2000 年版。

18. 毛健:《失业保险》,中国劳动社会保障出版社 2001 年版。

19. 杨子林:《社会保险》,中国劳动社会保障出版社 2003 年版。

20. 郑尚元:《工伤保险法律制度研究》,北京大学出版社 2008 年版。

21. 邓大松:《社会保险》,中国劳动社会保障出版社 2009 年版。

22. 侯若文、孔泾源:《社会保险》,中国人民大学出版社 2008 年版。

23. 工伤保险条例起草人:《工伤保险条例解读》,法律出版社 2011 年版。

24. 郭捷:《劳动法与社会保障法》,中国政法大学出版社 2009 年版。

25. 蔡凤梅:《欧亚国家生育保险制度安排及比较分析》,中国人民大学硕士学位论文,2005 年。

26. 汪泓等:《医疗与生育保险:政策与实务》,北京大学出版社 2008 版年。

27. 张恺悌、罗晓晖：《新加坡养老》中国社会出版社 2010 年版。

28. 佟宝贵：《古今中外养老制度读本》，中国社会出版社 2009 年版。

29. 陈银娥，《社会福利》，中国人民大学出版社 2004 年版。

30. 马洪路：《中国残疾人社会福利》，中国社会出版社 2002 年版。

31. 孙俊明：《广东残疾人口现状与发展研究》，中山大学出版社 2008 年版。

32. 陈良瑾：《社会救助与社会福利》，中国劳动社会保障出版社 2009 年版。

33. 胡务：《社会福利概论》，西南财经大学出版社 2008 年版。

34. 钟仁耀：《社会救助与社会福利》，上海财经大学出版社 2009 年版。

35. 王勇民：《儿童权利保护的国际法研究》，法律出版社 2010 年版。

36. 贺颖清：《福利与权利》，中国人民公安大学出版社 2005 年版。

37. 李燕荣：《薪酬与福利管理》，天津大学出版社 2008 年版。

38. 金融理财师标准委员会：《员工福利与退休计划》，中信出版社 2004 年版。

39. 张佩云：《人力资源管理》，清华大学出版社 2007 年版。

40. 尹虹：《16、17 世纪英国流民产生的原因》，《首都师范大学学报（社会科学版）》2001 年第 4 期。

41. 金太军：《社会保障制度改革与政治稳定：西方的经验分

析》,《学习与探索》2001年第3期。

42. 高淑红:《人口老龄化的财政负担及对策建议》,《地方财政研究》2011第1期。

43. 向琨:《浅谈人口老龄化与老年社会保障》,《华章》2011年第7期。

44. 曾旭:《基于人口老龄化背景下的社会保障研究》,《特区经济》2011年第1期。

45. 左丽娟:《试析马克思的社会保险基金思想》,《世纪桥》2009年第2期。

46. 何文炯:《社会保险转型与商业保险发展》,《保险研究》2010年第7期。

47. 宫春子、秦悦:《国外失业保险的启示与思考》,《辽东学院学报(社科版)》,2008年第1期。

48. 石孝军:《日本工伤保险的经验与借鉴》,《中国劳动保障》2006年第6期。

49. 于欣华:《美国工伤保险制度》,《思考发现》2010年第7期。

50. 吕学静:《生育保险他山石》,《中国社会保障》2010年第8期。

51. 潘锦棠:《中国生育保险制度的历史与现状》,《人口研究》2003年第2期。

52. 谢安:《中国人口老龄化的现状、变化趋势及特点》,《统计研究》2004年第8期

53. 陈立媛:《老年人社会福利应成为中国社会福利改革首要关注问题》,《经济研究导刊》2009年第25期。

54. 高美红:《新时期我国老年人社会福利政策制定的依据研究》,《新疆社科论坛》2008年第2期。

55. 李学斌:《我国社区养老服务研究综述》,《宁夏社会科学》2008年第1期。

56. 张善斌:《新加坡老年人照料经验极其启示》,《中国民政》2006年第10期。

57. 王冠中:《新加坡人民行动党改善民生的实践及启示》,《东南亚研究》2008年第4期。

58. 马凤芝:《社会转型与妇女福利服务发展》,《中华好学院学报》1996年第1期。

59. 刘继同:《妇女与福利:女性主义福利理论评介》,《妇女研究论丛》2003年第7期。

60. 杜平:《女性主义与社会性别理论:社会福利研究的新取向》,载彭华民等著:《西方社会福利理论前沿:论国家、社会、体制与政策》,中国社会出版社,2009年版。

61. 黄桂霞:《新中国前期妇女福利发展的思想与实践》,《中华女子学院学报》2011年第2期。

62. 何玲:《瑞典儿童福利模式及发展趋势研议》,《中国青年研究》2009年第2期。

63. 薛再兴:《美国儿童福利政策的最新变革与评价》,《中国青年研究》2009年第2期。

64. 王晓燕:《日本儿童福利政策的特色与发展变革》,《中国青年研究》2009年第2期。

65. 吴洁:《社会保险和职工福利的关系浅析》,《西安社会保险科学》2010年第8期。

66. 段克和、邱家明:《福利型职工持股模式探讨》,《江西财税与会计》2003年第11期。

67. 陈少华:《员工培训的福利性及其实现》,《武汉电力职业技术学院学报》2010年第12期。

68. 刘畅:《单位制变迁下职工福利依附研究》,《改革与开放》2009年第6期。

69. 李晓动:《职工福利、剩余索取权分享与国有企业的社会成本问题》,《会计研究》2010年第10期。

70. 刘爱军:《员工福利发展的九大趋势》,《人才资源开发》2007年第2期。

后　记

全书总共有九章，分为理论基础、社会保险和社会福利三部分。本教材有以下特点：

第一，全面系统地介绍了社会保险和社会福利体系。社会保障与经济社会的关系，主要分析社会保障与经济发展水平、社会稳定、人口老龄化、社会政策理论的关系，是社会保险与社会福利产生、发展和改革的理论基础。养老保险，阐述了养老保险的概念和基本养老保险的特征，论述了养老保险的作用与筹资模式，介绍了企业职工养老保险、机关事业单位职工养老保险、城乡居民养老保险和职业年金制度，系统地介绍了我国城乡养老保险体系的建设情况。医疗保险，概述了医疗保险相关的内容，介绍城镇职工基本医疗保险、城乡居民医疗保险和补充医疗保险，全面系统地介绍了我国城乡医疗保险体系的历史与现状。除了养老保险和医疗保险，还介绍了失业保险、工伤保险与生育保险。在社会福利部分，涵盖了老年人、残疾人、妇女儿童。本书之所以没有把经济适用房和廉租房政策作为福利内容，是因为这些政策是针对低收入群体或贫困家庭。经济适用房带有社会救助的性质，廉租房是社会救助的内容。本书每章中都附有案例或社会保险的实施办法，并配有与本章内容相关的思考题。

第二，跟踪社会保障学术动态，反映社会保险与社会福利前沿成果。社会保险与社会福利的政策性很强,社会保障理论研究推动社会保障政策创新,同时,社会保障的新政策又是社会保障理论研究的新起点。在选择参考文献的时候,本书尽量选择近十年发表的学术论文、出版的教材或专著;在反映我国社会保险体系和社会福利体系建设的内容方面优先引用近五年的学术观点。比如,近十年我国社会保险发展较快,社会保险对商业保险产生的"挤出"效应明显,本书在讨论社会保险与商业保险的关系时,一些观点得益于浙江大学何文炯教授2010年发表的论文《社会保险转型与商业保险发展》;在介绍国外工伤保险制度、瑞典、美国和日本妇女儿童福利方面,基本上参考的是2009年和2010年发表在《中国青年研究》等杂志上的论文。

  第三,介绍社会保障最新政策,体现我国社会保险和社会福利事业的伟大成就。近十年,我国的社会保险制度和社会福利制度改革进展很快,初步构建了覆盖城乡的社会保障体系。本书把企业职工基本养老保险、新型农村合作医疗、新型农村社会养老保险、城镇居民医疗保险、城镇居民社会养老保险、机关事业单位养老保险的新政策进行了汇编。把2010年10月全国人大通过的《社会保险法》中的制度创新内容也编入教材。比如,社会保险法对五大社会保险项目统筹层次的规定以及失业保险与医疗保险有关的新规定都在本教材得到了体现。为了及时展现我国社会保险和社会福利事业的最新成就,本书在提及社会保险参加人数、基金收支情况和覆盖率时,在提及残疾人福利和妇女儿童福利时,引用了2015年人力资源和社会保障部、卫生和计划生育委员会、教育部和民政部等部门的统计公报数据。但本书没有介绍农民工社会保险制度,因为根据国家有关的规定——被雇用的农民工将按照城镇企业职工社会保险模式参加社会保险。被雇用的农民工与城镇企业职工一样参加社会保险,这正是我国社会保险制度改革取得的重大成果。另外,机关事业养老保险制度改革的基本情况、制约因素、获得成功情况在本书中也得到阐述。

第四,附录案例分析,重视对各个历史时期的政策解读,有利于为国家培养社会工作、劳动和社会保障、人力资源管理等专业的应用型人才。本书每章都有附录,要么附录案例,要么附录实施办法。案例中有情节介绍、审理判决和法律分析,对启发学生理论联系实际有一定的帮助。

第五,介绍了国外和我国港台地区的社会保险与社会福利制度,有利于拓宽学生的社会保障视野。在失业保险、工伤保险、生育保险、老年人社会福利、残疾人社会福利、妇女儿童社会福利中都介绍了国外或我国港台地区的做法和成功经验,这些做法和成功经验对我国也有很重要的借鉴作用。

本书第四章由曲阜师范大学副教授辛宝海博士编写。我在编写本书第七章和第八章的过程中,得到了复旦大学社会发展学院研究生孟若愚和匡鑫的大力帮助。其余章节系我一人独立编写。在此,我对这三位同志的热情帮助表示衷心感谢!

本书系上海市教委社会工作本科专业教育高地项目任务之一,上海政法大学、社会学管理学院领导及教师章友德、吴鹏森、连淑芳、张可创、曲玉波、陈晓敏、李爱萍等教授为申请社会工作高地项目付出了大量辛苦的劳动,我在此诚挚地感谢为获取这个项目资助曾作出过贡献的所有领导和教师!我还由衷地感谢复旦大学出版社的大力帮助,尤其要感谢的是宋启立编辑,他严谨认真的态度和真诚友善的为人,让我十分感动。

由于我们水平有限,本教材可能有疏漏和不足之处,欢迎广大读者批评指正。

图书在版编目(CIP)数据

社会保险与社会福利/卢驰文主编. —上海：复旦大学出版社,2017.1 (2019.12 重印)
(应用型社会工作系列丛书)
ISBN 978-7-309-12646-4

Ⅰ. 社… Ⅱ. 卢… Ⅲ. ①社会保险②社会福利 Ⅳ. ①F840.61②C913.7

中国版本图书馆 CIP 数据核字(2016)第 263692 号

社会保险与社会福利
卢驰文　主编
责任编辑/宋启立

复旦大学出版社有限公司出版发行
上海市国权路 579 号　邮编：200433
网址：fupnet@fudanpress.com　http://www.fudanpress.com
门市零售：86-21-65642857　团体订购：86-21-65118853
外埠邮购：86-21-65109143
江苏凤凰数码印务有限公司

开本 890×1240　1/32　印张 11.5　字数 264 千
2019 年 12 月第 1 版第 2 次印刷

ISBN 978-7-309-12646-4/F·2322
定价：32.00 元

如有印装质量问题,请向复旦大学出版社有限公司发行部调换。
版权所有　侵权必究